〔比較政府與政治6〕

日本政府與政治

蔣立峰、高　洪／著

李炳南／主編

──叢書序──

　　格物而致知，下學而上達。比較政府與政治系列叢書，付梓的終極目的，不僅在於形而下的格物，更在於形而上的致知，致何知？曰：規撫各國憲政體制之精華，以爲我國之用；而亦非僅是毫無章法地下學於各國的政府與政治，它主要在上達，即爲將各國政治與政府的優劣，加以綜覽與歸納，截長補短、因革損益，以爲國家憲政體制的建構，提供參酌的範本。所謂他山之石可以攻錯，豈不然也。

　　孫逸仙先生說，政治乃「管理眾人之事」。但眾人之事如何管理？此非有賴於一個健全的政府，則未能竟其功。傳統政治學將政府列爲建構國家的四個要素之一；而近代民主國家立憲原則必須符合：(1)主權在民，(2)規範人民的權利與義務，(3)建構政府體制，此三要素缺一不可。由此觀之，政府體制的良莠，乃成

為驗證此一國家是否符合憲政理論與規範最重要、而且是憲政運作最具體的標準之一。

　　近代民主憲政理論與實際的演化過程已有數個世紀之久，其中一些民主國家的憲政典章，頗值得其他國家學習與效法。二次世界大戰後新興的國家，若欲建構一部可大可久的憲政體制，自不能自絕於先進國家的政治經驗之外。撫今追昔，持平而論，現今各國不論西方或第三世界國家，其政治制度與運作，總不脫離三權分立、責任政治、政黨政治等幾項重要原則與原理，此可謂萬法不離其宗也。作為一個新興的民主政體，中華民族當然不能自絕於此一潮流之外。換言之，吾人不餘遺力地鑽研各國的政府與政治，其目的不外如下：

　　一、縮短學習的時間，減少學習時所必須付出的社會成本。對於中華民族而言，各國政府與政治的興衰成敗之理，正如同輿馬、舟楫，吾人若能善假之，則不但可以大大降低學習過程中所必須付出的代價，更可以藉由各國的政治經驗，拓展視野見識，以達事半功倍之效。

　　二、坐收知己知彼之功。借用荀子之言，「不聞各國之政府與政治，不知學問之大也。」身處二十一世紀，中華民族絕對不能畫地自限於國際社會之外，相反地，必須一步一腳印參酌他國的憲政過程，並與之分享自己的經驗。簡言之，近代任何為人所歆羨的民主國家，其憲政進化的歷程，皆非憑空而降、無中生有，更非一蹴可幾的。反之，近代憲政改革過程不甚成功，或為人所詬病、甚至引為負面教材的國家，其挫敗的原因，亦頗多可

供後起者引爲借鑑。質言之，如荀子所言：「不積跬步，無以至千里；不積小流，無以成江海。騏驥一躍，不能十步；駑馬十駕，功在不舍。鍥而舍之，朽木不折；鍥而不舍，金石可鏤。」實良有以也。屢戰屢敗、復屢敗屢戰，進而「鍥而不舍」的精神，豈不正是中華民族這百年來憲政發展史的寫照？

三、良善之憲政制度，非生而有之，必須學困而致之。對中華民族而言，民主政治是外來的產物，非傳統之所有，是故中華民族對於各國的憲政發展經驗有著急迫性的需求，不言而自明。中華民族在這條民主憲政的道路上，已步履蹣跚地走過了百年以上的歲月，誠然，憲政如同有機的生命體一般，不斷地在發展，除非凋零謝世，否則絕無停止演化與成長的一刻；但吾人亦不禁要問，如果中華民族的憲政藍圖有一個終極的關懷，即臻於所謂的至善，則將如何建構此一境界？又爲何始終停留在憲政「草創」的階段？中華民族憲政的發展，究竟該如何進入「眾裡尋他千百度，驀然回首，那憲政體制正在燈火闌珊處」？這是思索二十一世紀中華民族出路必須且無法規避的嚴肅課題。

四、彼此切磋，以達相互學習之效。舉凡各國立憲之初，無不懷抱遠大夢想，亦無不信誓旦旦，盃建立萬年憲政基業之宏大願景。此一氣吞山河的憲政氣勢，無論是在國際社會中名不見經傳、甚至無足輕重的第三世界國家，或近數百年來在世界上呼風喚雨、縱橫睥睨的強權國家亦然。基於此，中華民族必須與上述國家共同分享憲政發展的點滴，除攝取他國的憲政經驗外，更必須適時回饋給國際社會。中華民族的民主憲政已晚西方數百年之

久，在另一個千禧年展開之際，有必要展現自己對於全球村的政治領域的關懷。

　　跨越千禧，中華民族必須盡力拋棄舊傳統的束縛，與國際社會共同擁抱嶄新的二十一世紀。現行國際間存在著兩種矛盾的思維：一方面，國際社會看似欲跨越傳統國與國的藩籬，打破古典政治學派的窠臼，進而強調世界乃是全球村的合作理念（如WTO等組織）；但另一方面，不少大國卻又以積極的態勢，向其他弱勢的國家，推銷其建國與治國的憲政體制，甚或以不同的文明，區隔未來國際社會的互動模式。身處國際社會一份子的中華民族，不可能免於這波思維潮流的衝擊。而吾人以為中華民族的憲政之路，若要具有前瞻性與未來性，必須從以下兩個願景來思考：

一、台灣願景

　　台灣五十年來的憲政之路，一方面承繼一九一二年以來，由孫中山、蔣介石等開國者所規劃出的建國藍圖，再加上一九四九年撤退來台後，因時制宜、甚或便宜行事，所設計出的諸多政治制度，以兩者相互交融、大體搓揉成現階段的台灣憲政體制與規模。由於民初建國之時的中國，與現在偏處一隅的台灣，兩者時空環境上的南轅北轍，使早先制憲先賢們嘔心瀝血所創造的憲政體制，顯得處處捉襟見肘，無法真正發揮作為國家根本大法的功能；尤有甚者，不少當代政治人物與學者多所揶揄，質疑一九四七年制定的憲法在台灣的適用性與合法性。

正因爲部分學者與政治人物對於此部憲法的質疑，從一九四九年以來，已有過多次大規模的修憲工程。這多次的憲政改革，因實施時間尚短，功過尚難蓋棺論定。唯多數憲政學者皆同意，憲政是有生命的、有機體的，憲法絕對可因時、因地制宜。但吾人卻不可忘卻有機生命的成長必須有其一貫性與持續性，故吾人從不懷疑任何制憲與修憲先輩會冀望創造一部「朝修夕改」的憲法。尤其是改革過程中，如果過度訴求權謀與現實，而不關注憲法的理想性，其結局將如莊子所言，「朝菌不知晦朔，蟪蛄不知春秋」，這是吾人所不樂見的。因此吾人認爲，從台灣層次思考，若要創造一部兼具前瞻性與未來性的憲政大法，參與者必須以秉公無私的心，多以制度的良善爲出發點，而少以個人的好惡爲判準。

二、中國願景

台灣與其他現代民主政體，在憲政發展過程中最大的差異，除必須自身成長外，尚可懷有一個憲政夢想，即未來如何將台灣的憲政理論與實務完整地呈現給全中國。換言之，一部宏觀的開創性的台灣憲政史，所關照的，不必只把焦點放在台灣；台灣可以肩負其他民主國家所無需承擔的責任，台灣不必自絕於未來中國的民主憲政發展之外。簡言之，台灣的憲政道路可以「預留迴旋的空間」，以涵蓋全中國的未來。這裡所謂的空間，意含著台灣憲政的氣魄與願景，不畫地自限於海島一隅，而把憲政視野延伸至未來的全中華民族。

爲完成上述願景，我們應以宏觀的角度，迎接此願景所帶來的挑戰。但所謂的宏觀思維，絕非泛泛之論，它須言必有物，行必有據。中華民族有其聰明才智，爲四大古文明的一員，中華民族有能力與其他民主國家較量，假以時日，一定可以走出自己的路。但吾人也不可妄自尊大，以爲所有西方文明皆不如中華民族；反之，吾人更應靜心思索爲何中華民族的憲政發展不如西方國家，甚至連經濟落後的印度，中華民族仍瞠乎其後？

　　古今中外任何國家，其政府與政治均涵蓋兩個因素，其一爲制度，其二爲人物。前者是靜態的，後者是動態的。西方民主國家，認爲人性本惡，其憲政制度的設計，以避免人性爲惡作出發點，防弊重於興利。故西儒在政制的設計上，以制度爲首、人物爲次，以制度爲經、人物爲緯。而中華民族的思維則相反，孟子言：「徒善不足以爲政，徒法不能以自行。」中華民族的政治哲學，歷來即期待一位「內聖外王」的超人，可以跨越現有體制的框架，爲中華民族創造一個理想的國度；他們認爲一切的制度乃爲人所用，不可拘泥於有形的事態上。在此思維下，凡事皆可因人設事、因人設制，典章制度在政治的運轉過程中，就不可能舉足輕重，反常淪爲主政者的附屬品。

　　唯吾人願再強調，近代憲政體制是西方國家的產物。在改革中華民族的政制與政治之時，我們必須改革傳統的政治思維邏輯，應以「因時制宜，與時俱進」的奮進態度，包容與擷取他國之長。雖然，中華民族的思維模式已有數千年之久，欲短時間內「變夏於夷」，恐怕難爲所有政治人物所接受，但《論語》亦曾勉

勵主政者：「政者，正也，子帥以正，孰敢不正？」制度與人物是憲政的兩大支柱，缺一不可，吾人寄望於政治人物，主政者正心修身以治國，人民將風行草偃，若政治人物以無私的心爲人民服務，則任何優越的憲政體制與理念，必然可爲中華民族所用。果其然，中華民族遲早可以登入先進國家之林，不會仍如今日一般跌跌撞撞地尋找憲政的源頭活水。

李炳南

謹述於台灣大學研究室

「代序」
——日本政治世紀之交感言——

　　世紀之交，日本政治發展過程中，有幾件事情值得一提。

　　2000年9月15日15時，第二十七屆國際奧林匹克運動會在澳大利亞雪梨舉行了盛大的開幕式。在數萬在場觀眾和數以億計的全球電視觀眾的注目下，各國運動員跟在引導小姐後面列隊魚貫進入會場。他們或穿戴領帶西裝，步伐整齊，口號陣陣，顯得那麼精神抖擻、意氣風發；或衣著民族服飾，隨意而行，任情呼喊，又是那麼熱情洋溢、神采飛揚。會場充滿了歡愉、喜慶的氣氛。

　　正當此時，日本運動員跟在太陽旗後面進入場內。但見他們裝束奇特，無論男女，皆披用紅、黃、綠、藍等顏色染成的長及膝部的斗蓬，不日不洋、不倫不類，加之日本運動員的舉止生

硬、單調，與會場的熱烈氣氛極不諧調，遠遠望去，似乎一群「神兵神將」突然闖入人間塵世。絕大多數觀眾可能想像不到，日本有關當局讓日本運動員以如此裝束在世人面前亮相，並非無意之舉。

早在5月15日，日本首相森喜朗在日本神道政治聯盟國會議員懇談會成立三十周年慶祝大會上發表講演時就說：「要使日本國民清楚地瞭解，日本這個國家正是以天皇爲中心的神的國家，我們在此信念驅使下活動了三十年。」他進而對當前日本的學校教育表示不滿說：「人之生命得之父母，若極而言之，是得之神靈。應珍視由神而得之生命而不能褻瀆生命，這是基本原則。但孩子們對此不理解，如果說這是孩子們的雙親、學校的老師和社會不負責任，我認爲並不爲過。」他甚至表示決心說：「我就任首相時說這是天命降下，簡直就是神的安排。不能使神靈蒙羞，要爲日本政治不出過錯而盡力。」森喜朗開口「神之國」，閉口「神的安排」，立刻引得輿論大譁。他雖然多次辯解，但並不收回講話。說到底，這是他眞實思想的流露，實際上這也是日本政治右傾本質日益暴露的表現。日本右翼勢力對森喜朗的言辭褒譽有加，其原因不難理解。

在此背景下，日本有關當局讓運動員以「神之國」子民的裝扮出現，企圖以「神之國」精神鼓舞運動員取得好成績。無奈事與願違，「神靈」並未庇佑日本，日本運動員最終只獲得金牌五面、銀牌八面、銅牌五面，金牌數位列第十五名，獎牌總數位列第十四名，日本已經與「體育強國」的稱號再無緣分。不過，透

過這件事情，不難看出近年來日本政治其令人擔心的發展趨向。

　　日本政治是議會民主政治，但民主不等於沒有禁區。首先，關於天皇的政治作用即為禁區。2001年4月26日，小泉純一郎組閣，「快嘴」田中真紀子出任外相。9月21日，田中進入皇宮出席日本駐美、駐英大使的認證儀式，並用一個小時向天皇匯報了11日在美國發生的恐怖事件的情況。隨後，田中在與外務省的幹部們研究美國恐怖事件對策時，透露了天皇針對被懷疑為支援恐怖組織的國家的發言。此事一經傳出，立刻引起各方面關注，有人批判這是「政治上利用天皇」，外務省不得不出面加以否認。否則，田中很可能就要乖乖地交出外相的大印了。早在1973年5月，田中真紀子的先父田中角榮任首相時，防衛廳長官增原惠吉即因向記者透露了天皇發言的內容，在國會被譴責為「政治上利用天皇」，田中角榮不得不換馬撤將。由此可見，天皇在戰後日本國家政治中的地位，就是「日本國之象徵，日本國民統合之象徵」，觸犯這一禁區的言行舉止必然要受到追究和批判。

　　日本政治運作中還有一個禁區，即關於首相的進退，只能由首相自我判斷，不容他人置喙。在此仍以森喜朗為例。2000年4月5日森喜朗上臺組閣後，曾給高中女學生題詞「滅私奉公」，但實際上他自己並未做到「滅私奉公」。2001年2月10日，日本漁業實習船「愛媛號」在夏威夷海域被美國攻擊型核潛艇格林威爾號撞沉，造成多名人員傷亡，此刻正在高爾夫球場「比賽」的森喜朗接到關於事件的報告後，不僅繼續揮桿取樂，還對進入球場的記者說：「為什麼闖到這兒來？這兒是私人禁地。」這種無視

人民死活的態度引起了日本國民的強烈不滿，遭到了社會輿論的廣泛批判。森喜朗卻爲自己的錯誤行爲進行辯解：「這（撞船）只是一場事故，如果進入危機管理程序，同樣會出現各種意見。」「當時我已指示進一步調查。」「我繼續留在球場不過是判斷錯誤。」有人質問他打高爾夫時是否在賭巧克力，森喜朗的回答還是振振有詞，「圍棋也好，象棋也好，搞什麼遊戲都要設定一個努力目標」，何況「遊戲（打高爾夫球）開始時並沒有發生事故，設定那樣一個目標分個勝負，不值得大驚小怪」。森喜朗的護短言論使他的支持率一落千丈，至2月底其支持率已降至6％～8％。雖已山窮水盡，森喜朗還在自我安慰說：「我接到的電話都是鼓勵我繼續幹下去的。」在國民已對其完全喪失信心、輿論傳媒紛紛猜測其下臺時日的嚴酷環境中，森喜朗仍戀棧首相寶座、發號施令兩個多月，並代表國家權力去美國訪問，對日本的國家政治運作造成非常不利的影響。直到4月26日，森喜朗方掛相印而去。由此看來，森喜朗的忍耐力比當年以忍耐見長的竹下登（也是在極低的支持率下堅持首相職位許久），可謂有過之而無不及。對此現象，有日本學者稱，作爲首相，在任期內只要沒有發生國會通過不信任案的情況，儘管面對某種不利形勢，只要他本人不言辭職，則別人不會逼迫他辭職。這是當代日本政治制度的一大特色，也是一大弊病。若如此，則日本國民的全體意志如何在國家政治中得到反映？日本的政治民主究竟是全體國民的民主，還是首相一人的「民主」？抑或自民黨一黨的「民主」？日本人常說的「日本政治三流」，再次得到很有說服力的

驗證。

　　對日本政治而言，2001年堪稱多事之年。姑且不言一些政府
要員如何貪污受賄被曝光追查，使一向以廉潔勤奮著稱的日本公
務員形象大受貶損，只說進入9月之後，10日，日本發現狂牛
症，11日，美國發生恐怖襲擊事件。能否迅速、有效、正確地處
理這兩件事，成爲對日本政府的嚴重考驗。狂牛症發現後，日本
政府並沒有隱瞞疫情，而是如實公諸於衆（這也應歸功於日本傳
媒的監督作用）。日本市場的牛肉價格和銷售量隨之大幅下降，
養牛業遭到沉重打擊。對此形勢，政府有關人士出面動員說，英
國檢查出十八萬頭狂牛症病牛，但只有一百人感染狂牛症，日本
只發現一頭病牛，故食用日本牛肉對消費者不會產生任何危害。
這種勸說顯然毫無說服力。與此同時，農林水產省爲處理病牛、
厚生勞動省爲檢查市售牛肉、文部科學省爲限制學生午餐食用牛
肉，各自忙碌起來，一時間，只有縱向管理，沒有橫向聯繫，狂
牛症造成了不小的社會混亂。爲穩定民衆情緒，10月2日，在東
京舉辦了別具一格的「多吃牛肉大會」，由發現病牛的北海道和
千葉縣出身的國會衆議員約兩百人出席，自民黨幹事長山崎拓、
公明黨代表神崎法武、農林水產相武部勤、厚生勞動相坂口力都
面對記者的鏡頭大口大口地吃著烤牛肉，喝著牛奶，一干人共吃
掉牛肉約六十公斤。身爲一省之相（即一部之長），不惜以身試
「牛」，可謂用心良苦，或許這能算作日本政治運作中的一個可圈
之點。但其勇可嘉，其效可疑，最終能否平安度過狂牛症一劫，
須拭目以待。

9月11日，美國發生震驚世界的恐怖襲擊事件，日本政府迅速表態，嚴厲譴責恐怖份子的犯罪行為，堅決支持美國對恐怖份子採取打擊報復行動。早在2001年1月20日，共和黨布希就任美國總統後，許多重視日本的高級智囊人物進入了美國權力中樞。日本朝野許多人對美國外交政策出現的調整喜形於色，認為日美同盟關係與柯林頓時期相比必將得到加強。這次美國帶頭的「反恐怖戰爭」，既是對日美同盟的考驗，也是加強日美同盟的機遇。對日本而言，現在終於得到了按照1997年9月23日的新《日美防衛合作指標》和1999年5月28日的《周邊事態法》採取軍事行動的機會。雖然阿富汗與日本遠隔千山萬水，但日本可以「恐怖無處不在，威脅日本和平安全」為由，將這場戰爭認定為「周邊事態」，從而依據《周邊事態法》對美軍實施「後方援助」。但日本國內對此認定仍出現了很大的爭論。有一部分民眾認為，恐怖行動固然可憎，但美國的報復行動同樣會傷及大批無辜，不應給予支持。在野黨多數主張，即使支持美國，也不能違反憲法（即日本「永遠放棄作為解決國際紛爭手段的國權發動的戰爭，和武力威脅或行使武力」、「不承認國家的交戰權」），至少不能超出新《日美防衛合作指標》和《周邊事態法》規定的範圍，即只能進行後方（日本國內和公海及其上空）支援，不能提供武器彈藥，不得給準備作戰的飛機加油。與其盲目追隨美國，不如認真考慮在法律範圍內日本究竟能做些什麼。但自民黨等執政黨主張積極支持美國，如果現行法律依據不充分，則緊急制訂新的臨時法規，以開展包括提供武器彈藥在內的大規模的支援行動。

現在看來，小泉純一郎內閣的積極支持政策可能在臨時國會上得到多數議員的支持，《恐怖行動對策特別法案》將會在國會通過，使政府的行動更有法律依據。在野黨提出各種反對意見，只是在盡在野黨的職責，在野黨與執政黨的爭吵，仔細玩味一下更像在演戲。不過，這樣的「戲」多演一演並無害處。有在野黨千方百計反對，執政黨從政才能更謹慎，制訂法律才能更完美。戰後半個多世紀，日本的在野黨爲日本政治的發展做出的貢獻值得肯定。雖說日本政治問題較多，但在這一點上稱讚一番似不爲過。

蔣立峰

2001年10月9日

——目錄——

緒論

日本國家政治的獨特形式——天皇制

在我國的近鄰國家中，日本與我國的關係悠久密切、相互影響巨大。日本有史以來的發展，離不開中華文明的薰陶與推動，日本學習移植中華文明的謙虛與執拗精神，世所罕見。但日本在19世紀中期以後，轉而學習西方文明，透過明治維新實現了富國強兵，遂視中華文明爲落後與腐朽，得寸進尺地施以侵略和壓迫，妄圖鯨吞我中華，進而稱霸東亞，對我之發展造成巨大破壞和障礙，其猖狂與殘暴亦史上少有。1945年日本投降後，又一次發揚自強不息、臥薪嘗膽精神，在不太長的時間裡實現了追趕西方經濟發達國家的目標，到60年代末已成爲經濟技術實力強盛的世界經濟大國。此後其國際地位日益提高，國際作用越來越大，對我國發展的影響亦日顯重要。面對即將到來的21世紀，我國更有必要加強對日研究，以求中、日兩國共同發展。本書即爲加深對日本的政治本質與體制運作的瞭解而作。

按照傳統理論，在階級社會中，國家是統治階級維護自身利益的機器，實施階級壓迫的工具。以當代理論觀之，則此所謂「實施階級壓迫」，即以限制和壓迫一部分人的人權來保障和發展另一部分人的人權。在不同的社會和一個社會的不同發展階段，

其人權之內涵與標準亦不相同。直至今日，可以說「天不生人上人，亦不生人下人」、「人人生而平等」還只能是人們的憧憬與理想，尚無任何一個社會能夠做到無條件地保障和發展社會全體成員的人權。某些國家以「人權衛士」自詡，但監獄爆滿、餓殍盈街、種族歧視成為這類「人權衛士」國家的絕妙諷刺。

另一方面，隨著生產力的發展和社會形態的演進，社會結構日趨複雜多變，國家作為上層建築的集合體，其社會管理功能必然得到加強，其社會性日漸顯露。尤其在人類社會進入工業化社會、後工業化社會乃至走向資訊化社會的當代，國家的社會管理功能更加突出，以致超越了實施階級統治的功能。其原因之一，國家機能在保障基本人權和調整社會福利方面，在生產力已獲相當發展的當代，需要發揮越來越大的作用。其二，當前各國的競爭是經濟與技術的競爭，說到底則是發展生產力的競爭。國家為了高速度發展生產力，必然要加強社會管理功能，以創造更有利於生產力發展的環境。也就是說，國家作為上層建築的集合體和代表，必然要透過調整生產關係發揮其反作用，實現發展生產力的根本目的與任務。任何時代的統治階級都清楚，生產力的停滯和倒退，必將導致自身統治的結束。即使有朝一日，階級「將被現代生產力的充分發展所消滅」，國家的階級統治的功能因之消亡，但作為非階級國家的社會管理功能仍須保留下來，繼續完成發展生產力的任務。

國家因國家的性質及國家權力運作方式引申出國體與政體的概念。但日本近代以來的許多著作卻將日本政體的獨特表現形式——天皇制——稱為「國體」，從而引起混淆。日本自古至今，其國家性質的演變經歷了奴隸社會、封建社會和資產階級社會諸階

段，但其政體表現形式天皇制卻持續未變，天皇制因此成爲日本政治的最大特色，瞭解天皇與天皇制則成爲研究日本政府與政治的必不可少的基礎。實際上，天皇制作爲日本國家權力的運作形式，也經歷了古代天皇制、近代天皇制及現代天皇制的不同發展階段，在不同的發展階段具有不同的特色。

本書採取的日本歷史分期法，19世紀中葉之前爲古代，此後至1945年爲近代，1945～1989年爲現代，1989年至今爲當代（或稱90年代、冷戰後時代），未來時代則指21世紀前期二十年左右的時期。

（一）古代天皇制的形成及發展

以往的多數研究都認爲，《古事記》（西元712年成書）、《日本書紀》（西元720年成書）等日本史籍關於天皇傳世肇國的敘述，是由西元7世紀前後的史學家利用民間流傳已久的信仰太陽神的傳說，結合天皇家以及宮廷各家沿襲相傳的歷史譜系，人爲編造出的神話體系，其目的在於鞏固剛剛建立的天皇制統治體制。

關於天皇和日本形成的神話如是說：宇宙初成，天地開闢，天地間生出了最早的神國常立尊，後經數代生出了伊弉諾尊和伊弉冊尊（男女二神），二神交媾生出日本列島和山川草木，還生出日神、月神。日神是女神，稱天照大神。她派其孫攜帶鏡、劍、玉三件神器下凡去統治日本，其孫下凡後經兩代有日本磐餘彥尊，此神東征後終於在日本列島的中心大和地方（今奈良一帶）建立了日本，並自命爲神武天皇，即天皇譜系上的第一代天皇（現在的明仁天皇是這一譜系上的第一二五代天皇）。一些日本人

據此認為，日本的「國體」是「天皇萬世一系」的「萬邦無比的神國」。這純粹是無稽之談。實際上，根據對現有史料分析，天皇家的祖先亦不過是古代日本（北九州或大和地方）的一個強大的氏族而已，其勢力不斷發展終於統一了日本的大部分地區，建立了以天皇為中心的統治體制。日本自身並無研究西元前後數百年日本古代史的確切可靠的正史資料（上述《古事記》在日本史研究中的地位即相當於中國《史記》，遲至西元712年方成書），只能主要根據中國正史的記載加以研究。據此，「天皇」之稱謂遲至6世紀末期方始出現，此前只稱「大王」而不稱「天皇」。

「天皇」一詞本是中國道教的用語，在漢魏時已很流行。隨著日本與中國文化交流的加深，中國的道教經典和其他漢籍一起傳入日本，「天皇」一詞對於編造上述「天孫降臨」、「神武肇國」一類神話的人而言，自然具有很強的吸引力，於是借用「天皇」這兩個漢字來表示日本的最高統治者，以表示其至高無上的「神聖」地位。後人將所謂神武天皇即位的西元前660年定為皇紀元年，是那些具有濃厚尊皇觀的史書編撰者，根據中國秦漢時即已流行的讖緯學（主張所謂「辛酉革命」及每隔二十一次辛酉年即一千二百六十年天命將大改）「計算」出來的，明治政府將所謂的神武天皇即位日（經過「換算」為西曆2月11日）定為紀元節，戰後日本政府於1967年將2月11日定為建國紀念日，這些也沒有科學依據可言。

至於日本著名史學家江上波夫40年代末提出的大陸北方遊牧民族征服王朝說（西元4～5世紀，東亞北方遊牧民族南下，其中一支渡海至日征服了倭人後建立了王朝），和著名史學家水野祐50年代中期提出的王朝交替說（西元3～4世紀，應神天皇王朝

是從朝鮮半島渡海經北九州至大和的通古斯人建立的征服王朝），對於研究天皇制的形成問題非常值得重視。但是，天皇制的形成不僅指天皇統治的出現或天皇在統治體制中占有一定的地位，還須伴隨建立起一個法制保證的統治體制，對官制和政體運行機制都有明確的規定，同時還離不開建立相應的意識型態，包括文化和宗教等。

根據對現有史料分析，古代天皇制經歷了一個較長的醞釀過程。到6世紀末的聖德太子攝政時期，始眞正進入形成階段。從聖德太子攝政制訂冠位和憲法，經西元645年朝廷推行大化革新，置八省、百官建立完善的行政官僚制度，至8世紀初制訂《大寶律令》和《養老律令》，古代天皇制終於確立起來。如果考慮到經濟方面的因素，在實施班田收授法逐漸困難的情況下，723年頒布《三世一身法》，743年施行《墾田永世私財法》，承認了封建土地私有制，以及757年施行《養老律令》，亦可認爲最遲於8世紀中葉形成古代天皇制。

古代天皇制的形成與受中國隋唐時代的先進的封建文化和政治制度的影響分不開。分析大化革新前後日本社會發展過程，可以說古代天皇制的形成，是由發展不充分的奴隸社會（初期奴隸社會）向封建社會轉變的重要標誌之一。在這個轉變中，日本統治者基本上照搬並果斷推行唐制，使日本的社會生產力得到發展，整個社會前進了一大步。

日本經大化革新建立了中國式封建制，這個中國式封建制是古代天皇制形成初期的主要內容。8世紀初制訂的《大寶律令》和《養老律令》表明，日本大化革新後建立的政治、經濟體制均學習照搬於隋唐制度。在《律法》方面日、唐篇目完全相同。日

本現僅存名例、衛禁、職制、賊盜、鬥訟等篇，其條文除個別敘述外，均抄之於唐律。在官職設置方面，將《養老律令》和《唐六典》對照，不難看出日本的官職設置雖有自身特色（如凸顯了神祇官的地位），但總體結構與唐代官制大致相同。日本官制的權力分立雖不如唐制明顯，但制衡機制與唐制相同，行政權亦較突出，其他如官員選敘、考績等均如唐制。

另外，日本當時還建立了與唐代類似的科舉制度，對於如何從中央的大學寮和地方的國學推薦的舉人、貢人中考選秀才、明經、進士、明法並任命官吏，都有明確規定。只不過與唐科舉制度相比，日本的科舉制度規模小、範圍窄，只有官吏的後代才有可能就學並參加考試，庶民則被排斥在外；而且不似唐朝一旦考上進士便就高官，甚至可任宰相，日本通過考試登上高階者實屬鳳毛麟角，仍是門第重於考試。10世紀初，三善清行上疏天皇的《意見十二條》，即提出當時舉辦大學考試之困難及貢舉中之弊病，成為研究古代日本科舉制度的重要史料。

在古代天皇制的宮廷制度中，雖沒有完全照搬中國封建時代的宦官制度，未設立宦官，但在810年始設的「藏人所」（至明治維新廢止）與唐朝的內侍省（宦官知事處）的職能相近。14世紀北畠親房著《職原抄》即說，「模仿異朝（指唐朝）侍中、內侍等職」初置「藏人所」。

其他如經濟制度（實施班田收授法和租庸調雜徭）、身分制度（公民、奴婢制）等方面，也說明大化革新後的日本社會制度是中國式封建制，成立初期的天皇制是類似中國中央集權制的封建性政權。

當時的日本積極學習、引進唐代文化、制度，客觀上有其歷

史的必然性。當時的許多東方小國在中國的影響下，競相邁入封建文明階段的門檻，學習唐代先進文化、制度以加強中央集權統治，成為歷史發展的需要。但如果缺少主觀努力，這種歷史的需要也不會自動地變成現實。日本民族充分發揮了善於學習的長處，在條件尚不完備的情況下，模仿唐制建立了一套嶄新的制度，從而推動了日本社會的發展，對此應給予高度評價。

當然，日本不可能囿於唐朝的模式永遠走下去。此後，莊園領主經濟逐漸發展，12世紀末出現了武家幕府政治，使日本走上了日本式封建社會的發展道路。日本封建社會的這一特殊過程，並不能說明日本統治者向唐朝學習遭到失敗，這個過程是先進的唐代封建文化和後進的日本初期奴隸制相撞擊的結果。這樣的撞擊不可避免地引起了日本社會的曲折發展，但如果沒有這樣的撞擊，日本的社會發展就要緩慢得多。

在古代天皇制一千餘年的發展過程中，日本的政體形式並非一成不變，而是經歷了天皇親政、攝政關白政治、院政體制、南北朝和戰國時期的二元、三元政治，以及幕府將軍政治等多種變化。在古代天皇制形成初期，天皇曾是國家政權的中心，如7世紀後期天智、天武天皇都實現了天皇親政，院政體制或太子攝政也可看作變相的天皇親政形式。但在古代天皇制的發展過程中，天皇並非始終處於掌握最高權力的地位，大部分時期成為只坐朝而無權的「虛君」。其原因是，天皇因神道而被神化，天皇是天照大神的子孫，是「現人神」（現出人形的神），雖有治理國家的使命，但又不能因具體的繁瑣政務而勞神傷智。否則，如果臣屬因具體事務讓天皇為難，就是對天皇「不恭」，對神的「褻瀆」。再者，道教對神道的影響很大，老子的著述深受當時人重視，老子

無為而治的思想主張對將天皇設為虛君有重要影響。第三，鑑於592年崇峻天皇因欲掌政權而被大臣蘇我馬子所殺的教訓，後人多以此為鑑，不主張天皇主政。所以，從天皇親政到君臨不治，是政治鬥爭的結果。

當然，像崇峻天皇那樣欲掌政權者，後世不乏其人。其典型事例是1334年後醍醐天皇的「建武中興」，以及「中興」失敗後另立南朝而形成南北朝對立局面。但古代天皇制時期，攝政關白政治和武家幕府政治占了大部分時間，這期間天皇大權旁落，不用說實力不敵將軍，最貧困潦倒時，甚至趕不上一個小諸侯。一千五百年後土禦門天皇死時，因無錢入葬而停屍四十日，乃至屍體腐爛生蛆，其後的後柏原天皇經二十二年才得到「獻金」舉行即位儀式，這些似乎令人難以置信。這說明天皇在武家幕府時期的政治體制中，已處在無足輕重的地位。儘管如此，天皇及其朝廷始終沒有被廢除而得以保留並延續下來，其主要原因是，歷代幕府將軍可能不會相信天皇是日本肇國之神的後裔，但他們卻需要維持這樣的神話，藉以抬高自己的地位，增加將軍的權威性。就像中國的皇帝要靠宗教神化自己為「天子」以加強統治一樣，幕府將軍也要通過「萬世一系」之神的後代授與「征夷大將軍」的稱號這種宗教般的儀式，表明幕府政權的合法性和崇高性。總之，在古代天皇制過程中，大部分時間天皇只在形式上具有任命將軍的權力，實際上被排斥在權力結構之外。在古代天皇制初期，天皇發揮了推動封建制發展的作用，除此之外，天皇只是作為某種宗教式信仰的象徵而存在，或者說，天皇成為日本封建制度的陪襯與裝飾。

（二）近代天皇制的特色及天皇的戰爭責任

　　日本古代天皇制向近代天皇制的轉變，即近代天皇制的形成，始於1868年明治維新。其客觀條件是，當時日本的資本主義因素雖有發展，但與爆發資產階級革命尚有一段距離。日本1854年被迫開國後面臨的民族危機，迫使日本不得不加速尋找一條富國自強之路。於是，在經濟、思想準備皆不足的條件下，日本開始向近代社會轉變。這是日本歷史上第二次內外因素的大撞擊。在這次轉變中，日本統治者一心學習西方，認為日本今後的發展道路「尤可取者以普魯士為第一」。所以，在建立近代天皇制的過程中，制訂了大量抄襲1850年《普魯士憲法》和1871年《德意志帝國憲法》條款的明治憲法，作為近代天皇制的根本法律保證，從而使日本成為半封建的資產階級君主立憲制國家。在意識型態領域，則以幕末時期尊王思想的大發展為基礎，提高神祇官的地位，將幕府時期受冷落的神道升為國教（明治初年透過「排佛毀釋」來凸顯神道），在國民中大力灌輸忠於被神化了的天皇的封建君主思想。

　　近代天皇制是在封建制度發展千餘年之後建立的，必然會從前一個時代繼承下來大量的封建因素。這也是以普魯士德國為樣板改革造成的結果。例如，在法律上，集一切國家權力於天皇一身，天皇如同封建時代的獨裁君主，神聖不可侵犯，其皇位由長男世襲，內閣只對天皇負責，議會沒有實權，形同諮詢機構。在社會經濟方面，地稅改革雖然確立了土地私有制，但其目的不是消滅封建性的土地租佃關係。因此農村的封建性土地租佃關係反而不斷發展，至19世紀末，佃耕地占全部耕地的40％以上，佃農

和自耕農占全部農戶的65％。德川時代的封建等級身分制雖然被取消，但其影響仍存在於各個領域。在社會思想方面，封建意識型態大量存在，封建忠君思想和武士道精神被發揚光大，封建家長制傳統很牢固。

正是由於上述明治維新的不徹底性，造成了近代天皇制的這種雙重性，使在近代天皇制下的日本，比起其他的封建國家、資本主義國家來，更富有侵略性和擴張性。因此日本很快走上對外侵略擴張、壓迫其他民族的道路，迅速成為軍事封建帝國主義、法西斯軍國主義的國家。從某種意義上說，近代日本給亞洲人民帶來災難的禍源正是在明治維新。

在近代天皇制中，按照明治憲法規定，天皇處在國家權力結構的中心，是名副其實的天皇制的代表者。近代天皇制的三權分立不同於西方的三權分立，而是內閣、議會、軍部各自為政，分別向天皇負責。在這個基礎上，只要抱有實事求是的態度，就不難回答天皇的戰爭責任問題。

應該說，既然明治憲法作為國家最高法律賦與天皇管理國務的最高國家權力，天皇就理所當然地對一切重大國務承擔最高法律責任（明治天皇未成年時和大正天皇患癡呆症不能視事則另當別論）。雖然明治憲法規定天皇的立法權由議會「協贊」，行政權由各國務大臣（即內閣）「輔弼」，司法權由裁判所或軍部承擔責任，但如果站在公正的法律的立場來分析，明治憲法體制中的天皇已不是「虛君」，而是「實體」，是制訂法律、施行國務的主體，其他如議會、內閣等均為副體，是協助者。因此，讓副體承擔主要法律責任於理不合。

有一種主張認為，雖然在法律上說天皇應對重大國事負責，

但明治憲法體制實施了「無答責制」，所以天皇不負實際責任。誠然，明治憲法的制訂者伊藤博文在解釋該憲法時說，「法律不具有責問君主（天皇）之力」，憲法關於天皇權力的規定，在實施時成了「無答責制」，天皇對臣屬的彙報只聽不答，後果與責任則由臣屬承擔。其實，實施「無答責制」，雖有古代天皇制傳統的影響，主要目的還在於有利於維護天皇的形象和權威。而且，1990年公諸於世的、昭和天皇1946年的談話記錄《昭和天皇獨白錄》及其他大量可信的歷史資料表明，雖然在一般情況下天皇援用「無答責制」不干預國政，但在緊要的歷史關頭或對重大的政治事件以及重要的人事變動，都要參與，甚至作出最後決斷。天皇是國家權力的最高代表，是戰爭機器的操縱者之一。天皇對日本軍國主義的侵略戰爭負有不可推卸的責任。

當然，天皇應負戰爭責任，並不意味著一切戰爭責任都由天皇一人承擔。客觀地說，天皇也是被近代天皇制的制度推到了這種地步。當時的政府、軍部都有責任，被處死的各級戰犯也都罪責難逃。其實，就連昭和天皇本人也不否認要承擔戰爭責任。據侍從長藤田尚德的《侍從長的回憶》和麥克阿瑟的《麥克阿瑟回憶錄》，1945年9月27日天皇拜訪麥克阿瑟時即表示，「對於國民進行戰爭時在政治軍事方面作出的一切決定和行動，我負全部責任」，「我自己後果如何無所謂，由你處置。但我請求聯合國援助以使國民不被生活所困」。這是天皇在意識到自己的戰爭責任的基礎上，企圖透過主動承擔責任以求儘可能減輕戰敗給日本國民造成的損失。天皇此後多次表示了這一心情。

在日本投降初期，天皇的戰爭責任問題並不成其問題。許多國家都要求懲處負有戰爭責任的天皇，即使在美國，政府首腦也

明知天皇是戰犯。另據1945年6月的蓋洛普民意調查，美國人中主張追究責任處以死刑、終身監禁、流放或加以審判者占71％，只有7％的人主張加以政治利用或無罪。只是由於國際形勢的變化，和美國從自身利益出發轉變了占領政策，認為天皇的力量抵得上二十個師團的軍隊，保留象徵天皇制有利於美國占領、防止日本出現人民革命的形勢，因此最終決定不審判天皇，不追究其戰爭責任。這是在當時的國際環境和特定的日本國內形勢下造成的後果。天皇並沒有像一些德國納粹份子那樣逃匿起來以求擺脫懲罰，他本人對形成這樣的客觀後果（即沒有被追究戰爭責任）並沒有責任。

（三）現代天皇制的象徵性作用及未來發展

現代天皇制（即象徵天皇制）的建立是在外力的作用下實現的。單方面占領日本的美國保留天皇、建立象徵天皇制的原因已如前述。東亞形勢的動盪和日本國內人民民主運動的高漲，成為美國迅速改變占領政策的主要原因。另一方面，在神化天皇的近代天皇制法西斯統治之下生活了多年的日本人，其中多數人還不可能很快轉變思想，從而成為現代天皇制形成的社會基礎。據1946年5月《每日新聞》關於憲法草案的輿論調查，支持天皇制者占85％，反對者占13％；工農的支持率最低，也達55％。此數字與其他報刊的多次輿論調查結果對照來看，仍能反映出事件發展的大致方向。

現代天皇制是戰後民主改革的結果之一。美國授意制訂的戰後憲法是現代天皇制的法律保證。它排除了近代天皇制的封建性，儘管現在對於天皇是否是國家元首仍有爭議，但實際上天皇

作為「日本國之象徵、日本國民統一之象徵」而居於國家元首的地位。戰後憲法規定天皇「只能行使本憲法規定的關於國事的行為，沒有關於國政的權能」。天皇「關於國事的一切行為須有內閣之建議與承認，由內閣負其責任」。所以，天皇是虛君。天皇的作用已根本不能與近代天皇制時期相比，只有象徵性的作用。或者說，戰後天皇的作用，最初只有被利用的價值。如果沒有被利用的價值，美國就會取消天皇。後來由於資產階級保守政黨自民黨長期執政，天皇對穩定政局和社會發揮了一定的影響，從某種意義上說，這仍然是被利用的體現。

要想對天皇制的發展前景作出有說服力的估計，首先須對當前日本的社會全貌及未來進行分析。誠然，日本現在已發展成為舉世矚目的經濟大國，日本國民的物質生活得到很大改善，使日本的國內階級關係和對外關係發生了某些值得注意的新變化。但應注意近年來日本經濟發展雖然快，政治和文化卻沒有得到相應的發展。自民黨多年執政，造成日本政治的保守性和腐朽性日益嚴重。政治體制方面的改革多流於形式，不可能徹底解決越來越頻繁出現的各種弊端。文化精神方面的失落感和空虛感日益強烈。總之，政治和文化的發展速度大大落後於經濟的發展速度和物質生活的改善程度。這造成了日本社會發展的新的不平衡，使日本社會的發展面臨著一個新的潛在危機。

日本的經濟與政治和文化發展的不平衡局面，使得一部分日本人要回顧過去，以從歷史中尋找日本文化的「優秀」之處，為高速發展的經濟作註腳。而在這一部分日本人的心目中，天皇及天皇制堪稱「優秀」的日本文化的代表。

現在，天皇和天皇制在日本國民心目中究竟占什麼地位？從

昭和天皇病危和去世期間日本的社會輿論來看，反對天皇及天皇制者有之，但爲數不多、活動困難，其中大多數迫於壓力只好緘默不語。狂熱支持天皇和天皇制的右翼勢力則大肆活動，甚囂塵上。大多數國民雖不熱烈支持但不反對天皇制。 1984年共同通訊社的輿論調查結果表明，日本國民中70％的人認爲天皇處於象徵性地位，主張維持天皇制現狀的人占77.3％，而主張廢除天皇制或給天皇以一定的政治權力（甚至恢復戰敗前那樣的主權地位）的人均各爲10％左右。

另外，據1987年12月日本輿論調查會進行的八千人輿論調查，69％的人認爲天皇是國家的象徵，83％的人主張天皇制維持現狀即可。據1989年1月10日讀賣新聞社的三千人輿論調查，82％的日本國民不反對目前的象徵天皇制。這些數字反映出一個大致趨勢，即80％左右的日本國民不反對天皇制，這是天皇制存在和發展的社會基礎。可以預言，建立在這種比較廣泛的社會基礎之上的天皇及天皇制，是不會在短時期內歸於消亡的。所以只要日本的發展道路將來不遇到大的挫折，不發生急風暴雨般的人民革命的形勢，那麼，在人們的慣性心理作用下，天皇及天皇制會繼續存在下去，但其影響會越來越弱。

第1章
日本政治文化諸因素

　　政治文化是政治共同體成員（包括公民、政治家、集團、民族、階級、政黨、政府）在一定的政治體系中形成的關於政治及政治活動的思想、感受、態度、心理習慣以及價值評判等主觀意識的總和，或者說是人們有關政治的價值觀、行爲觀的綜合載體。政治文化的物化形式則是廣義的政治制度。不同的階級、不同的民族有不同的政治文化。政治文化的發展受到地理環境、民族性格、歷史傳統和生產方式等因素的影響，但政治文化較其他方面有較明顯的連續性，而且是決定一個國家國內政治及對外關係的深層因素。因此，在研究日本的政府與政治之前，有必要對日本的政治文化先作一粗淺分析。

第一節　地理環境與民族性格

　　日本是我國一衣帶水的鄰邦。從上海過東海至長崎，或從圖們江口經日本海至新潟，均只有八百至九百公里的路程。然而這一距離乃是經歷了無數年代形成的。迄今爲止的科學研究表明，在遠古時代，日本列島曾是東亞大陸的一部分，大約在幾十萬年

前的洪積世冰河期，形成了與大陸相連的日本弧狀半島，因此北京猿人有可能追趕獵物到此定居，舊石器時代的日本人可能是北京猿人的後裔。直至一萬餘年前進入沖積世後，因地殼變動、海平面上升，才形成了與大陸完全脫離的日本列島，日本始進入新石器時代即繩文文化時代。舊石器時代的日本人在新石器時代不斷與渡海而來的其他人種混血，逐漸形成現在的日本民族。但由於日本列島四面環海，交通畢竟受到嚴重阻斷，社會發展訊息基本閉塞，古代日本社會長時期處於自然發展狀態，過程緩慢。

　　日本地理環境的另一個特色是，日本列島面積狹小，且重巒疊嶂，少見寬闊平原。火山時而爆發，地震頻繁發生，颱風海嘯不時登陸，造成日本民族的生存環境艱苦，發展條件很不理想。現今日本由本州、北海道、九州、四國四個大島和眾多小島組成，陸地總面積三十七萬多平方公里，約爲中國國土的1/30，略小於雲南省的面積，約爲台灣面積的十倍。日本民族千百年來生殖繁衍於斯，至今已有人口一億二千多萬，約爲中國人口的1/10，與原四川省人口大致相當，約爲台灣人口的五倍。不難計算，日本的人口密度約爲中國人口密度的三倍，但僅爲台灣人口密度的一半左右。近代以來，日本的人口不斷向城市集中，以致50、60年代以後形成了人口過密地區（大城市）和過疏地區（偏遠山村）的明顯反差。尤其在京濱（東京——橫濱）、阪神（大阪——神戶）、北九州三大工業區，人口最爲密集。如果乘坐電車從神戶的海邊經過，便會看到另一側的六甲山上從山腳到山頂密密麻麻地擠滿了形式大同小異的日式住宅，山腳的房子似乎頃刻就會被擠落海中，此情此景很容易使人產生沉重的壓迫感和危機感。日本人長期生活在這樣的環境裡，從而形成了鮮明獨特的民

族性格。

　日本民族性格最突出的特色是強烈的競爭性。日本民族的競爭性充分表現在每一個日本人所具有的競爭性上。面對惡劣的生存環境，胸積沉重的壓迫感和危機感，日本人怎能不朝驚暮悚、奮發努力！一日的疏忽懈怠，可能招致百日的困境，甚至終生的懊悔。日本人大事小事都喜歡去神社合掌膜拜，除夕之夜更有成千上萬人前往東京的明治神宮祈禱，祝願自己夢想成眞，爲競爭尋求心靈的寄託。雖然如此，日本人知道，要在激烈的競爭中生存並取勝，僅僅依靠祈禱不行，必須付出辛勤勞作的汗水，即便暫時成功，也不可能永遠坐享其成。西方人遂稱日本人爲「經濟動物」、「工作狂」。的確，像日本人那樣拼命工作、自覺勞動，世上少有。日本人視勞動爲生命，此乃在激烈的競爭環境中養家餬口所必需，也體現其熱愛勞動、尊重勞動、自覺勞動的本性。日本人勞動不馬馬虎虎，不敷衍塞責，每一項工作都要力爭完美，每一次勞動都要創造更好的質量。勞動是美的展現、能力的展現，必須認眞對待。哪怕是「個體戶」，也會有嚴格的自我紀律約束。日本人承認失敗，但不服輸。有些顯然不可能辦到的事情，日本人也會執拗地鑽研、追求。由於長時期過度勞動，弦繃得太緊，難免不出現弦斷人亡的「過勞死」現象，因無法擺脫巨大的工作壓力和生活壓力而跳樓、上吊、臥軌的事也時有發生。所以，日本人羨慕中國人曾經實行的「悠哉游哉」和「富貴空回首，喧爭懶著鞭」的傳統社會氛圍，並非難以理解。

　日本人的競爭意識進一步表現在強烈的集團意識上。在日本人看來，個人的競爭匯集爲集團的競爭就能發揮更大的作用，企業比家更重要，爲了增加企業的利益，必須竭盡全力，以至於視

下班後不能爲企業加班而立即回家爲一種恥辱，也會受到同事的嘲笑。這是日本人集團意識的充分表現。若再昇華到民族精神的層次，則是以這種競爭意識和集團意識爲分子組成的自強不息的民族精神。自強不息，即面對惡劣環境不畏縮，面對失敗不氣餒。不管處境如何，善於把握自主，頑強拚搏發展自己。在 19 世紀中葉，日本被迫開國後，和中國一樣被不平等條約所束縛，面臨著半殖民地的危機。日本以中國的頹敗爲教訓，以中國的淪落爲機遇，即以西方列強因爭奪中國而放鬆日本爲天賜良機，相信只要抓住機遇，致力於「開放改革」，實現「富國強兵」，就不僅能擺脫半殖民地危機，還能與「夷」爲伍，共同壓迫東方鄰國。由於自強不息精神被大大發揚起來，日本實現了這一目的。第二次世界大戰後，日本處於事實上的美國單方面占領之下，日本國而不國、民而不民，一切都須聽命於麥克阿瑟；經濟崩潰，糧油匱乏，人心渙散，社會不穩。數百萬被遣送回國的士兵，工作不定，生活無著，成爲隨時都能引起社會爆炸的「隱患」。但是，冷戰開始後，由於政治形勢的變化，美國改變了對日政策，開始庇護日本。更由於韓戰的爆發，日本在美國東亞戰略中的地位日益重要。日本再次抓住了難得的機遇，以經濟建設爲中心努力發展自己，很快渡過了難關，走上了經濟起飛的軌道。至 60 年代後期，一躍成爲世界第三經濟大國。沒有自強不息的精神，是創造不出這般令世人刮目相看的奇蹟的。雖然說任何一個向前發展的民族都具有自強不息的精神，但可以說，自強不息精神在日本民族身上表現得更加突出。競爭──集團意識──自強不息成爲日本政治文化的主幹。

　　如果將中日兩國的政治文化作一簡單比較，則不難看出兩者

之間有著根本性的差異。自二千五百年前孔孟儒學之道形成後，中國政治文化的主流一直沒有發生過根本性的變化。中國政治文化的核心就是「天命」之下的和諧與秩序。只有元代例外，由於遊牧民族成爲中原大地的統治者，和諧一致退出中國政治文化的核心地位，競爭成爲主流。正因爲元代的政治文化與中國悠久的政治文化主流不同調，最終未能被中華民族所接受，所以元代的統治僅維持了一百年就滅亡了。日本的政治文化則發生過根本性的變化。7世紀初聖德太子制訂《憲法十七條》，第一條即「以和爲貴，無忤爲宗」。此外還有「國靡二君，民無兩主。率土兆民，以王爲主」；「上和下睦，諧於論事」；「治民之本，要在於理。君臣有禮，位次不亂。百姓有禮，國家自治」。顯然，日本古代前期的政治文化是從中國移植過去的政治文化，不僅基本內容相同，其核心也是和諧與秩序。所以，這時日本民族起名爲「大和」，以此表示日本民族的政治理想。奈良時代和平安時代的日本朝野政治風情反映出這一點。而9世紀時的平安時代前期，與中國唐代在政治文化領域尤其相近。在10世紀中葉以後，武士封建領主階級逐漸形成，至12世紀末建立鎌倉幕府，日本政治文化的主體隨之發生了變化，即由和諧轉變爲競爭，由「大和」變成「大爭」。

　　在武士封建領主階級是統治階級的日本中世和近世封建社會中，武士階級的思想、精神、行爲、道德的規範——武士道——成爲日本封建時代政治文化的核心。尤其在1603年以後的德川幕府時期，經過儒家朱子學理論的改造昇華，武士道的地位更加突出。德川幕府在1615年和1710年制訂和修改《武家諸法度》（武士階級的行爲典範），即在第一條規定，「文武弓馬之道，應專心

愛好」，「左文右武，古之法也，不可不兼備矣。弓馬者武家之要樞也」，「應修文武之道，明人倫，正風俗」。簡而言之，武士道的內容包括忠義和武勇。作為武士，對主人必須忠誠不二，講義理，懦弱膽怯與武士的身分格格不入，武士要勇敢頑強，為了實現主人的目標，不能有任何猶豫與彷徨，必要時要像手中的武士刀只折不彎那樣，從容做到寧為玉碎、不為瓦全。所以，德川時期封建階級關係嚴明有序，社會穩定發展。

原本意義上的武士道，既主張維護固定不變的封建身分秩序，又褒揚無畏的競爭精神。人們之所以往往將武士道片面理解為野蠻的殺戮與自戕，主要因為明治維新後西方政治文化的強烈影響，以及日本為擺脫民族危機而進行的全面改革，使得武士道中的尚武、競爭精神得到發揚，又由於吉田松陰（1830～1859）、福澤諭吉（1835～1901）等人鼓吹民族主義思想的推動（吉田松陰說「神州臨萬國，乃是大道根」，福澤諭吉視中國和朝鮮為「亞細亞東方之惡友」、「醜類」，日本要「脫亞入歐」，與西方列強共同瓜分東亞），明治政府以天皇名義發布的《軍人敕諭》（1882年）、《教育敕語》（1890年）的制約，武士道終於像新渡戶稻造（1862～1933）所說的那樣，成為日本的「民族精神」和發展的「原動力」。

新渡戶稻造不用武士刀而用櫻花比喻武士道，認為武士道乃人世間全部美德之集大成者，顯然失之偏頗。武士道是一種階級意識、等級意識，它不會講普遍的仁和愛。它表現在對外關係方面，則是強烈的大和民族優越論和蔑華、侮華思想。近代日本之所以容易接受西方列強的政治文化的影響，就是因為日本具有以武士道為核心的政治文化的底蘊。封建武士道的競爭精神與近代

資產階級的競爭精神相結合，使近代日本的政治文化更富於競爭性和侵略性，從而爲日本軍國主義推行強權公理、大舉侵略擴張提供了有效的支持。這種爲軍國主義服務的、被片面利用了的武士道，的確只剩下了野蠻的殺戮和自戕。也正是這種「民族精神」，使日本一步步陷入滅頂之災。

戰後，日本的政治文化得以匡正，極端的武士道精神遭到大部分日本國民的排斥，協調與競爭相結合，成爲政治文化的主要內容。在民族精神上的表現，即前文所述競爭意識和集團意識。當然，二者之中，競爭仍然占據主要地位，這是戰後日本社會大致穩定、經濟技術獲得高速發展的主要潛在原因。

將中、日兩國的政治文化進行比較是不無裨益的。中國的政治文化以和諧爲核心，日本的政治文化以競爭作主幹。如果將中國皇帝祭天的天壇與日本天皇祭祀祖先的伊勢神宮相比，將北京的故宮與京都的紫宸殿相比，將明十三陵與明治天皇陵相比，不難發現，前者充分表現了「豪華之美」，後者則是「簡樸之美」的結晶。如果再深入地想一想，「豪華之美」反映出有序和諧的精神，「簡樸之美」蘊涵著頑強競爭的意志。英國歷史學家湯因比（Arnold Joseph Toynbee, 1889～1975）曾經說過，人類已經掌握了可以毀滅自己的高度的技術文明手段，同時又處於極端對立的政治、意識型態的營壘，最重要的精神就是中國文明的精髓——和諧。如果中國的這一文化內核不能成爲人類的主導，整個人類的前途將是可悲的。就今後人類社會的總體發展而言，他的觀點並沒有錯。但是，中國歷來講和諧，競爭力很差，所以自封建時代後期以來，社會發展緩慢，日漸羸弱，以致近代遭受西方列強的欺侮與宰割。總之，中、日兩國的政治文化各有特色，中國是

和諧有餘，競爭不足；日本是競爭有餘，和諧不足。中國要學習日本的競爭精神，努力發展經濟技術；日本要學習中國的和諧精神，努力反省自己以創造良好的周邊環境。這對中、日兩國今後的發展都是不可缺少的。

第二節　歷史傳統與經濟發展

歷史傳統對日本的政治發展有重要影響。日本歷史大致分為如下幾個時代：萬餘年前至西元前300年為繩文文化時代，即原始社會時代；西元前300年至西元300年為彌生文化時代，即原始社會向階級社會過渡的時代。在東亞大陸先進文化的影響下，日本的生產力逐步發展，生產關係隨之變化，西元前後形成百餘小國，2～3世紀時，始出現一個卑彌乎女王統治的大國──邪馬臺國，日本進入初期奴隸社會。4～6世紀是不完全的奴隸社會向封建社會過渡的時期。此期間日本實現了統一，建立了中央朝廷。7～19世紀中葉是封建時代。7世紀中期的大化革新是日本進入封建社會發展階段的重大轉折點，此後至12世紀是封建時代前期，又分奈良時期和平安時期兩個階段，以建立中國式的封建制度為特色。12世紀末至19世紀中葉是封建時代後期，又分鎌倉幕府、室町幕府和江戶幕府三個階段，以發展封建莊園和武士階級統治為特色。19世紀中葉至1945年是資本主義、帝國主義時代，19世紀中葉的明治維新成為日本進入資本主義、帝國主義發展階段的重大轉折點，軍國主義及其侵略擴張是這個時代的最大特色。1945年以後是現代資本主義時代，戰敗初期的民主改革成為日本走向現代資本主義的轉折點，議會民主和發展經濟成為這個

時代的主要特色。可見，日本歷史上曾出現三次重大轉折。近年來，日本的發展遭遇到一些困難，日本政府推出了多項改革，於是有人稱此爲第四次大轉折。但能否稱爲第四次大轉折，頗令人懷疑。

　　日本歷史上的三次大轉折都是在外力的推動下透過改革實現的。每一次改革都使日本社會獲得了極大的發展，跟上了世界發展潮流。與前三次改革相比，當前的改革仍然屬於在既有體系內的調整，沒有與前三次改革相類似的國內外條件，改革究竟能否取得大的成效，難以定論。但改革畢竟成爲日本歷史發展中的一大特色，這是毋庸置疑的。在民族發展的關鍵時刻，進行全面深入的、大刀闊斧的改革具有十分重要的意義。日本的三次重大歷史性改革爲什麼都能取得成功，不能不說日本民族具有善於學習的歷史傳統，是一個重要原因。

　　日本人善於學習，恐怕與日本民族是混血民族有最直接的關係。現在一些日本人總以「日本是單一民族國家」而自詡，其實，日本除大和民族外，還有少數民族如阿伊努族，即使大和民族也是由多數民族混血而成的。現今比較流行的觀點是，日本民族是「原始日本人」先後與北方的通古斯人、漢人、朝鮮人和南方的越人、印支人、馬來人等融合而逐漸形成的。繩文文化時代與彌生文化時代之間的社會發展不銜接，在彌生時代，稻作猛然流行起來，生產力有很大發展，這說明在這個時期有先進文化大量傳入日本，而先進文化的傳播自然離不開人員的交流。據最新研究成果，稻作發祥於中國雲南一帶，後逐漸擴展至長江中、下游的江南地區。在這片廣袤土地上棲息勞作的「越」人創造的稻作文化，後來被北方的漢族文化融合吸收。在西元前 4 世紀和秦

始皇統一中國前後，因爲東亞大陸政治形勢的變化，部分「越」人橫渡東海或經朝鮮到達日本成爲「倭」人。有日本學者根據人口增長模型和頭骨形狀變化模型推測，西元前300年後的一千年間，渡海至日的大陸移民在一百萬人以上。在西元3～4世紀時，日本原住民與大陸移民的比率，在西日本達到1：9或2：8。此時期到中國訪問的日本人都自稱爲「吳太伯之後」。依此計算，至8世紀中葉，在約五百六十萬日本總人口中，中國移民及其後裔應占1/5左右。現在日本人的姓氏中如「羽田」、「秦」等，均清楚表明這些人都是中國移民的後代（283年秦始皇時代的漢人子孫弓月君率領一百二十縣人歸附日本，定居京畿一帶，稱爲「秦氏」）。這些中國移民作爲當時的高技術集團將先進的生產技術和工具、禮儀文化和典章制度帶至日本，促進了日本社會的發展。這樣的事實也使日本民族領悟到，先進無國界，「拿來主義」對一個民族的發展是必不可少的。直到本世紀50、60年代，來中國訪問的許多日本人都毫無遮掩地稱中國爲「母之國」，一些中國人聞之便飄飄然頗爲得意，也眞把日本視同「子之國」，孰料倏忽間「子之國」經濟技術反超「母之國」之上，令這些人一時難解胸中沉鬱之氣。

日本人善於學習做到了家，他們是好就學，學不以爲恥，也不怕因爲學習外國會丟掉本民族的東西，反而認爲學習外國好的東西，有利於繼承發揚民族傳統，如果因爲學習而丟掉了民族傳統中一些沒有現代價值的東西，也不可惜。民族傳統在改造中發展是必然的事。最常見的例子是日本人對漢字的崇拜。日本原本「無文字，唯刻木結繩」，隨著中國漢文化的傳播，285年百濟賢士王仁攜《論語》、《千字文》至日，漢字傳入日本。先是完全借

用漢字語音表記日語，但外交文書爲正式的漢文。直至9世紀初期才形成日語專用的假名即平假名和片假名，分別以漢字草書和楷書的偏旁、部首爲基礎發展而成，至今行文時仍是使用假名和漢字。日本人並不認爲這是有礙民族體面的原則問題，把假名和漢字作爲日本文化精髓的主要內容保留下來，而不像有些民族，使用了千百年的漢字，一朝爲了弘揚「民族精神」而棄之不用。如果說這是「湊合」（對非原則問題不計較），那麼這種「湊合」精神是很值得其他民族學習的。

　　日本人學習外國不設定特定的方面，如只學經濟不學政治之類的框框是沒有的。如前所述，7世紀中葉，日本透過改革（大化革新）全盤學習中國，把中國的先進文化科學和政治經濟制度統統搬到日本去，建立了中國式的封建社會。一批批由數百人組成的遣隋使團、遣唐使團，爲學習中華先進文化所抱有的「排除萬難，不怕犧牲」的決心和謙虛認眞的精神，令人欽佩。近代日本轉向西方學習，也是一股腦兒照搬不誤。明治政府曾派出規模龐大的岩倉使節團耗巨資、歷時一年多遍訪美歐先進國家，尋找改革樣板，借鑑他人之長，最後選定普魯士德國爲樣板，制訂了明治憲法，走上富國強兵之路。在東京，一入夜，達官顯貴、社會名流紛紛西服革履、衣著華麗地進入鹿鳴館與外國人跳舞周旋，毫無喪失本民族文化傳統的感覺。一般百姓也競相追求文明開化的風氣，彷彿不吃牛肉、不喝牛奶就不能成爲「文明人」，就落後於時代。更極端的主張是，有些人甚至認爲，日本落後是由於人種低劣、語言幼稚、思想保守，甚至不如歐洲人家豢養的狗開化。爲了發展，日本男人應明瞭自然淘汰和適者生存的法則，和自己的日本妻子離婚，而與具有更優秀的肉體和智力的西洋女

子結婚，以改造日本人種，還要將日本傳統的衣食住全部廢除，限期西化，並創造出日英並用的語言文字。戰後，日本又懷著極大的熱情學習曾與之打得不可開交並因此死掉許多人的美國，接受了美國越俎代庖制訂的憲法，建立了資產階級議會民主制度，爲經濟發展創造了條件。當然，也有人主張廢除日語，以英語或法語爲國語，或不如乾脆將日本變成美國的一個州。不過，無論怎麼學，日本還是日本，既沒有被中國或英國同化，也沒有成爲美國的一個州。透過學習，日本雖然還是日本，但已不是原來的日本，而是又前進了一步的日本。那種有過分主張的人也沒有被罵成數典忘祖或賣國賊。人們認爲，正是因爲日本具有不少落後的值得改進的地方，導致少數人持有厭惡日本的心理並不足怪。

總之，日本人善於學習的精神對日本的政治發展發揮了重要的作用。當然，日本民族如世界各民族都各有優點與缺點一樣，既有上述優點，也有缺點與不足。首先，日本是島國，地處東亞一隅，古代發展緩慢，對亞太地區發展影響有限，因此古代日本人曾有一種「島國之民」的自卑心理，一有機會就謀求向大陸擴張，近在咫尺的朝鮮半島自然成爲它首先侵略的對象和進而向大陸擴張的跳板。日本史書爲給這種侵略擴張製造根據，便杜撰出第十四代天皇仲哀天皇的皇后神功皇后於200年西征朝鮮半島，使新羅、高麗、百濟臣服的故事，這段「征韓史」對後世影響極大。在此後的一千多年中，每當日本要衝破大海的封鎖，把擴張矛頭首先對準朝鮮時，都要拉出神功皇后的「亡靈」祭奠一番。562年日本在朝鮮半島的殖民地任那終於被新羅所滅，但日本不甘心退出朝鮮，於百年之後的663年遣三萬兵再侵朝鮮，結果在錦江口被唐朝軍隊打得大敗而歸。後又經九百餘年，「太閣」豐

臣秀吉兩次出兵朝鮮，一度打到圖們江邊，豐臣秀吉因此躊躇滿志，以爲從此可擺脫島國局限，叫囂要遷都北京，由天皇統治中國，命養子豐臣秀次爲大唐（中國）「關白」云云，不可一世。但在中朝聯軍的沉重打擊下，豐臣秀吉終於未能實現其夢想。此後又三百餘年，便是眾所周知的近代日本先併琉球，再攫台灣，後吞朝鮮，進而以僞「滿洲國」爲前進基地，對整個中國乃至大部分東亞地區進行猖狂的侵略。所以說，近代日本執行了一條侵略擴張的對外路線，既是帝國主義本性使然，也有歷史傳統發揮作用。對於近代日本的侵略史，一些日本人不願意痛痛快快地認帳。這是日本民族缺乏充分的反省能力和深刻的自我剖析能力的表現。在這些日本人看來，近代國際社會就是強權公理社會，落後弱小者被割地賠款是天經地義，亦無所謂「不平等條約」及依據這類條約在外駐兵是否合法的問題。這種認識必然會導致當代日本在侵略戰爭問題上難以得到鄰國諒解的後果。這與日本人是非觀念淡漠、缺少思辨哲理也有關係。

　　日本在經濟發展方面走過的道路似無需多言。日本民族是個尊崇實力的民族，古代日本對於攜帶各種手工技藝的中國人到日本定居（日本稱之爲「歸化人」）給予各種優待。封建幕府鎖國時期也不忘對經貿人員和船隻給予特別照顧。前述三大歷史性改革均以經濟改革爲重要內容。在19世紀中葉，中、日兩國之所以走上了不同的道路，經濟發展程度不同（中國尙未形成全國性的統一市場，而日本已大致形成全國性的統一市場）、教育普及程度不同（中國不及日本的教育普及程度高）是重要原因。戰後以來，在美國的庇護和支持下，日本集中精力發展經濟，僅用了十餘年時間，就成爲資本主義世界僅次於美國的第二經濟強國。至80年

代，世界對日本經濟一片叫好聲，以致認爲「21世紀將是日本世紀」。時至今日，日本經濟的發展出現曲折，但日本對東南亞金融危機所作出的貢獻表明，日本經濟實力之強大，仍足以令世界上一切國家稱羨不已。

若與俄、美、中的國土資源相比，日本只能算是彈丸貧瘠之地。但日本民族卻在這塊土地上化不利條件爲有利條件，創造出了驚人的奇蹟。1999年，日本的年國民生產總值（GNP）約四萬多億美元，爲美國GNP的2/3（因日圓對美元的匯率起伏較大，只能作一大致比較），約爲中國GNP的六倍，日本人均（編按：每人平均）GNP約爲中國人均GNP的六十倍（不包括台灣、香港和澳門）。但世界銀行以其購買力方法計算，稱中國的GNP已超過日本，在美國之後而居世界第二，此說顯然言過其實。日本的海外淨資產七千多億美元，是世界頭號債權國（近四千億美元），外匯儲備世界第一（兩千多億美元），外貿額六千多億美元（順差一千多億美元），對外援助（ODA）和投資分別爲一百多億美元和數百億美元。日本的技術實力也堪稱一流，美國先進武器的大部分微電子零件仰仗日本提供，或不得不與日本進行共同開發研究。現在，日本就是這樣一個富得流油的國家，只要有需要，兩、三年內就能製造出各種核武器的國家，手擎「投資」大旗（另一面看則是剝削大旗）走遍全球都受歡迎的國家。

在80年代，日本人已經過著富裕的生活。日本人的平均壽命已達到男七十七歲，女八十三歲。日本家庭主要家電的普及率接近100％，家用汽車82％，空調80％，電腦22％，攝影機34％。社會住宅擁有量超過社會總戶數，擁有私宅戶占總戶數約60％。住宅每戶平均面積一百平方米，人均超過一室三十多平方

米。每戶年收入七百至八百萬日圓，儲蓄金一千兩百多萬日圓（其中銀行存款占52％，各類保險金32％，有價證券10％，日本各類股票的個人持股率不到25％），負債近五百萬日圓。因存款較多，出國旅遊成家常便飯，每年有1/10的日本人出國，用一個月的工資就能愜意地作一個環球旅遊。日本的恩格爾係數（食品費在消費支出中所占比重）1996年已降至22％，表示家庭收入平均與否的吉尼係數（0～1，越接近0越平等）1980年為0.1842，大大低於西方主要經濟發達國家的水準。

日本人追求的目標，已由物質豐富轉變為精神豐富、心靈豐富。日本經濟生活的總態勢是兩頭小、中間大，在70、80年代有90％的國民具有「中流意識」（日本人形象地稱為「一億皆中流」），即認為自己處於中等生活水準。這一狀況成為日本統治階級制訂內外政策的重要社會依據。對這種「中流意識」，應以兩方面觀察之。一方面，它的確是國民生活整體水準達到較高階段後的產物，當多數人食不果腹、衣不蔽體或恩格爾係數高達40、50甚至更多的時候，是難以產生中流意識的。因此，中流意識也反映了國民生活整體水準達到較高階段之後產生的所得平均化傾向、收入差距縮小的傾向。另一方面，中流意識的出現也有一些不正常的促成因素。首先，所謂「中流」是既無定量又難定性的模糊概念。從表面上看，都有住宅、汽車、家電俱全的兩家人，都會說自己屬於中等水準，但實際上一家可能另有大量存款，另一家則為歸還買房、買車的借貸而不得不暗中節衣縮食。同屬中流的兩家實際上有天壤之別。另外，何謂中等水準，標準因人而異。有看重居住環境和生活條件者，也有看重經濟收入和消費能力者，還有看重受教育水準和文化素養者，不一而足。還應看

到，國民大眾心理的坦白程度不夠，導致出現脫離工人、主動將自己歸入中間階級以提高社會地位的傾向。近年來日本經濟不景氣，影響了部分家庭的經濟生活，但上述狀況在短期內不會改變。

根據日本學者的大量統計數字分析，至80年代中期以後，在全體就業人口中，農業人口僅占6.7％，包括白領、藍領（即腦力勞動者和體力勞動者）在內的工人階級占68.9％，自營業者（個體戶）占18.9％，經營者（資產階級）占5.5％。從1955～1985年年收入的增長幅度看，經營者年收入增長14.34倍，大企業白領階層年收入增長13.49倍，中小企業白領階層11.99倍，大企業藍領階層14.52倍，中小企業藍領階層14倍，自營業13.8倍，農業13.46倍，全體平均13.89倍。若進行橫向比較，則工人階級中收入最低的中小企業藍領階層，由占全體年均收入的0.71倍發展至0.67倍，工人階級中收入最高的大企業白領階層由1.34倍發展至1.21倍，經營者由2倍發展至1.92倍。而且，中小企業藍領階層年收入與經營者年收入之比由0.36倍發展至0.35倍，大企業白領階層年收入與經營者年收入之比由0.67倍發展至0.63倍。由此不難發現，無論縱向觀察，或是橫向比較，其比值均大體相近；即或有些差別，若考慮到發展時間長達三十年，也不是大問題。可以認為戰後至今，日本社會階級關係的基本發展態勢是平行發展。各階級在這個發展過程中，絕對收入增加了，生活水準提高了，但相對關係、地位沒有改變。只是因為總體水準提高，其間的界限顯得模糊起來，並給人以當代日本社會日趨平等化的印象。實際上，只能說與其他主要資本主義發達國家相比，日本的階級差距、兩極分化也許小一些。如果說日本已是平等社會，則

是言過其實。❶

　　曾有日本學者詳細列舉了日本社會的各種不平等現象，如男女不平等，一般人與阿伊努人、百餘萬「部落民」的不平等，日本人與六十餘萬在日朝鮮人及幾十萬其他「國際民」的不平等，正常人與各種殘疾人、病人的不平等……等等。這些並非無中生有或是空穴來風。這些「被差別民」在求學、求職、婚姻等方面受到社會的排斥和歧視，也就是說，他們的基本人權難以得到社會的充分保障。在東京如果從繁華的新宿、六本木驅車去貧苦人聚集地山谷，在大阪如果從繁華街梅田、難波驅車去窮人街釜崎，便會產生強烈的對比衝擊。這些貧苦人謀職不成、收入無定，或在廉價的「棺材式」旅館棲身，或露宿街頭。這些無家可歸者在總人口中所占比率很小，但它是衡量社會發展程度的一把尺，反映社會對立協調程度的一面鏡子。這是當代日本社會不平等階級關係的明顯表現。❷

第三節　宗教信仰與國民意識

　　研究一個國家的政治文化不僅要分析政治系統賴以生存的客觀環境，還必須注重國民的政治心理、價值判斷，即綜合的國民政治意識。國民的政治意識不是孤立存在的，而是處在與其他社會意識相互作用的不斷運動中，特別是受到國民宗教信仰的極大影響。因為現實社會中的宗教既是觀念性的上層建築，又是體制性的上層建築；即可以作為思想理論去影響群眾，又可以作為組織制度去統轄群眾。這種兼有組織系統和精神引導兩重性的特色，在日本政治生活中表現得尤為突出。所以，把宗教作為獨立

於地理環境、經濟條件的政治文化基礎要素，研究日本民族的精神世界與國民情緒的聯繫，乃是深刻認識政治文化的內容特徵、生成機制和作用形式不可缺少的環節。

（一）宗教派別與政治的複雜關係

眾所周知，日本民族的傳統文化是宗教含量很高的文化體系，現代日本又是一個雜揉多種宗教信仰的國家。在憲法中的信仰自由原則保障下，起自氏族社會的原初信仰，經過數千年歷史演變，成為神道諸家流派；與原生宗教相對應的佛教，也早已完成了日本民族化的過程，成為日本文化傳統中有機的組成部分；中世紀傳入的西方宗教，在經歷了禁教、鎖國打擊後花開二度，及至戰後也有相當勢力。加之名目繁多的新興宗教遍布社會各個角落，更使得「超凡脫俗」的宗教，給現實中日本國民的倫理道德乃至政治生活以極深刻的影響。

■ 神道與政治生活

神道源自日本民族的固有信仰。隨著古代大和朝廷的建立過程，逐漸成為統一的本土神。神道經歷奈良、平安時期和中世紀武家統治時期，分別繁衍出依附佛教不同宗派的「兩部神道」和「山王神道」，以及主張神主佛從的「伊勢神道」，和以神道為中心結合儒學、佛教的「唯一神道」。江戶時代，由於儒學備受統治階級推崇，「度會神道」、「理學神道」、「垂加神道」等融合大量儒家思想的神道教派雨後春筍般地發展起來，成為最具影響力的教派組織。在江戶幕府末期，日本面臨民族危機，從「尊王攘夷」走向「倒幕維新」的志士，祭起天皇制法寶抗衡德川幕府，神道

在推翻幕府的維新運動中發揮了動員輿論和維繫人心的作用。

因此，明治政府建立伊始，就把神道作爲控制民眾精神的統治性宗教意識型態，決心建立天皇制國家的集權統治。維新政權著力向國民灌輸日本的神道、神國觀念，以「祭政一致」爲名，借用《古事記》和《日本書紀》中的神話，將各地神社統轄到天皇權威之下，逐步實行國家管理神社，將神道抬高到國教地位，實現神權與世俗權力一體化，以國家祭祀爲中心頌揚天皇「萬世一系」和「萬邦無比之天皇制國體」，以此增強天皇神聖性質，提高天皇制政權政治權威，爲新政權建立宗教意義上的合法性。1870年，政府發布了《大教宣布之詔書》，指定神道爲國教，使教派神道成爲以皇室爲中心的政治性宗教體系，揭開了「國家神道」統攝諸家教派的序幕。1889年，日本頒布《大日本帝國憲法》，明文規定「大日本帝國由萬世一系之天皇統治」，敬神崇祖是作爲天皇臣民的全體國民必須履行的義務，事實上以國家根本大法形式肯定了國家神道對其他宗教的統治地位，國家神道終於超越了所有宗教信仰，成爲君臨天下的國教。

早期的國家神道分爲「官社國家神道」和「民社國家神道」。前者指皇族擔任祭主，各級神職人員隸屬內務大臣並領取「官幣」的神宮；後者指各地府縣所屬的鄉間神社，以祭祀亡靈、鎮護安泰的「神饌幣帛料金」爲主要收入。但是，隨著日本走向軍國主義道路，兩者逐漸趨同。1879年，「招魂社」改爲專門祭祀戰爭亡靈的「靖國神社」後，由陸軍省與海軍省共管，費用全部由國庫支付。日俄戰爭以後，又強使神道與地方行政結合，加強了對神道的財政支持，先後建立了平安神社、明治神宮等專門祭祀天皇始祖及皇國鴻運的神社。國家神道這種畸變的「宗教」，成了日

本軍部利用的工具，在教義中增添了「聖戰」和「八弘一宇」的內容，鼓吹神國日本透過實現「大東亞共榮圈」進而統治世界的觀念，驅使民眾參加侵略戰爭，國家神道與法西斯統治的結合可謂登峰造極。

戰後，占領軍總部為徹底鏟除滋生法西斯軍國主義的溫床，在《美國戰後對日政策第一號文書》中明令：「禁止傳播軍國主義和超國家主義的意識形態。要求日本政府取消國家神道制度，儘早恢復宗教信仰自由。」不久，又先後下達了《廢除對政治、民權及信教自由的限制》（即「人權指令」）和《關於嚴禁政府保證、支援、保全、監督及其弘布國家神道之要件》（即「神道指令」），命令天皇於1946年元旦發表《人間宣言》詔書，公開否定天皇制神話的「虛構的觀念」，承認天皇是凡人而非「萬世一系的現人神」，終於使國家與神道分離，所有神社變為「一般宗教法人」。同年，隸屬神祇院的八萬多神社劃歸神社本廳，由國家機構變為民間組織，國家神道隨之瓦解。

目前，日本的神道分為神社本廳、神社神道和教派神道三大體系，擁有大小神社以及祭祀場所、設施十八萬所，信徒數量號稱一億一千萬人，位居各種宗教之首。❸在教義理念方面，神道諸派摒棄了國家神道政教合一的作法，恢復了本世紀內崇尚自然的精神，透過簡約的說教和形象化的儀式，迎合日本人的價值取向與審美情趣，因而對其精神世界和日常生活具有廣泛的影響力。不僅如此，作為積澱著深沉久遠歷史底蘊的本土宗教，神道依舊直接或間接地對社會政治生活發揮著影響。在各類宗教中，日本的政治家們似乎格外青睞神道，這是在政治鬥爭漩渦中尋求心理安慰的需要，亦可藉此在國民中樹立自己「具有為國為民的

政治敬業精神」的良好形象，政治性的敬神活動可謂一箭雙鵰。所以，無論政權怎樣更迭，歷屆政府要員總會定期朝拜供奉天皇始祖「天照大神」的伊勢神宮和明治神宮。而對於政治家個人來說，是否參拜供奉著戰爭罪犯的靖國神社，則是檢驗他們對待歷史問題態度的試金石，甚至有個別政治家將公職參拜靖國神社作爲撈取政治資本和獲得來自民族主義勢力的選票的手段。

久而久之，由本土的神祇「護佑國運」成爲慣例，舉凡國家投入的大型項目開工奠基，必然要請神社現場作法消災除厄。甚至每年政府財政預算通過之前，執政黨爲了順利過關，也要到神社去恭請神運保佑。譬如，1997年3月，橋本龍太郎內閣的國會對策委員會爲乞求預算案通過，在村岡兼造委員長帶領下，集體參拜了位於東京赤阪的日枝神社，虔誠地接受神職人員的祓除祭禮，並把委員會成員爲祈禱預算案在國會辯論中平安過關，和爲橋本「六大改革」圓滿完成而莊嚴奉納御神樂「劍之舞」的照片及時地登載到黨刊《自由民主》上。進入1999年，嚴峻的經濟形勢使小淵惠三內閣支持率始終在30％上下徘徊，面臨春季統一地方選舉和下半年的總裁選舉，忙於日俄首腦外交的小淵惠三首相委託自民黨元老竹下登、小淵派會長綿貫民輔和參議院幹事長青木幹雄到日枝神社進行年初參拜，由身兼神社「神主」（相當於佛教的檀家、施主）的綿貫祈禱：「崇敬神祇，努力盡其職責，唯求神運保佑。」使世人再一次目睹了自民黨政治家篤信神道的虔誠。

相對於政治家借重和利用神道的作法，一般人通常將神道當作民族文化的具體表徵來看待。不過，在極少數人心目中，仍然迷戀過去國家神道萬流歸宗的地位，時有歷史的沉渣泛起。1969

年 6 月，右翼份子和某些右派神道勢力企圖恢復神道在日本戰敗前的地位，鼓動自民黨以「尊重國民感情」爲由，向國會提出 8 章 39 條的《靖國神社法案》，企圖變靖國神社的宗教法人爲特殊法人，在首相監督下由國費經營。這一作法引起其他教派團體強烈抗議，最終因廣大民眾和在野黨派的反對而流產。此後的六年裡，自民黨右翼先後五次提出相類似法案，均被國會內堅持和平、民主路線的多數議員擊敗成爲廢案。1975 年，自民黨右翼改變策略，發表了促進閣僚參拜靖國神社法制化的「向殉國者舉行表敬典禮法案」。不久，時任首相的三木武夫參拜了靖國神社，開了首相參拜靖國神社的惡例。1985 年，中曾根康弘又以現任首相身分對靖國神社進行公職參拜，更引起國內與東亞各國的批判。1988 年，中曾根作爲被告捲入九州靖國神社訴訟案，儘管福岡高等法院裁決爲「違憲合憲難以判定」，但也反映出各界圍繞靖國神社問題不斷展開的激烈鬥爭。進入 90 年代，地方法院對仙臺岩手靖國神社訴訟、愛媛縣靖國神社訴訟等針對公職參拜或國費支付地方靖國神社經營費用的一系列審判，先後判決違憲。但是參拜靖國神社、祭祀戰爭罪犯的問題未能得到徹底解決。橋本龍太郎爲自民黨奪回政權後，於 1996 年 8 月率眾參拜。對此，正義勢力的鬥爭將會長期繼續下去。

■ 傳統佛教與西方宗教

西元 6 世紀，佛教作爲大陸文明的載體經過朝鮮半島傳入日本。這種在當時被視爲「蕃神」的外來宗教，立即與原有「國神」信仰體系發生交會，並在融合與碰撞中紮根到日本文化土壤之中。

推古元年（593年），聖德太子攝行政事，總理萬機。由於這位以賢明著稱的統治者注重學習大陸文明，佛教得以在日本上層迅速傳播，經過奈良、平安兩朝與日本民族文化融爲一體，至鎌倉時代逐步完成了民族化的歷程。從南北朝到豐臣秀吉統一天下，歷代武家政權推崇禪宗，更使得佛教在民間普及。德川幕府實行閉關鎖國政策以後，爲了禁絕天主教的傳播，極力推行使百姓皈依佛教信仰的「改變宗門」政策。寬文四年（1664年），幕府制訂出由佛教統攝百姓信仰的「寺請制度」，規定只有持有佛教寺院出具的「寺請狀」（亦稱「寺請證文」），證明確爲某某佛教宗派的檀徒（施主）的百姓，才具備合法身分。這一措施使佛教寺院成了爲幕府代行戶籍管理職能的機構，士、農、工、商各色人等無一例外地成爲佛寺的檀主，佛教幾近國教地位。不僅如此，德川幕府還將神道、儒教實際劃歸佛教管轄，這種萬流歸宗的地位更便於佛教參與世俗政治生活。然而，獲得特權非但不能使僧侶們勤於精進，反而令他們滋生出仰仗官府權勢的疏懶性情，久而久之，難免趨於腐化。江戶中期以後，儒教和神道在思想領域開展反對佛教的活動，爲日後「廢佛毀釋」風潮留下了伏筆。

　　由於佛教長期墮落爲德川政權的寄生物，二者間一榮俱榮、一損俱損的共生關係，使佛教在幕府封建統治大廈坍塌時，難免命運衰落。明治政府建立後，打出「王政復古」、「神武創業」等旗號，高揚神道以恢復天皇權威，結果，長期受到幕府庇護的佛教頓失所恃，不僅喪失了往昔神聖的光環，還成爲改朝換代的大變革時期的衝擊對象。廢佛毀釋的打擊使長期安逸墮落的佛教界警醒起來，很快地，不少有識之士開始在逆境中尋求自我更生的道路。但是，在國家神道的巨大壓力下，近代歷史上的佛教未能

擺脫被軍國主義份子捆綁到侵略戰爭戰車上的可悲命運。

戰後，日本佛教界人士反省自身走過的道路，在憲法「政教分離」原則下致力於正常的宗教生活。今天，二十多萬僧侶靠著經營墓地和供養祖先爲主的手段，使大約80％的國民成爲名義上的佛教信徒。佛教的教義對衆多公民的政治道德標準、是非觀念和價值取向，有著潛移默化的影響。在政治生活中，佛教的影子依稀可見，就連政治家們也不能免俗。中曾根康弘定期到全生庵去坐禪悟道；大選來臨時各個黨派政治家們秣馬厲兵緊張備戰，還不忘記到寺院向菩提達摩許願，祈求順利當選。所以歷屆內閣成立後，到寺院去爲達摩塑像點睛還願也是一項必要的「功課」，足見傳統佛教世俗作用之一斑。

西方宗教在今天的日本社會中也占有一席之地。16世紀中葉，葡萄牙天主教傳教士接踵而至，揭開了西方宗教在日本傳播的歷史篇章。和所有異質文明體系接觸的一般規律相同，東、西方宗教交會，不可避免地發生了社會震盪。此時日本處在專制統治高度成熟的封建社會晚期，摩擦和衝突異常劇烈。從豐臣秀吉到德川幕府，封建統治者用血腥鎮壓禁絕了天主教在日本的傳播，但出於貿易和瞭解外部世界的需要，爲荷蘭商館在九州出島保留了小小貿易據點，由幕府官吏嚴加看守。不過，這個連接日本與西方文明的小小窗口，在18世紀中期以後竟成爲傳播「蘭學」的基地。及至幕府末年，蘭學已經「如滴油入水，布滿全池」，在很大程度上爲封建社會文化向新的歷史階段過渡產生了積極作用，給明治維新推翻幕府封建統治提供了必要的精神準備，這也是當年封建幕府的決策者們始料不及的。

19世紀中葉，俄羅斯東正教傳入，西方宗教在銷聲匿跡二百

年後再度出現在日本。1865年天主教重新登陸，爾後基督教（新教）也出現在日本。由於近代以後的歷史變遷，近代西方宗教的傳播相對平穩。但是，由於傳統宗教的巨大力量，以及日本民族對西方文化的理解吸收的容納程度的限制，直至今日，西方宗教在日本的發展仍然有限。總計一百五十萬左右的信徒（其中舊教、新教和基督教系統的新興宗教各占1/3左右），無論是絕對數量，還是總人口比例中的相對數量，都是微乎其微的。不過，在西方文化廣泛影響全球的大背景下，基督教教義中「平等」、「博愛」等理念，對公眾的政治價值判斷不無影響。前首相大平正芳曾回憶自己在高中、大學時代深受基督教影響，並說：「這種接近基督教的機緣，使我透過閱讀大量文獻，瞭解了托瑪斯・阿奎納斯的龐大體系，並由此理解了那種政治經濟主幹下的社會分工，以及以此爲背景的共同體的構想之目的。」❹

■ 新興宗教的參政行動

　　各種新興宗教是與政治生活聯繫十分緊密的群體。與以「出世」爲特徵的傳統宗教相比，立足現實社會的新興宗教團體帶有更加明顯的世俗性質和功利性質。從泡沫經濟崩潰到本世紀結束，生存競爭加劇，人們普遍存在危機感和前途渺茫的心理感受，特別是政治舞臺上接二連三發生的政治醜聞，使許多人極度厭惡金錢政治，對人生道路和現實環境以及未來命運產生無能爲力與不可預料的感受。許多人，尤其是涉世未深的青年群體投身新興宗教，把政治熱情轉化爲對神奇能力的憧憬與追求。於是，政治意義上的公民成了苦心孤詣的信徒群體，他們在欲望的回音壁上求索，企圖用宗教心理的虛幻代替客觀存在的現實，去實現

包括政治願望在內的各種理想。

過去，新興宗教團體的參政方式是直接建立宗教政黨。50年代佛教系統新興宗教團體曾經組織過若干曇花一現的黨派。60年代初，創價學會為實現「公明政治理想」組織「公明政治聯盟」，進而建立公明黨。儘管後來依照「政教分離原則」政黨與教團「徹底脫離」，但時至今日，在國會中占有相當地位的公明黨所依靠的群眾基礎，仍然來自創價學會這一母體。其他超大型教團雖未建黨，也紛紛推舉候選人出馬競選，無不希望在政界培植出自己的代理人。70～80年代，新興宗教團體普遍將直接參政改為間接方式，但仍有個別教團進行了改頭換面為政黨的嘗試。90年代初，奧姆真理教教主麻原彰晃為了實現自己的「政治理想」，在大選前拼湊起「奧姆真理黨」，不惜使用違法的賄選手段，企圖進入政壇。當教主與主要信徒全部落馬後，麻原竟將奧姆真理教的組織依照國家政府機構，設立為「某某省」、「某某廳」，就連教主幼小的愛女也出任了「官房長官」要職。這種虛擬的國家機器當然不能與現實政治同日而語，倒也反映出某些新興宗教組織迫切的政治渴望。

新興宗教的另一個參政方式是作為非贏利性利益集團，向不同政黨提供集團選票，以便在政治領域尋找代言人。由於新興宗教在控制信徒能力上大大高於傳統宗教，教主等上層人士的政治態度往往決定了廣大信徒的選票投向，所以教團成了政治家「理想的票田」。一般認為，創價學會左右的選票多達500萬張，與之對立的「新宗教聯合會」也掌握著大體相等數量的選票。所以，各大政治勢力和不少政治家十分重視與新興宗教組織的關係，像靈友會、立正佼成會等超級教團的領袖人物做壽，必須出場致

賀。各大政黨還專門設立了「宗教對策委員會」，專門協調與教團的關係。

當然，在「政教分離」原則下，無論是宗教捲入政治還是政治借用宗教，理論上都屬於「侵犯公民信仰自由」的違法行為，做得說不得。實際上，政黨間在爭取教團支持問題上的明爭暗鬥從未停息。1995年，奧姆眞理教施放沙林毒氣案件引起修改《宗教法人法》爭論，但國會辯論的範圍遠遠超出對奧姆眞理教的裁決，實質是自民黨企圖透過限制新興宗教來削弱創價學會對新進黨的支持。另外，富士電視網（FNN）關於近年集團選票的綜合調查，也從另一個方面印證了宗教選票對政黨和政治家本人的前途命運的重要性。在「哪些團體對你的投票行為給予影響」的問卷的回答中，有78.0％的公民認為自己「不受任何團體影響」，4.0％的公民表示「不清楚」。而在承認自己「受到某一團體影響」的18％當中，工會和企業行會各占4.5％，「受到宗教團體影響」的回答緊隨其後為3.3％，高於直接回答「受到政治家後援會影響」的3.0％和「受到農協影響」與「其他團體影響」的兩個1.4％。
❺

總而言之，在日本傳統文化發展的漫長歲月裡，各種傳統宗教也在不斷地改造發展自己，至今仍對民眾的是非標準和價值判斷具有重大影響；各種新興宗教則立足現世，積極參與政治事務。可以說，在當代經濟技術高度發達的日本社會，宗教對社會政治生活繼續發揮著活的社會功能。

（二）世紀之交國民政治意識的變遷

一個國家的政治文化，一方面取決於歷史傳統中政治文化因

素的沉澱，另一方面取決於人們對現實社會環境的政治思考。如果從政治主體角度觀察，後者屬於人們常說的國民政治意識，即構成一個國家政治生活的基礎的社會主體成員的政治信念、政治態度、政治情感以及相關的認知方式。對日本而言，除前述地理環境、歷史文化、宗教等傳統因素的潛在影響外，是什麼力量左右著這種「水可載舟，亦可覆舟」的「民意」呢？進而言之，在世紀之交，應當如何從社會成員紛繁複雜的政治態度中把握日本民眾的政治意識呢？

■ 現實生活規範下的社會思潮流變

日本國民在現實社會中的體驗，尤其對經濟生活的直接體驗，構成其政治意識的本源。按照唯物史觀，「每一歷史時代主要的經濟生產方式與交換方式以及必然由此產生的社會結構，是該時代政治的精神的歷史所賴以確定的基礎」。❻觀察戰後日本經濟、政治變化與國民政治意識之間的對應關係，不難發現國民情緒起伏與包括政治生活在內的社會生活環境波動驚人地一致。事實說明，剖析政治經濟相互關係是理解政治現象的鑰匙，經濟生活的變動是決定社會政治思潮的根本力量。

當然，每一時代經濟對政治的制約有不同的表現方式，歷史上階級壓迫與階級對立曾經是形成日本國民政治意識的主要根源，當日本跨入經濟發達國家行列後，民眾在逐漸富裕的生活中普遍抱有中流意識，劃分政治意識分野的階級根源開始包容到社會根源這一更為廣泛、深刻的概念之中。同時，國民作為社會關係的總合，也必然受到不同時代社會政治、文化生活的洗禮，總是在各種利益關係交錯的複雜環境中塑造自己的政治觀點。具體

到每一位公民，他不僅是抽象意義的「政治人」，更是現實生活中的「經濟人」，個人境遇和所處的社會地位直接關聯著他們的政治態度，經濟大環境主導下的家庭生活環境，直接牽動著人們的政治感受。從戰後初期到60年代前期，伴隨戰後清算法西斯軍國主義統治的民主改革運動，社會各界積極開展爭取民主、和平基本權利的政治鬥爭，和平主義成為當時日本社會思潮主流。而60年代中期開始的經濟高速增長穩定了自民黨的統治，以支持保守政黨、肯定日美安保條約為特徵的新保守主義思潮興起，逐漸形成了尋求日本民族意識與國家觀念的政治氣候，及至80年代演繹出中曾根康弘的「戰後政治總決算」的政治氛圍。此後，隨著經濟實力增長，日本逐漸過渡為以龐大中產階層為主體的社會，連續多年的「社會階層與社會遷移調查」表明，80年代中期處於中等生活水準的家庭已經達到總人口的90％左右，由於國民整體中持有中流意識的群體占據了壓倒多數，由其主導的社會意識和價值取向便成為最富代表性的政治觀念。從80年代中期起，空前膨脹的經濟勢頭鼓動日本國民情緒進一步高漲，在原有和平主義、新保守主義之外，萌生了重新謀求大國地位的新民族主義和大國主義思潮。在經濟發展速度明顯壓倒美國的80年代末期，這股力量很快轉化為謀求政治大國地位的強烈願望，使石原慎太郎的《日本可以說「不」！》和小澤一郎的《日本改造計畫》都擁有廣泛的讀者市場。富甲天下的日本不僅要作經濟巨人，更要以經濟力量為依託，去填補冷戰體制崩潰後國際政治出現的權力真空。

不過，隨著泡沫經濟崩潰，日本民眾又很快失掉了膨脹一時的民族優越感。因為，近半個世紀支撐日本取得成功的經濟體制與政治體制，已經不能適應冷戰結束後世界經濟、政治格局的變

化。持續多年的經濟蕭條與政治動盪，使社會政治文化潮流呈現出複雜的多元化趨勢。各種對國民情緒的分析表明，恰恰在中流意識為主體的大中城市，新保守主義思潮和其後興起的大國主義思潮正受到經濟蕭條的衝擊，加之新一代人過渡為社會中堅，以往日本人引以自豪的「工作中心主義」、「集團主義」正朝著「自律型個人主義」和「自我欲望優先」方向轉化。這一思想潮流在政治領域的表現是繼原有和平主義思潮、新保守主義思潮之後湧起的民族主義、大國主義思潮在世紀之交正受到經濟、政治轉型震盪的挑戰。在冷戰結束後，國際政治格局發生巨大變化的直接牽動下，加之席捲而來的經濟全球化浪潮推動，世紀之交的日本政治文化變異中出現了若干並行不悖的新傾向。

■ 90 年代日本國民情緒面面觀

首先，90 年代日本國民政治意識中出現了「脫離政治的旁觀主義思潮」。造成國民脫離政治傾向的直接原因，是泡沫經濟崩潰後曠日持久的經濟蕭條。如果說經濟膨脹時期，良好的生活感受曾經給自民黨政權提供了相對穩定的支持勢力，那麼泡沫經濟崩潰後經濟景氣遲遲不現，政府和各政黨對此束手無策，使國民普遍感到危機和憤懣。尤其 90 年代中後期的金融動盪、企業破產給人們以前所未有的震撼。

據日本民間信用調查機構「帝國資料庫」於 1998 年 1 月 19 日發表的統計結果，「1997 年日本全國的企業倒閉數量共計 16,365 起，比上一年增加 12.5％。倒閉企業的負債總額比上一年增加 5.4％，為 14.0209 萬億日圓，創歷史最高記錄」。❼至 1999 年初，政府在 2 月分的公報中承認「由於二戰以來最深重的經濟衰退已經

開始產生不良後果」，總務廳的全年統計顯示，「在過去的一年裡，工薪家庭開支減少了 1.8％，是為二十四年來下跌幅度最大的一次」。景氣低迷使企業開始大幅度調整，與之相關聯的失業率連年上升，其中五十至六十歲的中老年階層和剛剛踏入社會的青年階層首先成為失業衝擊的對象。在遠離經濟中心的地方，就業問題更加嚴重，統計表明，1998 年沖繩的高中畢業生就業率僅有 20％，北海道也僅僅達到 30％左右。當然，造成今天經濟蕭條的一個重要原因在於僵化的體制走到了盡頭，是結構轉換造成的震盪，但經濟蕭條也著實讓日本人時隔四十多年又嚐到了失業的滋味。加之政壇上頭臉人物走馬燈似的變換以及官場上腐敗醜聞被頻頻曝光，更引起公眾對現實政治生活的厭惡和漠視，人們對政治的厭惡蔓延為一種接近世紀末的危機感。據日本電通綜合研究所 1998 年對六個主要發達國家進行的比較調查結果，日本民意的主體在 90 年代前期反映出喪失自信的明顯傾向。在「對自己國家今後在國際社會中主導作用的估計」和「今後十年是否會有光明的前景」的估計方面，日本民眾的樂觀性回答明顯低於美國、英國、法國、德國和瑞典。

在今後社會發展與政策取向方面，有 42％的日本人持曖昧態度，期待平等生活的人數達到 35.9％，而希望加強自由競爭的人數僅僅為 22.1％。特別是對「應當由政府還是由國民主導社會發展」的提問，回答「不清楚」的問卷超過半數，反映出對前景的迷茫和普遍缺乏政治信任感的不良傾向。同一調查還反映出國民對目前政治舞臺上主要政黨缺乏信任，相對於美國、英國高達 70％以上的政黨支持率（法、德、瑞典也都在 50％以上），日本僅為 32.4％；「不支持任何政黨」的回答，日本以 67.6％高居榜

首，大大領先於美國的24.7％和英國的22.5％。耐人尋味的是，其他發達國家回收的問卷均有若干對政黨未加可否的回答，唯獨日本的調查在回答「支持政黨」之外，全部回答為「不支持任何政黨」。❽向來曖昧的日本人這次變得如此直爽，難免讓政治家有些尷尬，但這種國民對政黨的疑慮與冷漠畢竟是事實。

日本國民的脫離政治傾向還反映在更大時間尺度的中長期調查裡，據日本NHK世論調查部歷年進行的「現代日本人社會意識調查」，從80年代中期到90年代中期十年中，發端於青年群體的對政治「不關心」、「不信任」程度在不斷加深，青年一代國民中顯露出一種「脫離政治的消極傾向的端倪」。同樣的傾向也在選舉這一直接反映民眾態度的政治晴雨表中得到印證：80年代到1993年大選的投票率雖然起伏不定，但總是在73％～67％之間變化。但是到了90年代中期，男性公民開始表現出政治消沉，尤其是青年人似乎格外厭惡政治，對政府以及政治家的信任極度下降，其中學生青年中拒絕投票的傾向最為明顯。在這一背景下，1995年參議院的投票率陡然下降到44％左右。及至1996年10月20日，日本在新選舉制度下舉行首次大選，結果投票率僅為59.65％，而且未獲得席位的落空的「死票」數量超過了有效票的半數。這一結果不免令人失望。眾所周知，90年代以來日本政治生活本身最大變化是選舉制度的改革，作為政治家和選民翹首多年的政治改革成果的新選舉制度，非但沒有帶來國民的參政熱情，反而創造了歷史最低記錄，不能不說是國民對政黨爭鬥的一種諷刺和無言的抗議。

或許，在日本國民眼裡選舉制度的變革僅僅是一種外在的轉化而已，畢竟不是與自己生活密切相關的現實問題。那麼現實狀

況以及國民對社會的理解與認同如何？按照慣例，電視臺在辭歲迎新之際進行民意測驗，要求國民用一個漢字表示當年的社會眾生相，再以電腦抽取其民意最為集中的字，聘請精通書法的大和尚在除夕當眾書寫，以昭世人。正所謂管中窺豹略見一斑，這一活動為人們觀察國民情緒提供難得的窗口。1997年底，依照國民廣泛投票篩選出的結果，書法精湛的大和尚揮灑掃帚般大的毛筆，一聲吼叫在兩米見方的宣紙上潑墨似地畫出個怵目驚心的「倒」字。「倒」者，倒閉之倒也。民意如此集中，足見其銀行倒閉牽動的金融危機與企業倒閉引起的普遍恐慌嚴重到何種程度。到了1998年底，以一個漢字題寫當年世相的抽樣結果竟是一個「毒」字。根據解說員的闡釋，1998年的選票比較零散，但「毒」字以26％高居首位。人們選用「毒」字概括世態炎涼的直接原因，在於「和歌山咖哩飯投毒事件」，這一原本不大的刑事案件被媒體猛烈炒作而對國民產生了嚴重的心理影響，使廣大國民對社會生活日趨荼毒十分擔心，毋寧說這是社會上瀰漫著世紀末蕭條的頹廢空氣、國民充滿不安心理感受的寫照。

其次，國民政治情緒出現了「但求平安的消極主義思潮」。這種在政治參與程度上與「脫離政治」有所區別的國民政治意識，主要來自對現實政治的困惑。長期以來，日本在國際政治中亦步亦趨地追隨美國，同時又以經濟上追趕美國作為自身發展的目標，充分利用冷戰時期兩大陣營對峙局面，在美國庇護下潛心發展經濟並取得了驚人的成功。但是，到了世紀之交時，日本原有體制已經不能適應時代前進的需要，而新的國家發展具體目標卻遲遲未能形成。著名作家司馬遼太郎曾經在《阪上之雲》中，把日本國家發展目標比喻為「山頂上的雲朵」，以此說明社會上瀰漫

著前所未有的困惑與選擇。作家在這部暢銷書裡將戰後日本經濟、政治發展的經歷，描述爲朝著山頂雲朵齊心合力攀登的過程，經過幾十年努力終於接近峰頂時，那朵作爲目標的雲彩卻在冷戰結束的國際風潮中消失得無影無蹤，結果使日本舉國上下充滿了喪失前進目標的惶惑。在21世紀，日本走向何處成了人們普遍關注的問題。國際大環境的變化還直接投射到日本國內政治生活中，政壇上由過去的「保革對立」轉入黨派紛爭的「平成戰國時代」，各黨派政策主張趨同的總體保守化傾向，更使得以往國民或支持保守政黨或支持革新政黨的政治選擇界限變得模糊起來，一種事不關己的消極情緒不斷蔓延，過去以意識型態畫線的參政行爲正在漸漸轉化爲漫不經心的隨意選擇。

再次，伴隨公民群體的世代更迭，一種以不同年齡畫線的「謀求自身利益的機會主義思潮」發展起來。毫無疑問，作爲「政治人」整體的國民群體始終在世代更新的變化當中，而世代的交替絕不僅僅是一個單純的遞進過程，在不同的經濟條件與社會環境下，過去的青年與現在的青年會產生迥然不同的價值觀念；過去的中年與現在的中年有著時移事殊的生活體驗；過去的老年與現在的老年抱有千差萬別的心理感受。尤其在冷戰結束後，民族主義、個人主義等多元的政治意識在很大程度上取代了過去保守與革新政黨的意識型態對立，潛移默化地改變著政治賴以存在的社會基礎。因此，具體分析、研究國民政治思考的變化，有助於理解日本政治體系發展、停止或衰敗的過程。

由於社會發展節奏不斷加快，「政治代溝」越來越明顯，日本學者傾向於透過觀察不同年齡層選民的政黨支持狀況，來分析政局的變化趨勢。研究結果表明，50年代中期確立「保革對立體

制」時的選民大部分已經謝世，其餘部分也因年逾古稀，正在向脫離政治生活的垂暮之年過渡。從人口結構看，五十歲上下的人群，即出生在40年代末期到50年代初生育高峰期的所謂「團塊世代」，在年齡層人口結構中占據多數。他們的童年經歷了戰後復興走向高速增長的轉變，在經濟起飛的辛勞中渡過了青春年華。就政治意識而言，整個冷戰時期自民黨的獨家統治貫穿著「團塊世代」的大半生，依照自己的社會地位分別支持保守政黨或革新政黨的政治選擇，曾經是他們積極參與政治的原始動力。現在，這支在社會上影響極大的隊伍正在步入高齡者後備軍的行列，他們的政黨支持取向與選票投向，把黨派鬥爭的焦點聚合到「福利政策」、「生活保障」、「老年養護」等領域，使朝野政黨間「國家利益」與「國民利益」的爭端成為黨派鬥爭新的焦點。相形之下，今天四十歲上下的選民則受到傳統與現實的雙重薰陶，對政黨政治的思考處於一種承先啟後的複雜狀態。由於「55年體制」結束後，各政黨的政策主張趨同，中年一代人的政治立場已經不能用過去的「分別代表貧富階級」來給政黨簡單畫線，他們開始根據自己的好惡選擇不同政黨，如何抓住這一年齡層的選票幾乎是所有政黨思考的問題。至於二十至三十多歲的選民，從感情上說，對自民黨這樣老牌的執政黨缺乏好感，與中老年群體比較而言，更容易傾向某些「新鮮」的黨派。

世代交替引起國民對政府政策的不同反應，不同年齡群體之間相互對立的要求使得執政黨與在野黨都面對著如何跨越「政治代溝」，制訂出既能贏得青年選民支持，又不違背自己理念、主張的兩難選題。在「55年體制」下的保革對立時期，自民黨代表富有階層，社會黨和共產黨代表貧困階層，加上公明黨等主張的中

間道路，政策之爭主要表現的是階級屬性，政府的經濟政策更多地表現爲對不同階級、階層或某一特定社會集團的傾斜。田中角榮時代是把大城市在國際化過程中透過建立跨國公司，進而將在海外市場賺的錢還原鄉村，而到了世紀末的今天，泡沫經濟崩潰的重創未癒，又遭遇全球金融危機，引起日本部分銀行倒閉，剩下的十七家主力銀行負債累累，大城市已經無剩餘可言，這就使原本支持自民黨的鄉村苦不堪言。自民黨流失農村支持者的同時，城市裡年收入在四百至一千萬圓的中間階層，也出現了脫離自民黨的傾向，有的選民把選票投給了民主黨或自由黨，使得執政的自民黨丟失了許多選票和地盤。1998年7月12日，自民黨在參議院半數選舉中慘敗的一個重要原因就在於此。相比之下，日本共產黨和公明黨則未受損失。日益嚴重的城市與鄉村之間的對立、中央與地方的利益衝突等等，都使得處於主導地位的自民黨深知，假如僅僅維護富有者的利益，就難以維持自己的統治。事實上，自民黨恢復執政地位以來，從橋本政權到小淵政權都採取比較調和的政策，適當照顧貧困者的利益，精心選取各方面都能夠接受的「損益平衡點」。1998年振興公共事業的舉措，就一直在擴大就業和提高效益之間搖擺，各類振興經濟擴大就業的公共事業，如修築道路等都在積累政府的負債和反對者的積怨，使職業之間早已存在的不同利益在新形勢下表現出來。

世代間的不同政治要求還迫使政府執行相應的經濟、福利政策。1999年1月，政府接受了公明黨前一年建議，「刺激消費，解開主婦們繫死的錢袋」的「商品券」政策正式出爐。這筆總值高達七千七百億日圓的龐大開支，以每人兩萬日圓數額的免費購物券形式，主要投向六十五歲以上老人和十五歲以下兒童，成爲

以年齡畫線的經濟對策的最初嘗試。同樣，隨著政策的階級屬性消退，各年齡層之間的政見分歧，比如對年金制度、社會保障制度的分歧便凸顯出來。毋寧說，今天的日本政治面臨的另一個新問題，是不同年齡群體在認同政策方面表現的對立傾向。今日國民這種對不同政策的好惡與冷戰時期的政策對立已完全不同，如果自民黨仍舊僅僅維護富有者的利益，而不以比較調和的政策適當照顧貧困者的利益，就難以維持自己的統治。

■ 21世紀國民政治意識前瞻

雖然天文學意義上的2000年並無特殊含義，但社會發展中的「整數效應」，卻使日本國民意識在即將到來的千年之變面前發生著某種變化。這種變化主要有以下三點：

第一，對政治道德標準的基本判斷出現細微變化，世紀之交的日本正面臨著一場新的價值觀更新。「政治代溝」即不同年齡群體政治觀點的對立不僅表現為政策主張的好惡，更深刻地表現為政治價值判斷方面的明顯區別。一方面，傳統觀念中認為政治是第一性的觀念明顯淡化了。在新一代日本人眼中，政治在他們的生活裡僅僅是屬於第二性的東西，越來越多的國民傾向於憑藉自己的才能和意向去安排生活，甚至把從事政治活動看作是骯髒的職業。這不禁令人想起西方政治學者米諾格教授在《政治學》中，對後現代社會人們對政治功能與地位判斷的精彩概括：「現代社會的政治只是這樣一種活動，它支撐著人類生活的框架，但並不等於生活本身——政治能為生活提供許多方面的秩序，但卻必須與上述領域保持一定的距離。……歸根究柢，它只是一種服務行業。」顯然，冷戰結束後淡化政治事務並非日本獨有的現

象，而是帶有某種普遍性社會潮流，但在「密室政治」色彩濃重
的日本，適當淡化政治在一定意義上帶有還政於民的意義。另一
方面，政治選擇的寬容度正在逐漸增加。現代日本政治不是割斷
傳統在白紙上憑空設計，傳統的武家政治中嚴謹的主從關係，主
僕間的政治忠誠在戰後相當長的一個時期仍被看作政治家的美
德。然而，新一代的價值判斷是把現代政治看作寬容的自由競
爭，既無忠奸之分，也不要求對某個政治領袖保持絕對的忠誠。
換言之，政治家和每個公民一樣，可以在不同的政治力量之間不
斷變換自己的選擇。所以，雖然在老一代人看來，1993年以來從
自民黨扯旗造反的政治家們皆非良善之輩，他們在將近六年的分
化組合過程中，反反覆覆地聚散離合，頗有些翻手爲雲、覆手爲
雨的陰謀味道；但新一代人卻仍然對此給予一定的認同。正因爲
如此，小澤一郎爲了挽回自由黨的頹勢可以與自民黨重歸於好，
而小淵惠三領導下的自民黨方面只要認定是自己政治操作所需
要，也完全可以不咎既往，與過去的「叛逆」重新聯手。

　　第二，與此前脫離政治的冷漠態度相反，大眾的權利意識顯
示出回歸傾向。近年來，國民政治意識出現了一個新的苗頭：迄
今脫離政治的潮流似乎受到某種抑制，復現回歸政治的跡象。
1998年初，日本經濟新聞社就政府穩定金融體系和經濟運營對策
展開調查，得到了出人意料的強烈反應。大量回饋的問卷結果表
明，大多數人感覺政府經濟對策不利，65％的人明確要求擴大減
稅規模和追加公共事業費。選舉投票率也同樣反映出國民權利意
識回歸，與80年代末到90年代中期投票率一路走低的趨勢相反，
深重的經濟蕭條與政治危機交織在一起，迫使國民重新關注與自
己利益密切相關的政治事務，零散選票的投票率開始回升。在

1997年被稱為國會選舉前哨戰的地方選舉中，各地投票率有了不同程度的回升。例如，宮城縣知事選舉中，縣民一反常態，投票率時隔數年超過了50％。增加的選票主要來自無黨派群體，說明國民對政治的關心程度有所增長。宮城縣選舉並非個別現象，不如說這是國民總體意識中出現的關心政治傾向的反映。1998年7月的參議院選舉，投票率上升到58.32％，比1995年的44.52％一舉提高了14％左右。此後國會和地方議會的缺額補選的投票率也出現增長傾向。於是，眾、參兩院選舉的投票率以90年代中期為谷底，走過了一段馬鞍型曲線。

政治熱情恢復與投票率上揚的原因何在？應該說，這是不斷增加的社會問題困擾，尤其經濟形勢惡化帶來的危機意識使然，經濟生活的直接體驗是一隻驅動國民情緒轉化的「看不見的手」。景氣低迷並不是單向地降低政治熱情，當生活環境一旦惡化到危及自身的程度，國民情緒就會由簡單規避向積極參與的方向轉化。正所謂物極必反，對素有危機意識的日本民族來說，經濟壓力一旦超過民眾心理承受能力的「臨界點」，人們對政治的厭惡便自然轉向對政治的參與。

第三，國民權利意識回歸的直接表現是運用選舉權尋求「政治平衡」。各種輿論調查表明，以政治價值多元化為背景的國民政治期待是有效制約自民黨的「政治平衡器」，國民既不放心非自民黨的政治集團，無論是標榜「自由」、「中道」的在野黨聯合體，還是採用「現實主義路線」的共產黨等舊有革新黨派；也不放心自民黨獨家坐大，恢復一黨專權的「55年體制」。顯然，國民這種對政治平衡的期待削弱了自民黨的支持率。一個耐人尋味的事實是，「55年體制」下自民黨有效控制集團選票已經成為過去，

今天浮動票增加帶來的投票率上揚，不等於自民黨獲得更多席位，反而有利於在野黨與之頡頏。而結束自民黨獨攬權柄後的「八黨派聯合政權」在恢復景氣、推進改革方面成績平平，使國民也不肯把國政輕易託付給玩弄漂亮口號的新人。在橋本政權啓動時，曾有63.1％的國民希望解散由自民黨、社民黨以及先驅新黨組成的三黨聯合政權，其中1/3的人希望以民主黨爲中心的在野黨派建立聯合新政權。待到小淵惠三接掌政權，支持率就始終在30％這一警戒線浮動，結果不得不在1999年1月與自由黨聯手執政。到了小泉純一郎取代森喜朗政權後，渴望改變現狀的日本國民又對新政府投以80％以上的高支持率。不過現代政治的準則認爲：在後現代社會中，傳統的一元穩定結構反倒容易傾覆，只有建立在多元基礎之上的價值觀和多元權利基礎上的社會和政體才有可能持久而穩定。從這個意義上講，今天的變化趨勢，或許包含著某種進步成分，只有讓自民黨以相對弱勢爲前提，聯合其他政治勢力共組政權，才能保證國民的政治發言權。

　　觀察冷戰結束後的日本國民政治意識的基本狀況，原有「保革對立」那種涇渭分明的對峙，已經演化爲多種思想成分並存的複雜局面。伴同經濟、政治領域接連不斷的世紀末震盪，出現了多種共生的、歧義的甚至是對立的見解和要求，而社會思潮的主流正在和平主義、保守主義與大國主義的交錯曲折中逐漸走向明天。

─注釋─

❶ 有關社會階級關係的詳細分析，參見蔣立峰主編《日本政治概論》，東方出版社，1995年版，第一章〈階級關係〉。

❷ 關於日本社會的不平等狀況，參見石川晃弘、川崎嘉元編《日本社會平等嗎》，科學社，1991年版；新泉社編輯部編《現代日本的偏見與差別》，新泉社，1981年版；掘江正規編《日本的貧困地區》，新日本出版社，1969年版。對於日本社會的未來發展，有日本學者指出，參照英國等國的經驗，當前「金融大改革」（金融自由化）的日本十年後將出現社會狀態的深刻變化，六十五歲以上老人將超過20％，成為名副其實的高齡化社會，加上自然出生率低下，中青年負擔十分沉重，企業的終身僱用制和年功序列制（等級工薪制）因不符合競爭社會的價值原理，必然會消失，「一億皆中流」會被嚴重的兩極分化所取代，而出現10％的富有者和90％的貧窮者。

❸ 數字引自日本文化廳編《宗教年鑑》，1995年版，但日本宗教團體申報的信徒數量中，只計算入信或登記人數，不計算退出人數，而且虛誇與重複統計的數量驚人。不如說，神道是現代日本社會中影響大眾價值取向、部分地規範日常行為準則的宗教觀念更為準確。

❹托瑪斯・阿奎納斯，13世紀義大利神學理論家。見鹿島海馬，《日本的首相》，MIKI書房，1994年版，第28頁。

❺崛要，《日本政治的實證分析》，東海大學出版會，1996年11月版，第226頁。

❻《馬克思恩格斯選集》，第一卷，第237頁。

❼《日本經濟新聞》，1998年1月20日。

❽電通綜合研究所編，《特輯・日本回生》，1998年版，第46～47頁。

第2章
憲法體制與基本人權

　　法制是國家政治運作的最基本最重要的組成部分。尤其在現代社會，國家管理職能日趨複雜，社會問題層出不窮，若沒有相應的法律制度加以規範、約束、保障，政治運作便無章可循，社會無序，結構亦無從規正，國家會因之癱瘓，社會將動盪不前。日本在近代以來之所以能取得較大發展，與致力於建立、健全近代法律體系有直接的、密不可分的關係。

第一節　明治憲法體制與戰後憲法體制

　　古代日本的法律制度基本上是學習中國的封建法律制度建立的，但明治維新以後，情況發生了根本性變化。中國淪爲受西方列強欺侮的半殖民地，其政治法律制度在國際社會中已沒有任何先進意義可言。日本轉向西方學習在所必然。明治政府的「文明開化」政策使得一部分日本人接受了西方民主、民權思想的啓蒙，於1874年掀起了自由民權運動，反過來對明治政府的立憲活動又形成了巨大的壓力。明治政府被迫於1881年以天皇名義宣布立憲，並派遣重臣元老伊藤博文等赴歐考察。伊藤博文考察後認

爲普魯士的國情與日本最爲接近，遂以其憲法爲樣本起草日本憲法，並於1889年2月頒布，翌年付諸實施。

（一）明治憲法體制的政治三元素

該憲法的正式名稱爲《大日本帝國憲法》，後通稱「明治憲法」。伊藤博文稱制訂該憲法的目的是「鞏固皇室之基礎，使大權不致旁落」，即建立「純粹完整的君權政治」。這由該憲法的條文明顯地反映出來。因此，明治憲法不是基於民權思想而是基於君權思想制訂的一部「欽定憲法」，它處處體現君主專制的性質，對天皇權力的限制極其微弱，對內閣等國家重要組織機構的規定很不全面。

明治憲法體制的政治結構可概括如下：核心是天皇，圍繞天皇的中心部分是元老、樞密院議長和內大臣，中心部分外圍則主要包括內閣、議會和軍部三部分。與這三部分相對應的則有藩閥元老政治、政黨議會政治和軍部法西斯政治三種政治型態，不妨稱之爲政治三元素。

■ 政治三元素的內容

在這三種政治型態中，藩閥元老政治占有最重要的地位。藩閥，指在明治維新中起決定作用的長州、薩摩、土佐、肥前四藩的中下級武士改革派在維新後所形成的派閥，其中又以前二藩爲主。元老，則是這二藩派閥的首腦，明治中期後陸續退居二線，對大政方針有重大影響的九位有元老身分的官僚。藩閥元老政治，即藩閥和元老掌握和操縱國家權力中樞的政治型態。

在1871年改革政府體制時，藩閥就確立了在國家政權中的絕

對優勢地位。在1885年近代內閣制度建立後，內閣就長期成爲藩閥元老掌握國家權力的重要機構。藩閥元老政治持續時間最長，其影響貫穿了從明治新政府成立直到1940年西園寺公望死，出現所謂大政翼贊運動爲止的日本近代史的絕大部分時間。明治維新後首先出現藩閥元老政治型態並長期保有巨大的影響力，與當時的歷史條件和明治憲法及一系列法律制度密切相關。

其中主要一點是，內閣是國家權力的執行中樞，是最高行政機關，而內閣又長期處於藩閥元老的控制之下。其控制手段有三，一是伊藤博文等透過制訂明治憲法使內閣只對天皇負責，不對議會負責，天皇亦將「總攬統治權」的責任間接委任予內閣。內閣輔弼天皇行使國家權力，從而內閣的權力是天皇主權派生的權力，不容議會置喙，使得內閣建立後長期成爲藩閥的地盤。天皇頒布法律、敕令時，首相（總理大臣）和各有關大臣須副署以表示負責，若拒絕副署，而這種拒絕又爲天皇所不許，則應辭職。議會則不能影響內閣的去留，內閣不因議會通過不信任案而被推翻，也不因預算案被議會否決而辭職。前七屆內閣的首相全部由長州、薩摩藩閥的首腦輪流擔任，執政達十二年半之久。七屆內閣成員共八十七人（不包括內閣書記官長、官房長官、法制局長官以及軍部大臣），長州、薩摩二藩出身者占46％，幾達半數，土佐、肥前二藩出身者占21％，上四藩共占67％，占據了內閣席位的大多數。如果以位置之輕重而論，則內閣中的重要位置多由長州、薩摩二藩出身者把持，如軍部大臣長時期均由該二藩獨占。這個事實與黑田清隆、伊藤博文等提出的內閣「超然立於政黨之外」、「希望以政黨組織內閣乃最危險之事」的所謂「超然內閣論」是相一致的。

藩閥元老控制內閣的第二個手段是，透過各國務大臣單獨輔弼天皇以適當限制首相的權力，「首相既不能左右各相，各相亦不得繫屬於首相」，凡重大問題均須閣議決定，但不是以少數服從多數或首相拍板定案的原則議決，而是必須全體閣員一致。一旦出現無法彌補的分歧，內閣就難以為繼。此舉的目的是為了防止出現「攀黨聯合之力左右天皇大權」的「弊端」。質言之，即遏止政黨勢力在國家政權中發展，透過內閣的頻繁換人換馬來加強藩閥元老對內閣的控制能力。據粗略統計，明治憲法統治下共四十六屆內閣，平均每屆內閣僅維持一年又四個月，有1/4左右的內閣是因閣議不統一辭職的。

這與藩閥元老控制內閣的第三個手段有關，即藩閥元老對內閣的組成（即由誰組閣）握有實權。雖然明治憲法規定天皇「決定行政各部文官制及文武官員之俸給，任免文武官員」，伊藤博文解釋為「總理大臣、各省大臣均由天皇選任，各相之進退一由睿慮」，不過，根據天皇一般不參政的原則，這項權力大部分轉移到藩閥元老手中，即首先由元老提名，或由上屆首相推薦經元老同意後報請天皇批准。名為「提名」或「推薦」，實際上是首相人選的決定權。明治憲法對內閣的規定比對立法、司法的規定簡要得多，這反映出憲法制訂者為使藩閥政治少受約束、日後可以透過內閣「方便行事」的目的。藩閥元老對首相人選的決定權，前後有所變化，但即使在元老僅存西園寺公望一人時，雖然首相人選由以內大臣為核心的重臣會議推薦，仍須徵得西園寺公望同意方可。

由此可見，藩閥元老政治是近代天皇制的重要支柱，藩閥元老是天皇權力轉移的對象和實際體現者。藩閥元老政治的表現，

除坐鎮樞密院、出任內大臣外，主要透過內閣掌握國家權力，透過任命內閣首相操縱政權。因而它與國家權力完全結合的時間，要比政黨議會政治、軍部法西斯政治長得多。

政黨議會政治，即地主資產階級政黨透過議會在日本國家權力系統中發揮作用，並以直接組閣的方式執掌國家權力的政治型態。政黨議會政治的形成離不開自由民權運動的發展，因為在自由民權運動推動下制訂的明治憲法不得不在形式上賦與議會一定的權力，才造成了政黨議會政治形成的前提。但另一方面，政黨議會政治與藩閥元老政治也有很深的關係。這是因為在自由民權運動中出現的政黨始終未能掌握國家權力，只能透過議會對國家的大政方針給予一定的影響，只是在與藩閥元老勢力結合後才出現了政黨掌握國家權力的可能，從而出現了政黨內閣，促成藩閥元老政治向政黨議會政治轉化。不過，近代天皇制的基本特色決定了政黨連續組閣掌握國家權力的時間很短，便被軍部法西斯政治所取代。

軍部法西斯政治則是軍部以其在國家政治體制中的獨特地位對國家權力發生重要影響，並在與法西斯運動結合後掌握了國家權力，實行法西斯統治的政治型態。所謂軍部，即在近代天皇制中有相對獨立性的參謀本部、海軍軍令部、教育總監部及內閣中的陸軍省和海軍省。憲法對軍部無明文規定，但天皇的軍事統率權透過軍部獨立行使，而與內閣無關。一部日本近代史就是日本軍國主義發展史。「軍事立國」的總方針在政治體制方面的表現，就是一再凸顯軍部的地位，不斷加強軍部的作用。從而軍部的舉止去向，往往對國家政治的發展有著決定性作用，最終導致軍部掌握國家政權、實行法西斯統治。

在明治憲法體制的政治結構中，天皇在法律形式上是國家權力的化身，日本近代史上曾幾度出現天皇一語定乾坤的情況，有時也對遴選首相、決定首相進退發揮關鍵作用。但是，由於天皇始終被神格化，長期以來形成天皇不參與具體國事的慣例。所以，天皇即使有參與國事的意志，也要受到許多限制，因此只能深居宮中，不能隨意外出或會見凡人，御前會議上也不能直接發言表態，只能以侍從長、內大臣為代言人。於是天皇的法定權力發生了轉移，侍從長、內大臣、藩閥元老以及皇親國戚和樞密院往往產生了左右政局的作用。

■ 政治三元素的相互關係

政黨議會政治是自由民權運動中的政黨議會勢力發展到一定程度與藩閥元老勢力相結合的產物。藩閥和政黨之間原本沒有十分嚴格的界限。大隈重信、板垣退助就是亦藩閥首腦亦政黨首腦。概括地說，藩閥主要包括長州、薩摩二藩，而早期政黨勢力則主要由土佐、肥前二藩組成。二者之間的關係是不斷變化的。在進入政黨內閣時代之前，藩閥和政黨既互相對立又互相利用，而在明治前期和中期則以對立為主。即使在這時，藩閥及其內閣也不能視政黨如草芥，可有可無。因為明治憲法使得政黨可以透過在議會占據席位的方式，對內閣的施政加以制約，使得採取何種手法使預算案得以在議會通過成為歷屆藩閥內閣的首要棘手問題。因此，從1892年第二次伊藤博文內閣開始，藩閥內閣便不得不把與某個政黨合作當成施政的重要手段。

1898年6月，自由黨與進步黨合併為憲政黨，組成大隈重信內閣。這屆內閣只存在五個月，卻表明政黨勢力已發展到不可小

覷的地步，是藩閥元老政治向政黨議會政治過渡的轉折點。在這種情況下，藩閥首腦伊藤博文和山縣有朋就今後如何營運藩閥元老政治產生了分歧。伊藤博文痛感「自己在議會沒有一兵一卒」，所以政黨的政策無法在議會通過，「所謂薩長藩閥，與立憲體制下之政黨已不可同日而語」。這說明他意識到僅靠「主權在君」和摒棄「以國會眾寡決定內閣宰相進退更迭之所謂議會政府」，已不可行。至於「政黨內閣制之可否，在今日已是無用之爭」。所以，他主張順應形勢，組織政府的御用黨一決雌雄。山縣有朋則堅持超然內閣的主張，不過他的主張也有變化。他也承認在「進步、自由兩黨聯合攻擊政府時，我若不樹一黨以對之，逐不能貫徹維新以來之國是及維持國家」，故組織「勤王黨（假設之稱呼，或稱開國黨、文明黨、君國黨等等）乃勢不可免，亦現時之急務」，只不過「應以政府以外之人爲其首領，若政府內之人爲其首領時，則應退其職而於民間與政府內外相援，努力貫徹其主義」。這一主張和「勤王黨」之稱反映出山縣有朋在藩閥元老政治向政黨議會政治轉變之初進退維谷的心態。

伊藤博文和山縣有朋的分歧導致了十四年之久的兩派勢力的交替組閣。即從第一次大限重信內閣到第三次桂太郎內閣，這十四年是政黨內閣與藩閥官僚內閣的有序交替時間。八屆內閣成員共七十一人（不包括軍部大臣），其中長州、薩摩出身者占25％，土佐、肥前出身者占14％，均比上個時期下降了許多，關東、九州（不包括薩摩、肥前）出身者增加不少，分別達到23％、13％，幾乎可與前二者平分秋色。長州和薩摩出身者的比重雖然下降，但政府的最高權力仍舊操縱在伊藤博文、山縣有朋等藩閥元老手中。1909年伊藤博文死後，山縣有朋獨執牛耳十餘

年，無人能望其項背，政黨議會政治的發展因此受到阻滯和壓抑。此後，又經過了十一年的第二個轉變期，即從第一次山本權兵衛內閣到清浦奎吾內閣的政黨內閣與藩閥官僚內閣的無序交替時期。這個時期雙方的矛盾更趨尖銳，但由於山縣有朋死去，藩閥勢力有所衰退，政黨勢力也在不斷分化改組，反映在內閣中則是長州、薩摩、土佐、肥前四藩出身者比重迅速下降，非藩閥成員比例大大增加。這樣，經過爲期共二十六年困難重重的兩個轉變期，從1924年6月第一次加藤高明內閣才進入政黨連續組閣時期（即所謂的「憲政常道」時期），實現了明治憲法體制下的政黨議會政治。

　　這個時期到1932年犬養毅內閣辭職爲止僅維持了八年，由憲政會－民政黨與政友會交替組閣。這個時期六屆內閣成員的出身地域，已大體呈現全國各地平均分布的狀態，閣僚中政黨成員的比例也比以往任何時期高。

　　分析政黨制度亦是究明藩閥與政黨關係的關鍵。伊藤博文創立的立憲政友會是日本近代政治史上最重要的政黨，它長期占據眾議院的多數席位，多次組閣掌握國家權力或成爲內閣參與黨。政友會實際上是藩閥元老勢力和政黨議會勢力在一定條件下相結合的產物。政友會的出現，與其說是伊藤博文的政權建設思想向政黨議會政治轉化的結果，不如說是多年來主張政黨議會政治的自由黨在憲政黨分裂後陷入困境，爲發展和實現主張而不惜解散該黨，向藩閥元老政治作出巨大的原則性讓步的結果。所以，立憲政友會是擴大了的藩閥黨。

　　伊藤博文身爲藩閥首腦出任政友會總裁，開創了總裁專制的先例。政友會的歷屆總裁中，伊藤博文和西園寺公望集元老、首

相和總裁於一身，原敬、高橋是清、田中義一、犬養毅也都在總裁任期內出任首相組閣。尤其與井上馨關係密切的原敬，長期握有實權，在未任總裁時以幹事長的身分成為政友會中權勢炙手可熱的人物。

從政友會的核心組成也可看出藩閥元老在政友會中央權力機構中的重要地位。政友會初期的總務委員中，金子堅太郎是伊藤博文的門生，末松謙澄是伊藤博文的女婿，都筑馨六、原敬是井上馨的女婿，西園寺公望與伊藤博文等的關係亦非一般。原憲政黨成員則有星亨、松田正久、林有造、片岡健吉、江原素六等。顯然，這是以伊藤博文為首的藩閥成員與以星亨為首的原憲政黨成員的混合體，但主要權力長期掌握在前一派人手中。

如果進一步考察，以桂太郎1913年一手建立的立憲同志會為核心的、1919年組成的日本近代政治史上的另一重要政黨憲政會（1927年與政友本黨合併為立憲民政黨），在綱領、特色及組成結構等方面都和政友會相似，不過在議會中的席位互為伯仲而已，故不再詳述。

上述分析表明，藩閥元老政治與政黨議會政治之間存在著有機聯繫，後者是前者在特定條件下的產物。即政黨勢力發展到一定階段，使得藩閥元老不能繼續以舊的方式維持權力，須對掌權形式做某種改變，而政黨勢力也須依靠藩閥元老勢力才能登上政權寶座時，便出現了藩閥元老政治向政黨議會政治的轉變。

軍部法西斯政治和藩閥元老政治的關係則另有不同。明治初期的政府高官，除少數皇族宮卿外都是武士出身。無論後來的政府文職高官或軍部高官，都是從這些行武者中產生的，而且時文時武、身兼二任者亦不少。例如九名元老中除西園寺公望外都是

立有戰功的武將，是這些人建立了有封建色彩的近代軍事制度，築成了軍部的獨特地位。

軍部大臣長期被藩閥把持。從1871年改革政府體制到1885年建立內閣制度的十餘年中，陸軍卿和大輔二職，除和歌山藩出身的津田出曾擔任了爲時三個月的陸軍大輔外，均由長州和薩摩出身者山縣有朋、西鄉從道、大山岩和鳥尾小彌太擔任。海軍卿和大輔則由勝安芳、榎本武揚（二人幕臣出身）、川村純義、樺山資紀（二人薩摩出身）和中牟田倉之助（肥前出身）擔任。二省均以藩閥勢力爲主，陸軍省尤甚。1875年時，陸軍將級軍官共有十八人，僅五人（包括土佐出身的谷干城）非長州、薩摩二藩出身；海軍將級軍官七人，其中薩摩出身三人，肥前二人。可見藩閥勢力壟斷了軍隊的高級職務，陸、海軍卿和大輔主要出自藩閥就不難理解了。

內閣制度建立後仍是如此。從建立內閣制度到1912年明治時期結束共二十七年，陸軍大臣一職始終被長州、薩摩出身者壟斷，大山岩曾先後出任六屆內閣的陸軍大臣，桂太郎出任四屆，寺內正毅出任三屆，只是在第二次西園寺公望內閣時期，由姬路藩出身的石本新六擔任了數月的陸軍大臣。海軍大臣一職與此類似，前十一屆內閣均由長州、薩摩出身者擔任，西鄉從道先後出任七屆，山本權兵衛出任三屆。直到1906年第一次西園寺公望內閣，海軍大臣才由岩手縣出身的、海軍兵學校畢業的齋藤實擔任（連任五屆，到1914年止）。但齋藤實仍屬山本系，而且在齋藤實擔任海軍大臣的大部分時間裡，山本權兵衛的女婿財部彪擔任海軍次官，藩閥勢力沒有受到什麼影響。

參謀本部、教育總監和海軍軍令部的情況是，自1878年參謀

本部從陸軍省獨立至1923年的四十五年間，參謀本部長和參謀總長一職大部分由長州、薩摩藩閥軍人出任。其間1885～1898年由親王擔任，則參謀次長主要由薩摩的川上操六擔任，掌握實權。因為由皇族成員擔任參謀總長或軍令部長時，也準用「無答責制」。僅1906～1912年由小倉藩出身的奧保鞏出任總長。1923年以後，參謀總長一職才擺脫了藩閥的壟斷，直到日本戰敗投降，始終由陸軍大學畢業生擔任。而在1931～1940年親王任總長時，次長則主要由陸大畢業生擔任。陸軍領導系統1923年由藩閥軍閥向陸大學閥軍閥的轉變，與1922年陸軍巨頭山縣有朋的死不無關係。教育總監一職與上述情況大致相同，不過，可能是因為重要性不及前者，故轉換時間較長，從明治末年經大正時代，雖然主要由非長州、薩摩出身者擔任，但直到1932年林銑十郎出任教育總監後，陸大畢業生才完全占據了這個席位。海軍軍令部長一職從1914年開始才由非長州、薩摩出身者擔任，從大正末期開始逐漸向海軍大學畢業生擔任軍令部長過渡。

以上事實說明，在整個明治時期，軍部倚賴於藩閥，附著於藩閥，除皇族外的陸軍大將中71％來自長州、薩摩，海軍大將93％來自薩摩，形成了所謂的「長州的陸軍，薩摩的海軍」的局面。大正時期軍部中的藩閥勢力逐漸減弱，陸軍中的陸大學閥作為藩閥在軍隊中的第三梯隊培養起來。學閥軍閥的勢力不斷發展的結果，在大正末期、昭和初期取代藩閥軍閥而成了軍部的主體。正因為軍部的形成和發展和藩閥元老勢力有如此密切的關係，軍部才能在近代天皇制中占據獨特的地位並發揮越來越重要的作用，最終取代政黨議會政治掌握了國家權力，導致軍部法西斯政治的出現。

那麼，爲什麼軍部法西斯政治出現在政黨議會政治之後而未在其前呢？一是因爲在藩閥元老勢力強大的明治時代，軍部勢力既無可能也無必要脫離藩閥元老勢力而獨立，只是在進入大正時期後，隨著藩閥元老勢力的衰退和學閥軍閥取代藩閥軍閥，這種必要性才顯現出來。二則與大正時期以後的日本國內外形勢的發展有關。軍部勢力的加強和法西斯運動的發展是與國際上20年代、30年代初軍國主義和法西斯運動的發展同步的。然而，軍部與政黨之間雖有分歧與隔閡，但歷屆政黨所採取的對內鎮壓進步勢力、對外侵略擴張的反動政策，與軍部的主張基本上是一致的，只是實現目的的時間和方法有所不同而已。到了30年代中期，軍部勢力與法西斯運動相結合，從而取代政黨議會政治、建立軍部法西斯獨裁統治的條件才逐步成熟起來。

■ 政治三元素結構的特色及其影響

明治憲法體制的政治結構不同於一般的資產階級三權分立的理論模式，而是司法權居於次要地位，出現了內閣的行政權和半立法權、議會的半立法權、軍部的軍事權這樣不平衡的三足鼎立的狀態。伊藤博文爲制訂明治憲法去德國學習考察，受到德國政治制度及法學思想的深刻影響，即認爲三權分立說已過時，「司法權作爲行政權的一個支派均屬君主統攬」，「司法不過是行政的一部分」。所以，內閣不僅是近代天皇制中的最高行政機關，同時得以控制司法權，掌握了相當部分的立法權。內閣中的法制局則是內閣立法權的體現。法制局中的行政部「掌管起草審查關於外交、內務、勸業、教育、軍制、財務、遞信之法律命令」，司法部「掌管恩赦特典及諸裁判所之官制及行政裁判」。這是1885年內閣

制度建立時的規定。此後實施憲法、開設議會，這方面的規定雖有變化，但內閣的半立法權力沒有被削弱。在明治憲法實施的五十八年中，內閣共向議會提出 3,421 件法律草案，成立件數 2,856 件，占 83.5％；反之，眾議員僅提出數百件議案，且通過率僅 2～3％左右。內閣的地位如此重要，因而成為藩閥元老操縱國家政治的最重要環節。

軍部對天皇制結構中的其他幾部分的控制、影響力最大，受控因素最小。它能夠影響天皇，鉗制內閣，更不把議會看在眼裡。影響天皇的手段是明治憲法體制中的統帥權獨立和帷幄上奏的制度。所謂統帥權獨立，即軍事大權名義上由天皇、實際上由軍部掌握，內閣和議會無權干涉軍事；再進一步，則是軍事大權中的軍令指揮權收歸參謀本部、海軍軍令部掌握，內閣中的陸軍省、海軍省無權。設置戰時大本營即為一例。大本營是直屬天皇的戰爭時期的最高軍事指揮機構，由參謀總長、海軍軍令部長、陸、海軍大臣、幕僚及各軍事機關的高級首腦組成，文官不得參加。中日甲午戰爭時，首相伊藤博文經天皇特別許可才得以列席大本營會議，而成為一種殊榮。日俄戰爭時期大本營也沒有任何文官參加，僅將部分戰報交元老傳閱，或偶爾請有關閣員、樞密院議長伊藤博文列席，以便協調軍事與政治、外交的關係。1937 年第三次設立大本營時，軍部仍以統帥權獨立為理由，拒絕內閣文官出席大本營會議，為各方面的協調，不得不再成立一個大本營政府聯絡會議，但軍部和內閣仍是兩張皮合不到一起，內閣只得跟在軍部後邊跑。而到 1941 年 10 月東條英機內閣時，軍部完全控制了內閣，內閣已成為軍部的附屬物。

軍部鉗制內閣的手段還有陸、海軍大臣現役武官制。這項制

度起自明治初期，1871年7月的《兵部省職員令》規定兵部「卿一人本官少將以上、大輔一人本官大佐以上、少輔二人本官中佐以上」擔任。此後關於陸、海軍大臣資格的規定時有時無，這個問題也成爲政黨勢力與軍部勢力鬥爭的焦點。1900年5月第二次山縣有朋內閣修改官制，明確規定陸、海軍大臣由現役大、中將擔任，不僅政黨勢力被排除在外，而且排除了非現役將官擔任陸、海軍大臣的可能性。歷經十餘年，在政黨勢力的反對下，1912年第一次山本權兵衛內閣在修改官制時取消了「大臣及次官由現役將官擔任」的條文，直到二十四年後的1936年才恢復現役武官專任制。不過，「現役」字樣的削除只是政黨勢力在鬥爭中獲得的表面勝利，事實上更補二省大臣時仍以現役武官專任的慣例行事。此其間共有非現役大、中將百餘人，但沒有一人能出任陸、海軍大臣（臨時兼任者除外）。相反地，軍部以是否派出現役將官出任陸、海軍大臣要挾內閣、致內閣以死命的事例卻屢見不鮮。

議會與軍部的地位恰恰相反，它的受控因素最大，對外的影響力最小。它對天皇唯命是從，對內閣無足夠的約束力，對軍部更無影響力可言。政黨勢力爲謀求發展只能向藩閥元老勢力靠攏，甚至作出重大讓步與妥協。所以，政黨議會勢力先天軟弱，藩閥的分聚離合、政壇的風雲變幻對它的興衰進退有直接關係。最終出現的8年的政黨議會政治時期，即與最後一位元老西園寺公望傾向於政黨議會政治有關。因而這種發展是有限度的，受到根本的制約。

明治憲法體制確立後，議會長期成爲政黨活動的地盤、與政府對抗的基地。除短期的政黨議會政治時期外，政府和政黨在議

會內的明爭暗鬥、角逐抗衡是十分激烈的。但這些鬥爭往往以政黨被利用、收買或失敗告終。其根本原因即在於議會權力很不充分，受到很大制約，政黨也未能很好利用這種權力。

明治憲法規定「天皇以帝國議會之協贊行使立法權」，伊藤博文的解釋是：「議會乃參加立法者，非分主權者，有議法之權而無定法之權。」如果議會與政府作對，政府可以透過天皇發布命令、緊急敕令等方式代替法律，或乾脆解散眾議院重新大選。議會顯然居於國家政治的陪襯地位。從1890年11月第一屆議會開幕至1947年3月最後一屆議會解散，五十八年中共召集了九十二屆議會。其中按規定滿四年進行一次的眾議院議員大選僅有四次，另外十八次大選則是因為眾議院被解散。議會對國家預算的審議權發揮得稍好一些，共有十三年的內閣提出的預算案未能成立，占23%。內閣便採取修改原案或採取追加案的形式在本屆議會或下屆議會上提出通過。但對軍費預算則有所不同。除初期議會曾反對過增加軍費而以失敗告終外，後來對凡有關於軍事經費的預算幾乎無例外地通過。1894～1945年，內閣共提出三十七次臨時軍費預算案、臨時軍費追加案，僅有四次審議未了，這是因為其他原因造成眾議院被解散而未能審議。昭和時期全部在1937年以後提出，均順利通過。翼贊政治會組成後的第八十屆議會，會議僅兩日，就通過了二十五億日圓的臨時軍費，第八十一屆議會則在原定會期結束二週前就順利通過了四百七十四億日圓的龐大預算案及近九十件法律而閉會，議會已經完全變成了舉手、拍手機關，成了軍部法西斯政府的應聲蟲。

因此，明治憲法體制是以藩閥元老政治為基礎，對政黨議會勢力和軍部法西斯勢力一抑一揚，造成政黨議會政治的軟弱性和

局限性，軍部法西斯政治不受制約的特色。這二個方面是互為因果的，一方的發展必然會使另一方受到抑制。三者互相作用的結果，使得政黨議會勢力發展緩慢，政黨議會政治時期很短，且與典型的資產階級政黨議會政治相比很不完全；另一方面，卻使軍部長期成為權勢咄咄逼人的獨立王國，對法西斯的思潮和運動推波助瀾，最終使軍部和法西斯結合，並掌握了國家大權，將日本引向絕路。證之於歷史，這個結果在明治憲法體制即日本獨特的近代政治制度建立之初便啓端倪。

明治憲法體制的如上特色，導致了近代日本政治的「藩閥元老政治——政黨議會政治——軍部法西斯政治」的S型發展轉化過程。這樣的發展過程既有歷史的必然性，又須具備一定的條件。從1898年第一次大隈重信內閣開始的藩閥元老政治向政黨議會政治的轉變，就離不開政黨勢力的發展、藩閥元老勢力與政黨勢力相結合的客觀需要等條件。但由於明治憲法體制的束縛，這個轉變緩慢曲折，藩閥元老勢力和政黨勢力的長期交替組閣說明了這一點。政黨議會政治維持的時間很短，從1932年開始向軍部法西斯政治轉變。這個轉變卻是急速短促的。如果以1937年為分界的話，這一轉變僅用了五年時間，即使算到1941年也不到十年，比前一個轉變所需時間要少得多。這說明明治憲法體制更有利於第二個轉變，這是在明治憲法體制下最終出現軍部法西斯政治的歷史必然性的反映。當然，日本最終走上軍部法西斯道路還有經濟、文化思想和外交等多方面的因素及某些偶然條件。但這並不等於說軍部法西斯政治比政黨議會政治生命力強，它也僅維持了八年便告垮臺。

無論是政黨議會政治不完全取代藩閥元老政治，或是軍部法

西斯政治完全取代政黨議會政治，都是在明治憲法體制中進行的。但一旦軍部法西斯政治占據了主導地位，就再無其他政治型態可以取而代之。明治憲法體制只能有利於軍部法西斯政治的登臺，不可能阻止或取消之。換言之，「有利」最終招致了明治憲法體制自身的潰滅。這就是明治憲法體制發展的最終結果。

應該看到，藩閥元老政治、政黨議會政治和軍部法西斯政治都是明治憲法體制的有機組成部分，代表了明治憲法體制的不同發展階段。明治憲法體制不同於封建專制體制，本質上屬於資產階級立憲君主制範疇，所以政黨議會勢力能在其中得到發展，並形成政黨議會政治型態，但因明治憲法體制同時保留了濃厚的軍事性和封建性特色，使得藩閥元老政治得以最先建立並能長期維持，政黨議會政治得不到充分發展，軍部法西斯政治最終登上舞臺。換言之，明治憲法體制的半封建的資產階級君主制的性質決定了它難與資產階級政黨議會政治結合，只能勉強容納變了形的政黨議會政治、受條件制約的政黨議會政治，而與藩閥元老政治和軍部法西斯政治的結合則自然、順利得多。

（二）戰後憲法體制的特色與國家權力的經濟職能

二戰結束後，日本面臨的主要問題是如何迅速恢復瀕臨崩潰的國民經濟，使其走上正常發展的軌道。然而，在以發展軍國主義為核心的明治憲法體制下，仍然採取國家統治經濟的形式，要恢復和發展國民經濟是不可能的。歷史已經證明，明治憲法體制只能導致日本經濟朝著國家軍事壟斷資本主義的方向惡性膨脹並最終毀滅，只有對明治憲法體制進行根本改革，建立一套新的較為民主的政治體制，才有可能實現恢復和發展經濟的目的。

■ 戰後憲法體制的建立及特色

　　這一客觀要求，是戰後初期人民民主革命鬥爭的主要內容，亦與當時美國政府的對日政策基本一致。美國政府主要從它自身的利益出發，在戰後初期將對日政策的基本點放在透過改革實現日本的非軍事化和資產階級民主化上。所以，日本在美國單方面占領之下採取了一系列改革措施，如解散日本軍隊及其指揮機關；逮捕戰犯；恢復新聞、通訊及信仰自由；實行農地改革及解散財閥；制訂了一系列有關國家政治體制的法律。這些法律主要有1947年的《內閣法》、《裁判所法》、《地方自治法》、《國會法》、《日本國憲法》和《國家公務員法》，1948年的《國家行政組織法》、《政治資金規正法》和1950年的《公職選舉法》等，其核心自然是《日本國憲法》。這些重要法律的實施，初步確立了現代天皇制即資產階級的議會民主制。

　　戰後憲法體制的特色是：第一，天皇在國家政治結構中的地位和作用與戰前相比發生了根本的變化。天皇成為僅具備象徵意義的國家元首，作為日本國家的連續性和日本民族、語言、文化方面高度統一性的象徵。所以有日本學者稱，新體制下天皇的作用好比肚臍之於人體，雖無作用卻不可缺少。天皇在意識型態和國民精神方面的統一作用不容忽視，在日本成為經濟大國之後更是如此。還應看到，象徵性天皇制亦成為日本右翼思潮和「國體主義」（即「天皇主義」）得以生存發展的重要客觀條件。反之，這種右翼思潮和勢力在特定時期和特定方面會對國家權力的運作產生影響，從而為資產階級的議會民主制蒙上一層難以掠去的陰影。

　　第二，戰後憲法體制是比較完全的資產階級的立法、行政、

司法三權分立的形式。與明治憲法體制相比,軍部從國家政治結構中消失了,而以最高裁判所為代表的司法系統雖然獨立於國家政治結構中,且有時也能對政局產生一定的影響,但因最高裁判所裁判長須由內閣以天皇名義任命,所以總的來看,司法權在三權中的地位是次要的。實際上,司法權不可能對立法、行政權有很大的約束力。

第三,戰後憲法體制的重點在國會和內閣,二者互相影響制衡。憲法規定,國會以天皇名義任命內閣首相,即由眾議院超過半數的第一大黨指名其首腦擔任,內閣對國會負責,以天皇名義召集國會、解散眾議院或進行大選。這與明治憲法體制下內閣只對天皇負責不同,內閣與國會的關係密切了,在眾議院占據席位的多寡至關重要,只有占據了多數席位,才能組閣執政。在此基礎上,內閣不僅掌握行政權,而且掌握了大部分立法權。也就是說,內閣的作用大於國會。

國會雖然是憲法規定的立法機關,但其討論的法案大都由內閣提出,即法案、政策的制訂權基本掌握在內閣。法案的制訂過程基本上在內閣所屬各省廳進行,最後由次官會議和閣議通過,形成法案提交國會。在國會審議時雖然會遭到在野黨的反對和攻擊,但一般情況下不會有大幅修正而被通過。內閣法案占國會通過法案的80%以上。何況當內閣的施政在國會受阻時,內閣可以採用各種方式(如變相暴力方式)直至解散眾議院以排除阻力。在歷次大選中,只有1976年12月5日的大選是在眾議員四年任期屆滿的情形下進行的,其他均為眾議院被解散後進行。歷屆眾議院中,壽命短者僅半年有餘。顯然,與戰前相比,國會的作用雖然增大了,但仍有相當的局限性。

若再觀察國會的議政機能，執政黨、在野黨之間圍繞重要問題的矛盾似乎很激烈，但有日本政治家認為，實際上國會早就不是政治家之間、政黨之間對話、協商的真正舞臺了，國會並不通用多數表決通過的民主主義原理。對於有關國政的重要問題，執政黨與在野黨均在會下磋商，而在國會上的質詢、答辯及各種形式的對抗則如同作戲，不如此則難以表現其「政治民主」及在野黨的存在價值。例如關於國家預算問題，在自民黨執政時期，在野黨對每年的預算案無不予以反對，但又從未否決過預算案的執行案，因此出現了被否決的預算案的執行案被通過的情況，國會成了表演對抗戰的舞臺，成了投票表決的機器。

　　以上是戰後民主改革後的憲法體制的基本特色。這種比較完全的資產階級議會民主制，採取了典型的資產階級三權分立形式。不過，正如同其他西方資本主義國家一樣，三權分立的形式很難發揮互相制衡的作用。國會中的激烈爭吵，最高裁判所的莊嚴宣判，都不能阻止壟斷資本集團透過國家政府貫徹其意圖。這是形式上的三個「政府」，實際上的一個政府。

■ 為壟斷資本服務的「金錢政治」

　　戰後日本政治的一大特色是自民黨長期執政。自民黨執政的主要支柱是壟斷資本的支持。例如，1956年3月由各壟斷資本的代表人物組成的「產業問題研究會」（「產研」）積極參與制訂國家的方針政策，是對自民黨和內閣最有影響的「壓力集團」。其他方式還有：定期派代表與自民黨實權派或內閣閣員會談；大選時動員本系統的選民支持自民黨候選人當選為議員；壟斷資本頭目直接出任或派代表參加各種審議會、調查會或任自民黨或內閣各機

構的顧問、參與、總裁、理事長等，直接參與政策的立案過程和行政權力的行使過程。

　　壟斷資本的財政支持，既是自民黨一黨專政的先決條件，又是影響和控制自民黨的重要手段。1955～1960年，經團聯副會長植村甲午郎組織的經濟再建懇談會，累計向自民黨提供政治活動經費三十五億日圓。進入60年代，由國民協會統一向各黨提供經費，但向自民黨提供的經費始終占總額90％左右。據估計，壟斷資本每年通過各種管道向自民黨提供一千億日圓以上。顯而易見，如果沒有壟斷資本的支持，自民黨一黨專政就不可能持續長久。1993年自民黨長期政權結束的一個重要原因，即壟斷資本對醜聞頻出、威信日下的自民黨喪失信心，而對支持哪一個政黨、哪一種體制出現歧議。但此後的政權更迭、各政黨上臺下臺，仍與能否得到壟斷資本支持密切相關。根據自治省的1993年政治資金收支報告，這一年各政黨政治資金總計一千七百一十三億日圓，其中自民黨收入二百四十五億日圓。自民黨收入中大企業「捐款」占1/3，向大財團「借款」占37.2％，兩項合計占總收入七成（但此僅為報告公開數字，其他非公開收入還不知有多少）。其他如新生黨兩項合計占總收入68.3％，先驅新黨占88.8％，日本新黨占66.4％，民社黨占50％，社會黨也開始接受大企業「捐款」和向大財團「借款」了。由此可見，如果沒有大資本、大財團的支持，這些政黨就很難生存下去。

　　正因為如此，國家權力必須首先維護壟斷資本的利益，以在資本主義市場經濟前提下，透過國家政策促進壟斷資本的資本積累為根本目標，在公共事業投資、租稅政策及行政主導的卡特爾政策等方面為其提供有利條件，並最終以壟斷資本的利潤增殖和

擴大規模帶動下屬承包企業和相關地區的發展，從而緩解了勞資間的矛盾與對立，照顧了基層民眾的利益。在這一點上，與「軍事國家」美國、「福利國家」北歐諸國相比，日本以較低的成本支出實現了統治體制的穩定。

此外，從戰後日本政治的突出表現——「金錢政治」——亦能清楚看出國家權力的本質所在。「金錢政治」首先表現在政治醜聞上。自民黨執政以來，大約每過十年就有一次牽涉重要人物多、涉及層面廣、影響巨大的政治醜聞發生，例如50年代中期發生的造船行賄案，60年代中期發生的「黑霧事件」，70年代中期發生的洛克希德事件和道格拉斯·古拉曼事件，80年代中期發生的里庫路特事件等。這些案件對自民黨政權的衝擊一次比一次厲害。而且每次醜聞都是金錢作祟。例如1988年被披露報端的里庫路特事件，經濟界暴發戶里庫路特集團以政治捐款、提供後援會費、購買酒會入場券等方式向政界送出的資金，僅當時查清的部分就達13.3億日圓（包括出讓未上市股票的7.3億日圓）。接受該集團資金的國會議員，在自民黨、社會黨、公明黨、民社黨四大黨中就有四十四人。尤其當時的執政黨自民黨，其中央領導層、各大派系的主要成員幾乎均涉嫌其中。日本的政治家們本身就是資本家的很少，其中雖有極少數人是靠變賣自家的山林、房地產等籌集資金，但這最終常常導致破產，絕大多數人是靠大企業、大資本家的捐款（占籌集資金的50％以上）、舉辦酒會（大量出售高價酒會票）、進行股票交易、倒買倒賣土地和名畫等手段籌集資金的。大企業、大資本家則將這些捐款看作「維持自由經濟體制的保險金」，政治家們拿了大企業、大資本家的錢而從根本利益上為他們服務，這是理所當然的。

「金錢政治」又明顯表現在金錢選舉上。日本是一個資產階級法制較完備的國家，戰後日本政府制訂了《公職選舉法》和《政治資金規正法》，對選舉制度作了詳細甚至近於繁瑣的規定。例如，在選舉期間，「任何人不得以任何名義提供與選舉運動有關的飲食（茶湯及通常提供的點心除外）」，「不得以任何名義向本選區內的人進行捐贈」，每位候選人的選舉費用不得超過法定最高限額，競選用之宣傳單的規格內容及講演會的進行方式均不得超出法定範圍，對違犯者給予程度不等的處罰。在70年代日本眾、參兩院還達成了「廢除虛禮」的協議。然而，這些法律和協議並沒有得到認真的遵守。實際上，它也根本不可能被忠實地遵守。《公職選舉法》自1950年生效時起就與《糧食管理法》、《賣淫防止法》一起被人們稱為「三大笊籬法」。政治家們鑽法律的漏洞而各行其是，使得這些法律和協議的約束力非常有限，有時形同一紙空文。每至選舉，政治家們為了多拉選票，紛紛使出渾身解數，不惜揮金如土，甚至赤裸裸地直接用金錢收買選票。根據日本檢查廳的調查，在被揭發出來的違反選舉法事件中，收買一張選票的平均價格，統一地方選舉1979年為3,433日圓，1987年升至7,820日圓；國政選舉1980年為1,953日圓，1986年升至7,167日圓。儘管在每次選舉過程中總要揭發出一些違法活動，逮捕幾名違法份子，但這對於大量存在的違法活動和違法份子來說，只不過是浮出水面的「冰山的一角」。

日本國民在選舉中得到的「一頓飯的民主」、「數千日圓的民主」，並非真正的全社會的民主，這種離不開金錢的「政治民主」實際上只能被少數億萬富翁所享用。一般情況下，一位自民黨議員競選連任須花費兩億日圓，新出馬競選者須花費三億日圓（甚

至有「五當四落」的說法，即花費五億日圓可能當選，花費四億日圓可能落選)，這一數目超出法律規定的選舉費用最高限額的十倍以上，議員平時的平均年支出也在一億日圓以上，最少者也需六千多萬日圓。這樣的開銷對一般日本國民來說意味著什麼？如前文所述，1996年全日本四千五百多萬個家庭的平均年收入只有七百八十萬日圓，平均每戶儲蓄額1,279萬日圓，負債483萬日圓。顯而易見，一般日本國民如果僅靠自身財力，根本無緣問鼎議員寶座，他們只能是資產階級民主的陪襯。如果因為日本多數國民手中都握有少量的股票，就以為廣大國民都成了資產階級民主的主體，這種想法未免過於表面化了。

這種離不開金錢的「政治民主」，必然引起廣大日本國民的不滿。根據《朝日新聞》等報刊在1989年進行的多次輿論調查，70～80％的國民對國家政治不滿，政治家們在多數國民中的印象是「富翁」、「不公正」、「狡猾」、「傲慢」和「老化」。是利用職權中飽私囊。這已充分說明日本國家權力不是代表多數國民的利益，而是以維護壟斷資本（大企業、大財團）的利益為首要目的。

■ 國家權力的經濟職能

以戰後憲法體制為運作形式的日本國家權力，在實施對外、對內功能上具有一般國家權力的普遍性，而在具體實施中又表現出獨特性。例如在對外職能方面，自戰後初期至60年代末，日本不僅在國家安全上依靠美國的軍事保護，在經濟發展上也仰仗美國的照顧，所以日本雖為獨立國家，實際上對外政策受到美國的控制和影響，也就是說，日本國家權力的對外職能是不完全的。

日本不可能制訂並執行獨立自主的外交路線，只能跟在美國後面跑。所以日本有學者認為，規定日本國家權力的法律體系中，除包括憲法體系外，還存在一個超憲法體系，即「日美相互合作及安全保障」體系。從70年代初開始，已成為經濟大國的日本開始逐步謀求對外政策的獨立性，欲在國際政治舞臺上發揮「與經濟實力相稱」的作用，進入80年代以後更提出「政治大國」、「國際國家」的發展目標，但在世界冷戰情勢中，日本作為西方主要國家，其對外政策只能從屬美國，即便日、美間的矛盾與摩擦，也只能以日本的退讓求得解決。這就是日本國家權力對外職能的不完整性。可以預見，即使日本有朝一日成為聯合國安理會常任理事國，躋身於政治大國行列，上述不完整性也難以在短期內加以克服。

在對內職能方面，日本國家權力的運作有其特色。為了維持統治秩序的穩定，統治階級在採取強制性措施（如制訂《破壞活動防止法》等）的同時，也注意運用調和的手段。在思想意識方面，透過宣揚「日本文化優秀」加強國民的共同體意識，透過宣揚「蘇聯威脅論」（以及近年出現的「中國威脅論」）加強國民的危機意識，使具有這種雙重意識的國民自動納入到既有統治秩序中，更有利於統治秩序的穩定。在此要強調「危機意識」對日本國家權力鞏固統治秩序的重要作用。實際上，當蘇聯因綜合國力的衰退而對日本的威脅漸減時，70年代末日本當政者又制訂出「綜合安全保障戰略」，將國民的危機感從過去單純的蘇聯軍事威脅擴大到能源、資源、食品、環境乃至地震等一切可能出現問題的方面，使國民喪失存在感，或產生無力感，而不得不依附於國家權力。由此產生出國家權力維護統治秩序的「正當性」。

不過，日本國家權力維護統治秩序的主要調和手段是發展經濟、發展生產力，在此基礎上推行福利政策，保障公民一般的法定權力，而不是在經濟尚不發達的情況下盲目推行福利政策。日本經濟的高速發展時期正是自民黨長期執政時期，故以下主要討論以自民黨為核心的國家權力對發展經濟的作用。

　　對此，首先須明確一點，戰後日本的資產階級國家機器牢牢地掌握在壟斷資本手裡，其主要方式是透過提供巨額政治活動資金控制自民黨的政治方向，透過參與或控制重要的審議會操縱政府制訂政策大權。所以自民黨為了維持一黨專政，只能從維護壟斷資本利益的目的出發，通過各項方針政策為壟斷資本服務，使其能不斷獲得超額利潤。但是壟斷資本並非事無巨細均要過問，只要大方向符合它的利益，具體問題由自民黨政府去處理。因此自民黨政權在服從和服務於壟斷資本的同時，又對壟斷資產階級和大壟斷組織保持某種程度的獨立性，其作用不可低估。尤其在發展經濟上，戰後日本經濟的高速發展離不開自民黨政權的推動。這個推動主要表現在三個方面：透過制訂中長期經濟計畫進行宏觀指導；透過制訂具體的方針政策進行直接參與；透通過發揮其他方面的職能進行間接推動。這三方面共同作用的結果，使戰後日本經濟的高速發展成為公認的事實。

　　在資本主義市場經濟條件下，自民黨發展經濟的主要特色是，指導性的中長期經濟計畫與直接的經濟政策相結合，不同的時期各有側重。在日本經濟由恢復階段進入發展階段後，指導性的中長期經濟計畫成為不可缺少的部分。自民黨歷屆內閣都有自己的中長期經濟計畫，均想以此博得國民的選票，提高支持率。當然，這也與戰後資本主義世界經濟發展階段有關。

二戰結束後，凱恩斯經濟理論有了新發展，凱恩斯極力主張的擴大政府職能、國家應加強對經濟的干預的觀念受到越來越多的資產階級經濟學者的重視。他們認識到，在資本主義經濟發展到一定階段後，完全的自由競爭和市場經濟，不僅不會帶來經濟的持續高速發展，反而會使經濟矛盾激化，為此，只有發揮國家權力對經濟的干預和調節作用，才能使國民經濟全面穩定地發展。自民黨首腦中即有許多人認識到這一點。自民黨在1960年黨大會通過的《保守主義的政治哲學綱要》中申明，「保守主義既具有維持的性質，又具有改良的能力，協調地進行保守和改革」，它強調中庸精神、國民主義、民主主義和新資本主義。所謂「新資本主義」即「吸取了社會主義的長處（指計畫經濟）的混合經濟」。保守主義的經濟原理「絕不承認19世紀那樣的自由放任經濟」，而是要「依靠國家(1)經濟計畫化；(2)調節景氣變動；(3)實現稅財政的社會化及匡正社會福利政策的不均衡；(4)防止壟斷和資本的分散大眾化；(5)尊重中小企業、自耕農等獨立經營者；(6)依靠公共投資實現完全僱傭」。自民黨執政後，正是在這個理論指導下進行所謂的「新資本主義」的，「經濟計畫化」則是實現「新資本主義」的第一項工作。儘管這些理論最終是為壟斷資本的利益服務的，但也應該承認，這也是資本主義發展到一定階段後在經濟體制方面進行的一個有重要意義的改革。改革的結果建立了國家計畫與自由競爭相結合的發展國民經濟模式，它雖然不能從根本上克服資本主義經濟的固有矛盾，但在一定的時期內，在緩和矛盾、穩定和發展經濟方面取得了不小的成果。

這些中長期經濟計畫與社會主義國家的指令性經濟計畫不同，而是以指導性為主的經濟計畫。這是「吸取了社會主義長處」

後，又進行了適合資本主義私有制改造的日本經濟計畫的最大特色。1964年日本政府在回答「經濟合作與發展組織」的質詢時說：「國家計畫是靠民間企業的自由活動實現目標的。政府原則上僅站在輔助的角色採取適當措施，如整頓環境、創造市場機制運行的基本條件、排除其障礙、打通關卡以刺激誘導民間活動等等。政府尊重企業的合理性和自主活動，不能直接介入。」日本經濟計畫的指導性原則決定了這些計畫的各項經濟發展指標只能以預測值的形式出現。實際上，比具體數字更重要的，是透過這些計畫指出日本經濟的發展方向，預測發展規模，排除不平衡因素，確定經濟發展中各企業界的先後次序。這樣做的結果，使各企業既對整個國民經濟的發展趨勢和目標心中有數，又可以結合企業自身的特色靈活地採取措施，各企業的主動性、積極性不至於受到限制和挫傷，而能得到很好的發揮，同時也可以避免企業過分依賴國家的傾向。

自民黨歷屆內閣的十餘個中長期經濟計畫平均壽命不到三年，實效期只有一年多。計畫頻繁更替固然降低了指導性，但也縮短了計畫與經濟發展的實際之間的差距。一旦某個計畫與實際出現較大差距時，下一個計畫便可以充分糾正之，所以，總體看來，上述十餘個計畫的預定值與經濟實際成長率的發展趨勢基本一致，在日本經濟高速度增長時期，實際成長率超過預定值，在日本經濟穩定發展時期，實際增長率低於預定值。這並不說明計畫落空，恰好是計畫發揮實際作用的反映。

政府計畫雖是指導性計畫，各企業都會儘可能與之配合。否則，企業的發展就會受到種種限制，從而喪失市場競爭力。這是因為這些計畫表明了政府對今後發展經濟的意向，它與短期經濟

計畫以及各項經濟政策有密切關係。企業的發展方向只有與國家經濟計畫的方向一致，才能從這些政策中得到益處，為自身發展創造有利條件。

自民黨政府除以中長期經濟計畫對國民經濟的發展進行宏觀指導外，還以各種類型的經濟政策直接參與經濟活動，這是政府經濟職能的重要方面。這方面職能發揮的好壞，直接關係到微觀經濟能否運行的問題，只有處理好二者的相互關係，才能使經濟充滿活力，健全發展。

例如關於保護競爭和限制壟斷的政策，為使市場經濟機制充滿活力，須鼓勵並保護競爭，為此，1947年制訂了《壟斷禁止法》，為防止過度競爭，1950年修改了《不正當競爭防止法》，1962年制訂了《不正當贈品及不正當廣告防止法》，1968年制訂了《保護消費者基本法》，1982年制訂了《不公正交易方法》，透過不間斷的努力使市場經濟機制基本保持有序運作。除此之外，其他政策還有很多，如財政金融、稅收貸款、內外貿易、產業結構、中小企業、引進外資政策及非常情況下的景氣恢復政策等。總之，自民黨政府在戰後日本經濟發展過程中的直接政策參與是多方面的，這和宏觀指導是不可分割的兩個面向，二者相輔相成，從不同的角度推動了日本經濟的發展。

國家的其他職能發揮的好壞，對經濟發展的快慢也有很大影響，有間接推動或阻礙的作用。在60年代中期，日本經濟高速增長已見成果，日本綜合國力顯著增強，自民黨政府適時提出了「開發社會」的方針。它認為「開發社會」包括的範圍廣、內容多，如透過振興教育培養有為社會服務精神的國民，要給每個國民提供施展才能的充分機會，克服偏重學歷的傾向，以及改善生

活條件，努力發展社會福利保障事業等等。自民黨政府提出「開
發社會」方針的原因首先在於，過去把注意力都集中於經濟增長
率上，而沒有充分考慮本應成爲發展經濟目的的國民福利，造成
經濟的高速增長與「開發社會」不平衡、不同步，給今後發展經
濟帶來影響，使社會矛盾日益增多。其次，「開發社會」不僅僅
是糾正上述不平衡的措施，也有使國民充分發揮其潛在能力、並
創造出產生這種能量的社會條件的積極意義。第三，「開發社會」
能促進經濟發展。「開發社會」的投資可以創造出有效的社會需
求，這是經濟穩定發展的推進劑。也就是說，提高國民生活的質
量，保障國民生活的穩定，能夠使得發展經濟的動力更強有力、
更持久。尤其在當時的日本，城市化、人口結構高齡化、家庭結
構現代化等社會結構的急劇變化，使「開發社會」更迫切、更重
要。如果一時吝惜用於「開發社會」的費用，今後必然要付出更
高的代價。

在「開發社會」方針指導下，自民黨政府對治理公害、保護
環境、整頓交通、健全社會福利保障體系、解決高齡問題和低所
得問題都進行了一些努力，對教育問題和人口問題更是堅持不懈
貫徹到底。顯然，日本國民教育素質的提高和人口增長速度的減
慢，都爲日本經濟的發展創造了極爲有利的條件。如果不注意在
這方面予以直接推動，戰後日本經濟的發展就會遇到更大的阻
力。

第二節　是否會有第三個憲法出現？

1946年11月3日公布、1947年5月3日施行的《日本國憲

法》，是日本處於美國占領下喪失制訂法律權力，而由美國占領當局一手制訂，並經由日本政府公布施行的。因此，自該憲法問世之時起，日本便有人起而攻之，稱之爲「強加的憲法」，有損日本的尊嚴，必須修改。1950年日本設立警察預備隊，1954年設立由陸、海、空三軍組成的正規軍隊「自衛隊」，使憲法問題驟然升溫，出現了以日本社會黨爲核心的「擁護憲法國民聯合」與以政界保守勢力爲核心的「自主憲法期成同盟」、「自主憲法期成議員同盟」的對立。但政府不是提出修改憲法，而是以解釋憲法來說明自衛隊存在的合法性。1956年自民黨政權透過法律程序成立以修改憲法爲宗旨的「憲法調查會」，並邀請社會黨參加，遭到社會黨拒絕。1964年憲法調查會提出一份包括贊成和反對修改憲法兩種意見的報告書而結束了活動。此後，關於改憲的議論雖一度消沉，但護憲和改憲的兩派仍然壁壘分明、互不相讓，時而產生激烈的對立。但因該憲法第九十六條規定：「本憲法的修訂，須經各議院全體議員三分之二以上贊成，由國會創議，向國民提出，並得其承認。此種承認，須在特別國民投票或國會規定選舉時進行的投票中，獲半數以上贊成。」面對這樣的改憲條件，改憲主張至今未能得逞。

其實，主張改憲的第一個理由是難以成立的。儘管從憲法產生的過程看，稱戰後憲法是「強加的憲法」並不爲過，但從當時日本國內的形勢看，日本戰敗不久，社會動盪，思想混亂，民生凋敝，國力衰落。在這種情形下，日本只有緊緊地依靠美國，對美國唯命是從，才有謀求東山再起的機遇。在當時日本剛剛擺脫軍國主義桎梏束縛不久、對軍國主義勢力沒有嚴厲打擊、對軍國主義思潮等反動錯誤思潮缺少有力批判的特定條件下，讓日本政

府自己制訂一個能夠充分反映資產階級自由平等價值觀的憲法是不實際的，無異於緣木求魚。戰犯近衛文麿一度是制訂新憲法的積極參與者，幣原喜重郎首相對制訂新憲法消極怠工，其他當事者皆不主張制訂新憲法，而僅主張對明治憲法局部修改，如適當擴大議會權限等，內閣憲法調查委員會的憲法草案絲毫沒有動搖明治憲法規定的天皇大權，被美國占領當局評為「極為保守、對天皇之地位未作實質性改變、天皇仍保持一切統治權」，即充分說明了這一點。

在此情形下，憲法是否「強加」並不重要，重要的問題是憲法本身究竟如何。如前所述，戰後憲法確立了象徵性天皇制即完全的資產階級議會民主制，這一政治體制對日本的社會穩定及經濟發展發揮了重要作用，對限制日本脫離美日安全體制、脫離和平發展道路的重要性更不可忽視。而且關鍵之點在於，戰後憲法第九條明確規定：「日本國民真誠希求基於正義與秩序的國際和平，永遠放棄以國權發動的戰爭、以武力威脅或武力行使作為解決國際爭端的手段。為達到前項目的，不保持陸、海、空軍及其他戰爭力量，不承認國家的交戰權。」因為有這一條存在，戰後日本憲法又被稱為和平憲法。在戰後冷戰局面嚴峻、地區規模的熱戰持續不斷的形勢下，哪一個國家能夠制訂一部包括「永遠放棄以國權發動的戰爭」、「不保持陸、海、空軍及其他戰爭力量，不承認國家的交戰權」等內容的憲法（某些國家的憲法僅明記反對侵略戰爭）？如果各國都能這麼做，尤其各大國能夠起表率作用，則天下相安無事矣。所以，具有此等和平內容的憲法不僅應受到日本人民的愛護，同樣應受到世界各國人民的珍視。何況近代史上為非作歹半個世紀的日本軍國主義剛剛被打敗，戰後日本

憲法尤其應該設定這一條。儘管半個世紀以來日本早已突破了憲法第九條的限制，擁有了一支裝備現代化、屬亞洲第一的二十餘萬人的正規軍隊，但從整體上說，在和平憲法的規範下，日本走過的道路仍是和平道路而不是戰爭道路。正因為如此，戰後憲法得到廣大日本國民的支持，而被少數仍舊抱住軍國主義思想不放的右翼勢力視為眼中釘，必欲改之而後快。各政黨對修改憲法的態度則呈現出錯綜複雜的狀況。

戰後日本的革新政黨以日本共產黨和日本社會黨（後改稱日本社會民主黨）為代表。日本共產黨始終堅持獨立路線，反對修改戰後憲法的和平原則，日本社會黨也曾為阻止修改和平憲法而作出了巨大的貢獻，但在90年代，隨著冷戰結束和國際形勢的巨大變化，日本國內出現了政治「總體保守化」、「總體自民化」的大趨勢，社會黨亦被這種趨勢所裹脅，以至於一度與自民黨合流，在政策上作出了極大的讓步，與80年代的社會黨相比已面目全非。當然，戰後憲法能否被修改，或者說能否出現第三個憲法，關鍵要看自民黨。

自民黨是自由黨和民主黨於1955年合併而成的保守政黨。雖然二合為一，但仍一分為二，即在自民黨內仍長期保留各自的派系。民主黨成員以岸信介為首，是戰爭期間即與日本軍國主義結為一體的保守集團，此後相繼傳給了福田赳夫、安倍晉太郎、三冢博。自由黨成員以吉田茂為首，是戰爭時期與軍國主義保持一定距離的自由主義派，屬戰後形成的保守派集團，稱為「保守本流」（但吉田茂在自由黨與民主黨合併為自民黨時並未加入自民黨），先後由池田勇人、大平正芳、鈴木善幸、宮澤喜一繼承，其另一支則由佐藤榮作、田中角榮、竹下登繼承。因戰後憲法是在

吉田內閣時期制訂，故其「保守本流」一直反對改憲，是明確的護憲派。此外還有河野一郎派和三木武夫派，後分別傳給中曾根康弘和海部俊樹。派系之間關於護憲、改憲的鬥爭從未間斷，吉田茂系堅持維護和平憲法，岸信介系主張修改憲法。但由於各派系首腦輪流坐莊就任首相，相互制約，致使改憲圖謀一時難以得逞。

在80年代，主張「天皇元首制」、信奉國家主義的中曾根康弘任首相期間，民族主義受到刺激而發展起來，使這一矛盾更加凸顯。1993年「55年體制」崩潰以後，政界分化改組不斷，眞正的在野黨不復存在，國會機能麻痺，社會輿論右傾，信奉國粹主義、主張「普通國家論」（實即可以擁有軍隊並向海外派兵的政治軍事大國論）的小澤一郎成爲政界炙手可熱的人物。中曾根康弘和小澤一郎向護憲派核心人物宮澤喜一和加藤紘一施加了巨大的壓力，企圖利用國民中日漸興起的民族主義情緒，挑起改憲、護憲決戰，實現改憲。

在1995年日本戰敗投降五十周年之際，日本國內不僅沒有對日本軍國主義發動、進行的那一場給亞洲人民帶來沉重災難的侵略戰爭進行一次全面深刻的反省，反而以「總結大東亞戰爭」爲名掀起了一股否認罪惡、爲侵略正名的濁流。1997年，戰後日本憲法施行五十周年，在中曾根康弘的支持下，國會內成立了「推進設置憲法調查委員會議員聯盟」，會長爲中山太郎，囊括二百九十多名各黨派議員，試圖透過實現第二次保守聯合，達到改憲、擴軍目的。民間改憲組織「日本會議」應運而生，與上述「議員聯盟」相呼應。「日本會議」的宗旨是民族主義、國家主義、國粹主義和天皇主義，主張以天皇主義爲基礎制訂新憲法。

這一年改憲問題被炒得很熱，國民的憲法意識出現了較大變化。3～4月間《讀賣新聞》、《朝日新聞》、《日本經濟新聞》舉行的社會輿論調查，約45％贊成修改憲法；6月自民黨調查中贊成修改憲法者達76％。但據《讀賣新聞》調查，憲法學者反對修改憲法者仍超過60％。這些數字只能大致反映出國民憲法意識的發展動向。雖然贊成改憲者有所增加，但還應進一步分析這些人贊成改憲的原因。其中有相當多的人仍認為日本放棄戰爭對今後的世界和平將發揮作用，不同意改變第九條（《朝日新聞》調查中，對「放棄戰爭、不保持軍隊」認同與不認同者分別為82％和10％，不同意改變第九條者與同意改變第九條者分別為69％與20％，前者遠遠超過後者）。當然，也有不少人認為當前憲法無法適應國際新形勢，應首先在肯定日本今後能對國際紛亂發揮軍事作用這一點上修改憲法。此外，如人權保護、隱私權、環境權及訊息公開等，也都是一些人贊成改憲的原因。這說明當前的護憲與改憲之爭與80年代以前相比，已經發生了較大的變化。在政黨方面，自民黨、新進黨、太陽黨都設立了憲法調查會，開始討論憲法問題（自民黨、新進黨內當然也有反對改憲派）。共產黨要維護憲法的和平、民主條款，但不反對討論改憲。民主黨、社民黨和先驅新黨則認為沒有立即開始討論修改憲法的必要。1999年3月，《讀賣新聞》又一次就憲法問題進行調查，結果53％贊成修改憲法，而20～30歲的年輕人贊成修改憲法者更多；73％希望討論憲法問題，但最關心的是環境問題，第一次超過了放棄戰爭和自衛隊問題（分別為37％和36％）。

客觀地說，一個國家的法律能做到保持相對穩定、在較長時期內不作修改，這是法制社會和法律嚴肅性的表現，頻繁修改法

律會降低法律的權威性，尤其作爲國家根本大法的憲法更不能動輒修改，制訂嚴格的、難度較大的憲法修改程序是完全必要的，尤其重要的是徵得大多數國民的同意。但若國內、外形勢已發生了巨大變化，及時、適度地修改相應的法律才能適應新的形勢，否則就會影響國家的正常發展。

日本現在正面臨著在21世紀如何保持活力以繼續發展的問題，但尚不具有明治維新和戰後改革那樣的根本性意義，所以不可能像前兩次那樣重打鼓、另開張，制訂全新的憲法，即不會出現第三個憲法。然而對現行憲法作局部修改的可能性與過去相比已經大大加強了，從政黨及國會內改憲勢力的發展勢頭看，從國民中改憲意識的發展變化看，戰後日本憲法今後維持「原封不動」的時間不會太長了，在21世紀初期，對憲法的第一次修改將會出現。但第一次修改很有可能是國民普遍關心又易於認同的問題，如環境保護、人權保障等問題，而不是敏感、複雜的「第九條」問題。

對日本的鄰國來講，日本修改憲法是日本的內政事務，日本不斷完善其憲法並非壞事，即使改動了第九條，規定日本可以擁有軍隊，儘管令人遺憾，卻不必大驚小怪。因爲日本早就擁有了軍隊，所謂「自衛隊不是軍隊」的詭辯騙不了任何人。日本一些人用「解釋」憲法來改變其實質，這並不是高明的障眼法，明眼人看得一清二楚。應該注意的是，修改第九條，就等於摘掉了企圖復活軍國主義的、妄圖將日本推上軍事大國道路的反動右翼勢力頭上的金箍，和平勢力再無緊箍咒可唸，右翼勢力的活動會更加猖狂，政界一些人主張的日本「普通國家論」會更加得勢，作爲這種「普通國家」的最主要表現──向海外派兵──將會暢通

無阻，從而極大地關係到鄰國的安危。尤其是從2001年9月11日美國遭到恐怖主義襲擊後，日本國會通過《恐怖行動對策特別措施法》來看，作爲鄰國，對曾經有過大規模侵略擴張歷史而又反省不夠的日本修改和平憲法的動向，理所當然不能掉以輕心。

第三節　人權保障方面的「發展中國家」

　　保障人權是憲法的重要職能，反之，不能實施保障人權的憲法難以看作眞正完整的憲法。無論縱向考察或橫向比較，各國各代之憲法無不對此有明確規定。這是因爲憲法乃近代社會的產物，而資產階級建立近代社會的口號就是以保障人權爲實質內容的「自由、平等、博愛」。當然，憲法條文的明確規定和「自由、平等、博愛」的口號是一回事，在資產階級近現代社會人權得到多大程度的保障是另一回事。法律與現實的關係正是需要認眞研究之處。

　　明治憲法確立了近代日本的半封建的資產階級君主立憲制國家體制，這一體制雖然保留了較濃厚的封建性（即所謂「半封建」），但本質上已不同於封建幕府，而是屬於資產階級國家。所以，明治憲法不僅是日本的第一部資產階級憲法，而且是亞洲東方的第一部資產階級憲法。那麼，明治憲法保障人權的功能如何便成爲應該探討的問題。簡而言之，近代日本的人權保障極差，故不能認爲明治憲法是一部眞正完整的憲法。明治憲法頒布施行之日，即日本走上軍國主義道路之時。試想日本人民在軍國主義國家體制的重壓下，怎麼可能享受完整充分的人權？軍國主義與人權保障是針鋒相對、難以調和的，這並不難理解。

明治憲法是以天皇名義頒布實施的「欽定憲法」。在憲法發布敕語中，明確規定「國家統治之大權，朕承之祖宗，傳之子孫」，「朕珍重並保護我臣民之權利及財產之安全，使其在此憲法和法律之範圍內完全享有之」。明治憲法中的條文對此有具體的規定。其第一章規定了天皇大權，第二章則專門規定了「臣民權利義務」。按照憲法規定，「日本臣民」的權利和義務有出任文武官員，服兵役，納稅，居住及遷徙自由，所有權不受侵害，信教自由，言論、集會、請願自由等，共十五條之多，但仍有受教育權、勞動權等權利未能列入。明治憲法所以能對人權有這些規定，與資產階級天賦人權論在日本的啓蒙與傳播，與自由民權運動的興起和發展有密切關係。日本近代最著名的資產階級啓蒙思想家福澤諭吉說，「天不生人上之人，也不生人下之人，凡天生的人一律平等，不是生來就有貴賤上下之別的」，自由民權運動的鬥士板垣退助高呼「板垣雖死，自由不死！」，自由民權運動的激進派植木枝盛起草了主張人民革命權的憲法草案等，對明治政府形成巨大壓力，迫使伊藤博文等在起草憲法時，不得不考慮以在人權問題上的有限讓步，來換取民權派同意建立天皇的無限權力體制。但是，針對憲法中每一條權利和義務，伊藤博文都作了明確的限定語——「按照法律命令所定之資格」、「遵從法律所定」、「在法律範圍內」等，如信教自由則須「在不妨礙安寧秩序及不違背臣民義務之範圍內」方得進行。這樣一來，官方完全可以透過對法律的解釋來限制「臣民」的權利。第三十一條還特別規定：「本章所列條規，在戰時或國家事變之際，不妨礙天皇大權之施行。」可以說，明治憲法生效的半個多世紀，日本始終處在「戰時和國家事變之際」，日本「臣民」的權利橫遭剝奪是必然之事。

在明治憲法體制下，統治階級還以相繼出籠的治安相關法律限制人民本以少得可憐的權利，如《治安警察法》（1900 年）、《新聞紙法》（1909 年）、《治安維持法》（1925 年）等法律，便是專門針對不斷發展的人民爭取民主、民生權利的運動制訂實施的，尤其《治安維持法》對人民的各項權利進行了全面徹底的限制，其第一條即：「以變革國體或否認私有財產制度為目的，組織結社或知情加入者，處十年以下懲役或禁錮。」事隔三年，又修改該法，「以變革國體為目的組織結社者或結社之役員及其他從事領導任務者」最高可處以死刑或無期徒刑。由於統治階級推行反動鎮壓政策，進步勢力和工農運動遭到殘酷鎮壓，其「特高」警察虐待、迫害進步人士，驅趕、破壞勞工運動已成為眾所周知的人民權利被蹂躪踐踏的歷史寫照。迨至 1938 年發布《國家總動員法》表明日本全國已進入戰爭非常時期，為了進行大規模的侵略戰爭，必須統一思想、統一意志、統一行動，任何背離國家大政方針的言論和行動都會受到嚴厲的制裁。在這樣的法西斯高壓政策下，日本「臣民」已沒有任何自由思想、自由行動的餘地，哪怕表露輕微的反戰、厭戰情緒也會招來殺身大禍，只有為天皇「盡忠」、為侵略戰爭充當炮灰的唯一選擇。

選舉權與被選舉權是人權的重要組成部分。明治憲法中沒有關於選舉權與被選舉權的具體規定。在明治憲法體制建立初期，議會由貴族院和眾議院組成，貴族院成員包括皇族、華族和敕選議員。敕選議員由天皇從各階層人士中選擇有勳勞學識者和多額納稅者任命之，其人數不得超過有爵位議員人數。眾議員依選舉法產生，有選舉權及被選舉權的選民必須是年滿 25 歲和 30 歲的男子，在選區居住一年以上，並須繳納直接國稅（包括地稅和所得

稅）十五日圓以上。在這些限制下，全日本四千萬人口中，選民僅有四十五萬，占1％強。此後直到1925年，眾議員選舉因《普選法》而有所改變，取消了納稅額的限制，並規定「因貧困在生活上接受公私救濟或扶助者」或「沒有固定住所者」等沒有選舉權與被選舉權。這一改變使選民數增加至總人口的1/4，但雖稱「普選」，窮苦勞動者仍無緣選舉，尤其占人口半數的婦女，仍然被完全排斥在選舉之外。明治憲法體制下的人權狀況如何，由此可見一斑。

戰後憲法與明治憲法相比，在保障人權方面可以說有了根本性改觀。在其序言中即寫明「主權屬於國民」，「國政源於國民的嚴肅信託，其權威來自國民，其權力由國民的代表行使，其福利由國民享受」，可見此時之「國民」與彼時之「臣民」已不可同日而語，保障人權已成為戰後憲法的最主要目標。既如此，戰後憲法共用三十一條對國民的權利與義務作出全面、詳細的規定，第十一條即明確宣布「國民享有一切基本人權不受妨礙」。應該說，戰後半個多世紀日本的人權狀況在不斷進步之中。日本剛戰敗投降時，國內政治、經濟、治安狀況極差，多數國民的生存權尚難得到有效保障，遑論其他。隨著國民經濟的發展，國民的生存條件發生了根本變化，絕大部分國民的生存權才逐步得到保障。當然，也還有極少數國民的生存權沒有保障。如前文所述，在東京、大阪等大城市繁華地帶的地鐵站或地下通道長期蜷縮而居的無家可歸者，以及90年代以來因經濟長期蕭條而日益增長的失業大軍（已占總勞動力的4.5％），都是生存權尚未很好解決、勞動權得不到充分保障的證明。

在選舉權與被選舉權方面，戰後時期比近代時期有很大進

步。根據選舉法，戰後在法律上實現了普選，即不分男女，除被依法剝奪政治權利者，凡年滿二十歲的日本國民均有選舉權，滿二十五歲和三十歲的日本國民有眾議員和參議員的被選舉權。從這方面說，戰後憲法體制下的日本的確是「全體國民在法律之下平等」。但憲法的實施狀況與理論設置相距很遠。近年來，各次國政選舉的投票率都不很理想，大致僅保持在50％左右的水準。也許氣候不好、道路不暢等是影響投票率提高的原因，但絕不是主要原因。其主要原因是國民對政治的日益腐敗抱有深刻的認識，在金錢政治和傳統勢力的巨大作用下，選票的分量越來越輕。加之日本政治的「總體保守化」傾向日益嚴重，各黨派之間的政策區別日漸縮小，各類選舉已不再是以反映、維護與發展選民利益為根本出發點的選舉，而正在變成各黨派追逐本集團利益、政治家維護、發展個人利益的選舉，普通選民對這類選舉喪失興趣從而拒絕參加選舉是完全可以理解的。應再次強調的是，國民拒絕參加選舉，這實際上是國民的政治民主權利遭到無理剝奪的表現。如果以為法律已給國民選舉權，國民不參加選舉是自主行為，而其民主權利仍舊存在，這種觀點未免太失之於表面化了。

思想自由、言論自由、學術自由和出版自由，是人權和社會民主的重要表現。與近代時期相比，戰後時期的自由度已經發生了不小的變化。在80年代之前，學術界還存在著較為濃厚的自由氛圍，各種不同的、對立的思想、觀點、言論儘可發表，立場完全相左的著作可以並排擺放在書店出售，也就是說，在思想言論界、理論學術界尚無禁區，或者說尚無大的禁區。但在80年代以後，日本經濟力的強大導致大國外交主張的出現和民族主義思潮的發展，從「戰後政治總決算」到「政治大國」、到「普通國

家」，從「天皇元首論」到「日本文化優越論」、到「國旗、國歌論」，從「東南亞民族解放論」到「不戰決議」、到「大東亞戰爭的總結」，這一發展說明有兩個禁區正在形成。一個禁區是天皇與天皇制，另一個是日本近代侵略史。對於前者，儘管有人反對以天皇爲國家元首，反對繼續維持天皇制，認爲天皇負有不容推卸的日本近代侵略戰爭的最高責任，但這些人不能公開表明自己的觀點，否則就會受到右翼勢力的電話恐嚇、信件恐嚇，乃至直接的暴力侵犯，人身安全不得保障。對於後者，如果誰在否認日本軍國主義發動的戰爭是侵略戰爭，否認日本軍國主義在侵略戰爭中的種種罪行方面敢於大放厥詞，敢於無視鄰國的批判去參拜靖國神社，則不僅不會受到社會輿論批判，反而會被視爲直言不諱、敢作敢爲的「英雄」。謬論流傳，正義難伸。許許多多有良心的日本人只能緘口不語，側目冷視。顯而易見，在日本當今社會，完全的思想言論自由和學術著作自由是不存在的，這是民族主義時興走紅必然帶來的結果。

　　總之，日本在戰後憲法體制下，人權保障有所加強，但問題尚多，與經濟發展比較相對滯後，而且某些方面又變得嚴重起來。可以說，在人權保障方面，日本還是一個「發展中國家」。

第3章

政黨政治的興衰

　　政黨政治是以政黨爲國家權力運作主體的政治型態，與之相區別的有君主政治、國民政治等型態。日本的政黨政治在近代時期與戰後時期表現出截然不同的特色。

第一節　政黨政治變遷史

　　在近代時期，資產階級依附於專制主義天皇制，沒有發展成爲能夠完全獨立掌握政權的政治力量，儘管一度建立了政黨內閣，但它是在天皇制和軍部法西斯勢力控制和制約下行使職權的，因此，只能算是不完全的政黨政治，尚難稱爲眞正意義的政黨政治。

　　1874年，板垣退助、片岡健吉等發表了愛國公黨「本誓」（即黨的綱領），鼓吹「天賦人權」，人人生而平等，人民不是政府的奴隸，政府乃爲人民而設。愛國公黨雖然因沒有開展任何活動而自行消亡，但它是日本政黨史上政黨政治意識的首次表現，因而占有重要的地位。在其影響下，數月後仍以板垣退助爲首，一批自由民權運動的初期領導人在高知設立了立志社，鼓吹建立民

選議會，是此後數年自由民權運動的核心推動力量。翌年，以該社爲核心，各地政治結社派代表在大阪集會，成立了愛國社。該社雖因板垣退助被拉入內閣而一度解散，但鑑於自由民權運動急遽發展的需要，於1878年重建，後改稱「國會期成同盟」，繼續領導自由民權運動。在自由民權運動的推動下，1881年（明治14年）政府發布制訂憲法，並於1890年開設國會的詔書，同時將思想激進的自由派重要份子大隈重信趕出內閣。隨著政治形勢的變化，10月，以國會期成同盟爲主力，成立了日本近代史上第一個真正意義的政黨──「自由黨」，仍推板垣退助爲黨魁。

自由黨是由中小地主、富農、工商業者、城市小資產階級和知識份子組成的全國性政黨，其綱領是擴大自由、保障權利、增進幸福、改善社會，爲制訂民議憲法、確立良好的立憲政體而努力。1882年3月，主張漸進改革的勢力以大隈重信爲首建立立憲改進黨，主張保持皇室尊嚴，實行英國式的立憲君主政體和有限選舉、兩院制及政黨內閣制，其社會基礎主要爲資產階級和知識份子。爲了對付這一不利於政府的局面，在伊藤博文授意下，福地源一郎等同時組成了立憲帝政黨，主張主權在君的欽定憲法，完全支持政府決策，故被世人視爲「御用政黨」，其主要支持勢力爲舊士族、宗教界、下級官吏和御用商人等。但因黨內意見不一，該黨歷時年餘旋即解散。

自由黨和立憲改進黨也因形勢的變化而一度解黨或停止活動，但未幾便得恢復，其後屢經分化組合，1898年自由黨與立憲改進黨演變的進步黨合併而成憲政黨。雖然合併，實乃貌合神離，很快地，憲政黨又分化爲以原自由黨勢力爲主流的憲政黨和以原進步黨勢力爲主流的憲政本黨，憲政黨爲了拉攏伊藤博文入

盟而隨即改組爲立憲政友會，相繼由元老伊藤博文、西園寺公望及原敬、高橋是清、田中義一、犬養毅、鈴木喜三郎擔任總裁，一直是政黨政治的主流。憲政本黨以大隈重信爲總裁，1907年大隈辭職後該黨幾經變化，其主要勢力分別歸入立憲政友會和由保守的大成會發展演變而來的立憲民政黨，立憲民政黨先後以濱口雄幸、若槻禮次郎等爲總裁。

此外，進步革新勢力也在不斷發展，1901年便有社會民主黨誕生，日本平民黨、平民社爲其後身。1906年日本社會黨正式成立，其後相繼演變爲以勞工大眾爲社會基礎的無產政黨、日本勞農黨、社會大眾黨。日本共產黨則在1922年成立後，始終遭到日本政府的嚴厲鎮壓，至30年代中期已完全無法開展公開正常的活動，多數領導人被關入監獄，極少數人轉入地下進行秘密鬥爭。

日本統治集團對外積極推行侵略擴張政策，爲建立「大東亞共榮圈」使日本位居霸主地位，在30年代一步步建立起國內的戰時體制，不僅動員一切物質力量爲侵略戰爭服務，而且對國民精神實施嚴厲的管制，絕不允許國民在思想意識領域出現任何反逆，自由、民主已成多餘。因此，對日本統治集團如何有效地實施法西斯專制統治而言，各政黨已完全沒有存在的必要了。於是，在1940年7月，第二次近衛文麿內閣成立後，大力推進一國一黨的法西斯新體制運動，10月成立了「大政翼贊會」，做爲協助政府「實踐臣道」、統制國民生活的全國性組織，由首相任總裁，各道府縣設支部，由知事兼任支部長。在社會基層則分別設立了「部落會」、「町內會」、「鄰組」等組織，對國民進行嚴密的法西斯控制。因此，立憲政友會、立憲民政黨、社會大眾黨等政黨被迫解散，國內政治成了大政翼贊會的一統天下。由於各政

黨均不復存在，原屬各政黨的國會議員都變成了無黨派議員，1941年9月大多數議員參加了翼贊議員同盟，而成爲翼贊議員，成爲日本統治集團推行法西斯殘暴統治的應聲蟲。

前文在論述明治憲法體制的結構特色時已經涉及日本近代政黨政治的特色，總而言之，日本近代政黨政治不發達，這是近代日本走上軍國主義發展道路、最終建立天皇制法西斯統治體制的必然結果。而且在這不發達的政黨政治中，日本共產黨受到殘酷鎮壓，革新勢力無產政黨則由於勢力內部矛盾重重和敵對勢力的分化瓦解，而難以充分發揮作用，故政黨政治的主流始終屬於保守政黨。對於日本近代政黨政治的發展，產生阻礙作用的是明治憲法規定的近代天皇制，產生推動作用的是自由民權運動和大正民主運動。自由民權運動的直接結果是促成政黨並建立君主立憲制，而大正民主運動的直接結果是促成普選並實現了爲期短暫的政黨內閣時期。當然，在對外政策方面，自由民權運動和大正民主運動的主張也有不同。前者主張所謂「伸張國權」，與政府的方針基本一致；後者主張停止侵略，拋棄帝國主義，與政府的方針保持了一定的距離。

戰後初期，日本各種政治勢力經過十年的分化改組，在1955年形成了保守政黨「自由民主黨」與革新政黨「社會黨」對立的局面，這一政治格局竟然維持了三十八年之久，也就是說，自民黨一黨獨霸政權達到三十八年之久。自民黨一黨長期執政實際是自民黨內部幾個派系輪流執政，這是特定歷史條件下產生的日本特色的政黨政治。它不同於德國、義大利法西斯統治時期的一黨制，不是經由獨裁或消滅其他政黨的方式，而是在其他政黨同時存在的條件下，經由資產階級法律程序，經過議會選舉而形成

的，是日本資產階級民主政治發展到一定階段的產物。

　　1955年形成的自民黨與社會黨對峙的政治格局被稱爲「55年體制」。這一體制形成的國際背景，是以美、蘇對立爲核心的冷戰體制的形成與發展，以及1950年爆發的韓戰這一局部熱戰的影響。世界冷戰體制的形成與發展，使得實際上單獨占領日本的美國必須認眞考慮，如何在與美國的擴張政策利益攸關的東亞地區，加強與蘇聯對抗的力量，其最有利的選擇便是利用日本來實現這一戰略目的。因此，美國一改對日政策，由壓制日本變成扶植日本，使日本能夠很快成爲美國在東方的、與蘇聯對抗的重要基地。美國占領當局爲此採取了一系列重要措施，使日本進步勢力的發展受到嚴重阻滯，進步活動受到嚴格限制，而軍國主義勢力和戰爭勢力未得到認眞徹底的清理和批判，許多人搖身一變，只要聲稱效忠美國，便又能重現於政壇。

　　國內背景則是日本經濟、政治的發展已達到了一定的階段。到1955年，各項經濟指標反映出日本經濟已經結束恢復階段而開始進入發展階段。經濟的發展更需要一個穩定的政治環境和強有力的國家政權。日本主要壟斷資本如三井、三菱、住友等，這時已基本恢復了原來的規模，爲了參與國家的政治運作以能謀取更大的利益，必然要在政界各政黨中尋找利益代言人。在戰後復出的主要政黨中，由進步勢力組成的日本共產黨和社會黨（分左、右兩翼）與其利益相悖，不能倚靠；由保守勢力組成的自由黨和民主黨（由進步黨演變而成）與其利益一致，可由代言。在1955年2月大選後，各黨在眾議院的勢力分布爲：民主黨185席，自由黨112席，左翼社會黨89席，右翼社會黨67席，左右翼合計則社會黨共有156席。10月，左右翼社會黨實現統一，對保守勢力形

成巨大壓力。壟斷資本懼怕進步勢力進一步發展危及自身利益，於是強烈要求自由黨與民主黨合併，實現保守勢力的統一，以組成強有力的穩定的保守政權。於是，11月自由黨與民主黨實現聯合，組成自由民主黨，55年體制逐告形成。對日和約簽訂後，美國將大部分國家治理權移交給日本政府，使得建立保守、穩定的政治體制更具有重要性。

在55年體制得以維持發展的三十八年中，日本的政黨構圖沒有大的變化，只是在1960年一部分右翼勢力從社會黨中分裂出來，組成「民主社會黨」（後改稱「民社黨」），以創價學會為背景的一部分宗教意義很濃的政治勢力在1962年組成「公明政治聯盟」，並於1964年組成「公明黨」，1976年少數政見歧異者脫離自民黨而另組新自由俱樂部，主要政黨並無變化。主要政黨相對穩定是55年體制的一大特色。

55年體制以「保革對立」即自民黨與社會黨的對立為主軸維持三十八年之久，總體言之，此期間自民黨在眾議院始終約占2/3議席，社會黨約占1/3議席，社會黨不可能取代自民黨。共產黨黨員多，社會影響很大，但因採取合法的議會鬥爭形式，在議會席位少，影響小。社會黨和共產黨在議會的勢力之所以難有大的發展，主要原因是社會黨、共產黨都是主張社會主義（儘管二者主張的「社會主義」含義不同），其主張在當時的歷史條件下是難以得到社會大眾的普遍認同的，而且社會黨、共產黨之間始終糾葛不斷，其社會作用和影響往往不是相互促進而是相互抵銷，使得自民黨得以長年穩坐釣魚臺。當然，壟斷資本不可能支持革新進步勢力，而只能視保守勢力自民黨為代言人。1955年壟斷資本的幾個主要組織如經濟團體聯合會、日本商工會議所等組成經濟再

建懇談會，統一處理政治資金，即把各財團提供的捐款集中起來統一交付自民黨。自民黨有此強有力的支持，戰勝社會黨、共產黨自然不在話下。

然而，在一定時期社會黨或共產黨的勢力得到較大發展、社會影響大增也是事實。在1960年前後，日本人民展開了聲勢浩大的反對新日美安保條約的群眾運動，社會黨和共產黨在運動中居於核心地位，發揮了重要作用。70年代初期共產黨在議會的勢力獲得較大發展，一度成爲議會內左右黨派之爭的重要砝碼。80年代末期社會黨在議會的勢力增加迅速，一度使得自民黨喪失了在參議院的過半數地位，而陷入十分被動的境地。

55年體制以「保革對立」爲主軸，自民黨和社會黨的政策綱領是基本對立的，其鬥爭的焦點是：走資本主義道路還是走社會主義道路；修改憲法還是維護憲法；堅持日美同盟還是和平中立；加強軍備還是「非武裝中立」。自民黨作爲資產階級政黨，反對將土地和生產材料收歸國有的社會主義經濟，而主張資本主義的自由經濟體制，社會黨作爲激進的社會民主主義政黨則主張實行社會主義的計畫經濟。關於修改憲法問題則略顯複雜，修改憲法主要指修改憲法第九條。如前所述，自民黨自成立之日起其內部就存在著嚴重的分歧，主流派不同意修改憲法，主張按照吉田路線依靠日美安全條約和美國的核保護傘來維護日本安全，非主流派則從國家主義、民族主義出發，主張修改憲法，發展軍事力量。社會黨則堅決反對修改憲法，尤其第九條是和平憲法的精髓，代表了社會發展的大方向，沒有和平憲法就沒有戰後日本經濟的長期快速發展，就沒有戰後日本國民生活水準的提高，而自衛隊的存在和軍事力量的發展是違反憲法的，必須加以反對。在

這種體制下，日本與美國結盟、完全倒向美國而沒有獨立自主的外交是危險的。日本所應走的道路只能是和平中立和「非武裝中立」的道路。在55年體制的後期，社會黨對自衛隊的政策也有所變化，即從「違憲、不合法」轉變爲「違憲、合法」，這種明顯矛盾的解釋是社會黨總路線由理想主義向現實主義轉變的重要表現。當然，保革之間的政策對立還有許多方面，如關於核電核能問題、國旗國歌問題等，不一而足。

55年體制爲什麼維持三十八年不變，自民黨一黨政權爲什麼歷經三十八年而未變，儘管其間不乏數度面臨險隘難關，這是一個值得探討的問題。在55年體制結束後，衆多學者對其原因加以探討，綜合起來可歸納爲如下幾點：

首先，自民黨依靠美國、美國支持自民黨是重要原因。在美、蘇對立的兩極格局中，日本不可能走中間道路。吉田茂確定的日本安全依靠美國、集中精力發展經濟的輕軍備、重經濟路線，被歷代自民黨領導人所繼承，日本從輕軍備中獲益匪淺，發展經濟方面也從美國得到莫大的支持。沒有對美貿易（即美國提供的巨大市場）、沒有美國的資本和技術支持，日本不可能在短短的十餘年內發展成爲經濟大國，也不可能克服此後不斷遭遇的嚴重危機。在征途險惡的國際大風浪中，日本要發展、要前進，只能乘坐美國這艘大船。另一方面，則是美國爲了維護其在遠東的利益，爲了加強亞太地區西沿對抗蘇聯的力量，理所當然地要把日本作爲前方基地。這一點只有在支持代表壟斷資本利益的保守的自民黨能夠長期掌握政權的條件下，才能實現。美國這艘大船也需要日本這樣的水手爲它賣命。事實上，正是在這樣的條件下，美國才得以長期在日本占有軍事基地，駐有大量軍隊。可以

說，戰後以來，日本始終處於美國的從屬國地位，日本的國家權力由誰掌握，在很大程度上取決於美國的意志和利益。

其次，壟斷資本的支持十分重要。資本主義社會是金錢至上的社會，日本政治就是金錢政治。戰後五十年政界不斷出現的醜聞和腐敗案件就是金錢政治的最有力說明。無論哪一個政黨想要在日本那樣金錢至上的社會裡和平地掌握國家權力，僅靠政策而缺乏巨額資金支持是不可能實現的。壟斷資本向其利益的維護者自民黨透過經濟再建懇談會（後改稱國民協會、國民政治協會），定期提供大量活動資金，對自民黨在政壇長期居於主導地位具有決定性意義。

第三，自民黨內部派系重疊的結構有利於長期執政。黨外有黨，黨內有派，各國政黨政治概莫能外。但自民黨在黨內派系林立這一點上更為突出。在外在形式上，自民黨一黨掌權達三十八年之久，但內在實質上，三十八年間卻是根據美國或壟斷資本的旨意及現實情況的要求，由黨內各派系輪流掌權，這與其他西方國家由各資產階級政黨輪流掌權並沒有本質上的區別。把多派系聯合組成的自民黨看作多黨集合體也未嘗不可。1955年自民黨成立時有岸信介、池田勇人、佐藤榮作、河野一郎、三木武夫等人為首的八大派系，二十年後演變成五大派系，分別由福田赳夫、大平正芳（鈴木善幸、宮澤喜一為其繼承人）、田中角榮（竹下登為其繼承人）、中曾根康弘（宇野宗佑為其繼承人）和三木武夫（海部俊樹為其繼承人）為首領。1972年田中角榮任首相至1991年宮澤喜一任最後一屆首相，其間共十屆首相，就是由上述十人輪流出任的。對自民黨而言，各派系輪流掌權不僅能使各派系利益均沾，消除派系間積怨，它帶來的最大好處是，這種換班掌權

方式可以有效緩解國民的政治不滿情緒，成爲自民黨掌握政權的無可替代的法寶。日本畢竟是一個議會民主制的國家，國民情緒的變化對國家政權的穩定至關重要。如果自民黨政權出現了令人髮指的貪污腐敗瀆職現象或性醜聞，國民必然群情激奮，對自民黨政權構成嚴重威脅。這時，自民黨便可撤將換馬，以新派系建立新政權，以此化解國民積鬱的不滿情緒，使自民黨政權渡過難關，得以繼續。對執行政策而言，自民黨這樣做是換湯不換藥，卻使國民得到心理上的滿足。

第四，毋庸諱言，在自民黨一黨長期執政時期，日本的經濟技術獲得極大發展，其發展速度令各國吃驚，其發展水準讓世人瞠目。在不太長的時間內，日本成爲經濟大國、技術大國、金融大國，其國際地位發生極大變化，國民的生活條件有了很大改善，生活水準有了很大提高。這一切自然首先應歸功於廣大日本勞動人民的辛勤勞作，但也不能否認，自民黨長期政權發揮了一定的作用。如果沒有這一點，多少年來日本國民始終處於貧窮困苦之中，則無論自民黨怎樣善於騰挪變化，恐怕是很難讓廣大國民買帳認可的。

最後，自民黨一黨長期執政，也有在野黨方面的原因。如果在野黨勢力不斷發展強大，或各在野黨能夠求大同存小異，實行對自民黨的聯合鬥爭，則取代自民黨掌權並非沒有可能。但事實上這兩個「如果」都沒有出現，在野黨的核心政黨社會黨在議會的勢力雖有升降，但大致維持在自民黨1/2的水準。這對自民黨是一種不可忽視的實實在在的壓力，使得自民黨儘管黨內派系鬥爭十分激烈，卻不至於發生大的分裂。因爲一旦分裂，難保不政壇易主。若從社會黨自身而言，其勢力難有很大發展，一個主要原

因是黨內左、右兩派矛盾長期難以調和甚至分裂，嚴重影響了黨的戰鬥力。另一個重要的在野黨共產黨則因為獨特的政策主張而難與社會黨及其他在野黨合作。各在野黨之間存有隔閡，缺少真誠合作，就不能步調一致地對付自民黨。

自民黨一黨政權維持了三十八年之久，在最後的幾年已經出現了氣數將盡的徵兆。80年代末期，由於經濟政策的失誤，使得日本經濟的發展面臨重重困難，加之醜聞迭出，自民黨的威信一落千丈。社會黨抓住有利時機，在消費稅問題上大作文章，博得了國民的廣泛支持，結果在1989年7月參議院改選中大獲全勝。遺憾的是，國際形勢這時發生了巨大變化，使社會黨很快陷入非常不利的境地。自民黨則利用「是選擇自由主義，還是選擇社會主義」的口號爭取選民，在翌年2月的大選中挽回了頹勢，壓倒了社會黨。但自民黨執政多年，內部問題多多，形成難以克服的「執政疲勞症」。日本經濟的發展很不順利，政治改革總是紙上談兵，使國民大失所望。這時，蘇聯已經瓦解，冷戰已經結束，無論國際或日本國內，已不存在社會主義的威脅，自民黨的分裂已經是在所難免的了。在這種情形下，美國也好，壟斷資本也好，不僅不再擔心自民黨喪失政權，甚至有意縱容事態的發展。美國希望利用這一機會重組日本政治結構，走兩黨制道路。壟斷資本希望以此為基礎推進政治改革，並為恢復經濟發展尋找出路。「成也蕭何，敗也蕭何」，失去了以往最有力的支持，自民黨一黨長期政權的結束已是指日可待的了。

第二節　「戰國時代」的黨派角逐

　　1993年是日本戰後政治發展的轉折點。這一年夏季，號稱「萬年執政黨」的自民黨丟失了控制長達三十八年之久的政權，被以日本新黨黨首細川護熙爲首相的八黨派聯合政權所取代，由此拉開了「平成戰國時代」這場曠日持久的政治爭鬥的序幕。

（一）55年體制壽終正寢

　　如前所述，日本社會在80年代後期已經出現了要求實行政治改革的呼聲。冷戰結束後國際社會和日本自身發生的巨大變化，使舊的政治體制難以適應時代發展的需要，對整個政治體制進行改造已經勢在必行。政治結構的調整與重組不僅使革新政黨受到強烈衝擊，也向把持政權的自民黨提出了新的挑戰。進入90年代，日本政壇山雨欲來，全國上下醞釀著一場以改造現行政治體制爲目標的革新運動。當時，自民黨面臨著進退維谷的兩難處境：只有順應歷史潮流積極主動地推動政治改革運動，才能繼續保持執政黨地位；但長期執政已經使自己和舊體制融爲一體，政治家、官僚與財界間的「鐵三角關係」難於割捨，錢權交易的政治腐敗更是冰凍三尺非一日之寒，自民黨事實上處於政治改革對象的不利地位。恰恰在這一時刻，涉及自民黨副總裁金丸信等黨內主要人物收取違法政治資金的「佐川快件公司案件」被傳媒曝光，自民黨的政治威信一落千丈，社會各界呼籲實現「政治道德與改革」的聲浪日益高漲，政治改革幾乎成爲刷新自民黨金錢政治的同義語。而在自民黨內部，「佐川快件公司案件」東窗事發

後，許多人對收取賄賂的醜聞遮遮掩掩，力圖繼續維持55年體制。同時，自民黨內部分化出以羽田孜為首的改革派，形成了相互對立的兩股勢力。

1993年春季通常國會召開後，政治鬥爭與天氣同時升溫，宮澤喜一首相為穩定局勢，匆忙宣布將政治改革留待下一屆國會討論，不料結果卻適得其反，非但未能延緩政治震盪爆發，反而為在野黨聯合進攻產生火上澆油的作用。6月17日，社會黨、民社黨與公明黨以「政府措施不利，導致政治改革法案擱淺」為理由，聯名在眾議院提出對自民黨宮澤喜一內閣的不信任案。第二天傍晚，眾議院舉行全體會議審議不信任案，國會裡要求自民黨下臺的呼聲一浪高過一浪，結果不但日本共產黨表態支持不信任案，自民黨方面以羽田孜為首的三十五名反主流派議員也在陣前倒戈，結果以255票贊成，220票反對通過了在野黨的不信任提案，宮澤喜一內閣陷入空前危機，自民黨在對手的重拳打擊下進一步龜裂，宮澤只好當即召開內閣臨時會議，決定解散眾議院，提前舉行原定在秋季進行的大選。

提前到來的大選像一支催化劑，把自民黨內部潛藏多年的矛盾激發出來。6月21日，武村正義率領十名青年議員退出自民黨，另立山頭，建立起「先驅新黨」；23日追隨羽田孜、小澤一郎的三十六名眾議院議員和八名參議院議員拉起了「日本新生黨」，一週之內從自民黨脫黨的國會議員達到五十六人，使自民黨在眾議院議席下降到228個，不足額定席位的一半。顯然，自民黨不僅喪失了以往單獨指定首相、通過預算、批准條約的優勢，而且在大選中敗北似乎也成了定局。一時間，自民黨內外眾叛親離，就連一向與之處於共生關係的財界，也開始放棄對自民黨的支持。經濟團體聯合

會會長宇野收等財界頭臉人物，公開表明不再支持自民黨的立場，財界撇清關係的作法使自民黨的處境更是雪上加霜。7月4日，日本拉開第四十次大選戰幕，在兩週唇槍舌劍的辯論演說與街頭遊說中，自民黨在宮澤喜一督戰下傾巢出動，橋本龍太郎、河野洋平等人更是巡迴全國在逆風中跨選區聲援，力圖挽回頹勢。

然而，7月18日投票結果並沒有出現哀兵必勝的奇蹟，氣數已盡的自民黨僅獲得223個議席，宮澤喜一成了結束自民黨三十八年統治的「最後的將軍」。不過，朝野間保革對立的雙方可謂兩敗俱傷，與自民黨對峙多年的社會黨的議席也從137席銳減到70個議席，共產黨、公明黨、民社黨以及社會民主聯合也僅僅維持了原有規模。相比之下，從自民黨中扯起叛旗的新保守政黨站穩了陣腳，先驅新黨獲得了13個議席，新生黨則獲得55個議席，就連選舉前由細川護熙剛剛組建的日本新黨也一舉獲得35個議席。

由於所有政黨均未取得眾議院半數席位，使政治舞臺上出現了必須聯合組閣的複雜局面。羽田、小澤的新生黨早在大選前已經明確了與老牌在野黨聯合組政的意向，新黨和先驅新黨就成了決定政治天平傾斜的砝碼。選舉過後，處於守勢的自民黨立即謀求與新黨、先驅新黨的合作，無奈黨內利益關係盤根錯節，遲遲拿不出令對方滿意的合作方案。在宦海沉浮多年、富有政治鬥爭經驗的小澤一郎乘機以首相寶座相讓，輕而易舉地說服細川護熙率眾站到自己一邊，其他小黨見到推翻自民黨的努力即將成為現實，便雲集到反對自民黨的旗幟之下。7月29日，社會黨、新生黨、日本新黨、公明黨、民社黨、先驅新黨、社民聯以及參議院中的民主改革聯盟建立起八黨派聯合體，統一推舉新黨首領細川護熙為首相候選人。8月6日，國會進行首相提名選舉，細川以

262票的微弱多數擊敗對手，當選為第七十九任首相。此舉為1955年起歷時三十八年之久的自民黨獨家統治畫上了句號，保革對立結構中以保守政黨長期執政的55年體制終於壽終正寢。

（二）非自民黨聯合政權的建立與解體

■ 細川聯合政權推進的政治改革

自民黨下野給日本政界帶來一股新風，在讀賣新聞社和產經新聞社的民意調查中，要求「實現清廉政治」和「推進各項經濟改革」的呼聲陡然上升到43％和50％以上。以清除腐敗的金錢政治、厲行改革為旗號推翻自民黨的八黨派聯合政權決定順應時代潮流，政治體制改革理所當然地成了細川護熙接掌政權後的首要任務。然而，資本主義制度下的日本政治結構決定了開展政治改革的局限性，儘管廣大國民要求徹底消除金錢政治弊端，但政治家們卻將民眾淨化政治的理想巧妙地利用為打擊政治對手的武器，致使政治改革最終流於形式，更多地表現為外在的成果。

1993年8月10日，細川首相在首次記者招待會上宣布：「本屆政府以年內制訂出政治改革法案為第一課題，將成為向國民負責任的政府。」翌年1月，細川內閣通過了由《公職選舉法修正法案》、《政治資金限制法修正法案》、《政黨助成法案》和《眾議院議員選舉區劃分審議會設置法案》組成的一系列政治改革法案，決定將原有中選舉區制改為小選舉區與比例代表制並用制，眾議院議席也將由512席壓縮到500席。在經濟政策方面，細川內閣制訂出「緊急經濟對策」，追加第二次補充預算，以緩解泡沫經濟崩潰後日益嚴重的經濟危機。在對外關係方面，細川主張承認

侵略戰爭的歷史，實行更爲開放的經濟政策，以此換取國際輿論的好感。新政府在1993年12月烏拉圭回合談判中承諾開放日本稻米市場，並透過向二戰中受到日本侵略戰爭禍患的亞洲人民公開道歉，爲自己樹立起有別於自民黨政權的良好形象。

　　細川聯合政權的改革舉措得到了國民的廣泛歡迎，新內閣的支持率一度高達70％，創下戰後歷屆內閣支持率的最高記錄。躊躇滿志的新政府宣布政治改革的第一階段已告成功，從1994年2月起將進入恢復經濟和進一步改革政治的第二階段。但隨著時間推移，政權內部的矛盾對立也漸漸暴露出來。1994年2月，細川提出「先期實行削減六兆日圓所得稅，三年後實行徵收國民福利稅」的新構想，引起社會黨強烈不滿，社會輿論也開始批判細川的作法給人以「唐突的密室政治的印象」。同時，細川努力實施的內閣改造也因政權內部分歧不了了之。接連的失誤爲自民黨反攻提供了有利條件，一場新的奪權鬥爭進入醞釀之中。

■ 細川下野與羽田孜的短命政權

　　老實說，細川護熙出任首相實在有些意外。這位名門望族出身的熊本縣知事，在自民黨內歷任的職務不過是大藏省政務次官、副幹事長之類的副職，比起田中角榮門下同時崛起、又在竹下派系裡號稱八大金剛的羽田孜、小澤一郎、橋本龍太郎、小淵惠三、梶山靜六等人，細川無論資歷或能力都有所欠缺，而後者在朝野雙方的各個黨派處於領銜地位，更使得細川難於駕馭和抗衡。加之聯合政權內部林立的黨派政見相左，原本就是爲推翻自民黨政權而建立的鬆散聯合，處於一種以利益爲謀，有利則聚、無利則疏的狀態。正所謂時勢造英雄，政治改革的時代大潮與黨

派政治力學的交錯把細川推到政治舞臺的中心，而細川自己對這種歷史機遇的恩惠似乎也有所領悟，在創立新黨的《政治改革的政權宣言》裡高呼：「日本的政治經濟正面臨著一場前所未有的危機，我們深刻憂慮政治改革滯後給景氣和日美關係等有關日本發展道路帶來的深刻影響。而國民在政治上賢明的判斷，將給日本的政治改革提供千載難逢的良機。」❶遺憾的是，這位獨立於政治改革潮頭的弄潮兒未能有效把握此千載難逢的良機，除自身原因和政權內部矛盾外，新政權面對社會環境中強大的保守勢力與自民黨雄厚的社會基礎，很難實現自我標榜的政治構想。

　　自民黨雖然丟失了手中的權利，畢竟是執政多年的老大政黨，具有豐富的政治鬥爭經驗。自民黨下野後，一面轉守爲攻，處處給聯合政權製造障礙，一面避實就虛尋找對手的致命弱點。在希臘神話裡，有一位戰神阿基雷斯（Achilles），因出生時由母親海神忒忒斯浸泡在冥河水中獲得不死之軀，在特利亞戰爭中所向披靡。後來他的敵人發現阿基雷斯的腳踝因握在母親手中未曾浸泡，就用箭射中他的跟腱致他於死命，「阿基雷斯腱」就成爲日本政治家相互攻伐時強悍政敵帶有的致命弱點的代名詞。在以清除腐敗的金錢政治爲政治改革旗幟的時代，收取違法政治資金的醜聞就是政治鐵腕人物普遍帶有的「阿基雷斯腱」，田中角榮、竹下登、金丸信等自民黨頭臉人物都先後栽倒在這一點上。有趣的是，由於資本主義政治固有的弊端，推翻自民黨的革新人物同樣帶有金錢政治的污點。下臺後的自民黨以其人之道還治其人之身，很快查出細川本人也曾向佐川快件公司借款一億日圓，指責帶有「佐川快件公司案件」污點的人不配領導政治改革。與此同時，被對手捉住了「阿基雷斯腱」的細川護熙，又因對美態度強

硬招致美國不滿，內外交困之下於1994年4月8日辭去首相職務，執政期僅僅維持了八個月便宣告結束。

推翻了細川內閣後，初戰告捷的自民黨推舉河野洋平總裁角逐首相寶座。或許是聯合政權氣數未盡，4月25日的首相選舉中，八黨派聯合推舉的羽田孜以274票對207票的懸殊比率輕取對手，出任了第八十任日本首相。從資歷和能力上看，羽田素以「人脈」圓滑著稱，較前任具有更強的協調能力，同時也因率先扯旗造反獲得了舉國矚目的知名度，在羽田事務所裡「無心是道」與「造反有理」兩幅巨大橫幅相映成趣，暗示著主人遊刃在剛柔之間的志趣。但是，細川下野使聯合政權內部矛盾迅速激化，以導演政治改革自詡的小澤一郎在進一步分化自民黨失敗後，向社會黨施加壓力，企圖迫使其內部左右兩派分裂，同時拉攏曾經與社會黨風雨同舟的民社黨組成「改新會派」，此舉引起社會黨與先驅新黨憤然退出政權，使羽田政權成為國會中居少數議席的聯合政權。自民黨不失時機地拉攏社會黨和先驅新黨，以同意社會黨與先驅新黨聯合推舉村山富市委員長出任首相為條件，一舉實現了「自、社、先三黨聯合」。1994年6月23日，羽田政權通過了1994年財政預算後旋即垮臺，成為日本歷史上最短的一屆政府。

日本政治學者在分析兩屆非自民黨政權迅速解體時指出三點原因：第一，新政權只是時代潮流變革中產生的政權；第二，屬於改革初期的過渡性政權；第三，多黨參加的聯合政權缺少統一的基礎。但從根本上講，在日本經濟結構轉型進程中，政治結構的調整不可能超越經濟基礎率先完成。如果從更為廣闊的視野觀察，整個世界經濟全球化、政治多極化趨勢尚在發展、形成過程中，處於國際國內綜合力量交錯作用下日本的體制轉換，恐怕只

能經歷一個反覆較量的過程。就此而言，非自民黨聯合政權儘管如曇花一現般短暫，但並非毫無意義，復權以後的自民黨——無論是參政還是主政，都必須遵從歷史發展的客觀規律。

（三）自民黨收復政權的三部曲

■ 社會黨掛帥的「自社先聯合政權」

1994年6月30日，社會黨委員長村山富市出任第八十一任首相，由自民黨、社會黨與先驅新黨共組的三頭馬車正式啟動，這一變化使得處於白熱化的政局更加複雜。

在冷戰體制下，與自民黨親美、反蘇並以美日軍事同盟為立國基礎的政策主張相反，社會黨長期堅持親蘇、反美的「非武裝中立政策」，兩黨在意識型態上一直處於尖銳對立狀態。1993年6月以來的政治動盪，使自民黨從一黨領先的優越地位上跌落下來，為了奪回政權只能採取合縱連橫的曲線方式；而社會黨方面為適應國際、國內形勢變化，在對待「日美安保條約」、「自衛隊的合法性」等一系列重大政策上不斷退讓，從原有「戰鬥的革新政黨」蛻化為執行現實主義路線的溫和政黨。1993年6月大選時，社會黨遭遇了空前的失敗，議席銳減至七十個，不得不加入了細川政權，與其他保守勢力共同執政。羽田內閣垮臺後，為了共同對付翻雲覆雨的小澤一郎，這一對曾經勢不兩立的夙敵捐棄前嫌，聯合先驅新黨組成了以村山為首、自民黨為主體的新聯合政權。

社會黨人出任首相在日本政治歷史上爆出了冷門，因為自從1948年2月社會黨領導人片山哲不足九個月的首相任期結束後，

鋒芒直指政權的社會黨近半個世紀一直未能掌權，被對手譏諷爲
「萬年在野黨」。出身貧寒的村山富市在社會黨內歷任勞動委員會
理事、國會對策委員長等要職，曾在1992年打擊自民黨的「佐川
快件公司醜聞」中大顯身手，1993年以有效地平衡黨內對立派別
出任該黨委員長，在黨內外有一定影響。村山上臺後，爲了保持
自身政權穩定，不惜進一步修改黨的主張，宣布「非中立同盟已
經完成歷史使命。自衛隊的存在符合憲法」，「尊重太陽旗、《君
之代》爲國旗、國歌」，把社會黨的政策主張進一步向保守勢力靠
攏。1994年9月，又召開黨代會全面修改黨的路線方針。作爲聯
合政權首相，村山7月在日美高峰會談上重申雙方合作的重要
性；回國後又宣布：成立防衛軍及日美安全條約繼續生效。村山
的這種精誠合作態度不僅讓自民黨內鬆了一口氣，知道自己聯合
夙敵的大手筆實爲成功之舉。同時，也使美國和西方世界對其刮
目相看。在內政方面，村山政權9月實行大規模改稅，把消費稅
提高到5％；11月通過了包括劃分新選區的多項政治改革具體法
案，努力爲社會黨的執政能力打上滿分。

　　但是，明眼人都知道僅有七十個議席的社會黨之所以能夠掌握
政權，主要是依靠自民黨的支持與合作，沒有自民黨在背後的操縱
控制，村山政權根本無力和政敵抗衡。而新生黨和新黨等與之對立
的政治家們無一不是宦海沉浮多年的斫輪老手，尤其是小澤一郎在
《日本改造計畫》中鼓吹的「普通國家論」，已經成爲日本卸掉歷史
包袱、實現政治大國目的的代名詞，深得帶有民族主義色彩的新保
守政治家推崇。爲了與新三黨聯合政權相抗衡，小澤一郎會同新生
黨、新黨與公明黨、民社黨組成了新黨協議會，慣於幕後操縱的小
澤把海部俊樹推到黨魁位置，自己擔當起幹事長，及至1994年12

月10日，建立起國會眾、參兩院中擁有215個議席和將近60萬黨員的新進黨。新進黨結黨後，以取代自民黨為目標，組建起籌備政權的「影子內閣」與執政三黨幾近伯仲之勢。

1995年1月，關西發生了阪神大地震，造成戰後史上空前規模的悲劇。不久又發生了奧姆真理教製造的「沙林毒氣事件」，社會動盪加劇，令村山政府忙得不可開交。而1995年適逢戰後半個世紀，國際社會形成了紀念反法西斯戰爭勝利五十周年的浪潮，日本國內進步勢力也紛紛要求政府對過去的侵略戰爭有一個明確的交代。3月，村山政府為紀念二戰結束五十周年，希望國會通過《不戰決議》，6月執政三黨聯合提出了《以歷史為教訓重下和平決心的決議案》，但在國會審議提案時新進黨方面採取迴避策略，進而提出內閣不信任案。村山面對新進黨咄咄逼人的進攻態勢，一面加緊與自民黨的合作否決對手提案，一面制訂為恢復景氣、緩解日圓升值帶來壓力的緊急經濟對策，同時還必須匆忙準備7月底到來的參議院半數選舉。結果是村山窮於應付各種壓力，社會黨在選舉中再一次遭到慘敗，丟掉的二十五個議席被自民黨、新進黨、共產黨分別獲取。

不知是否是對一味遷就自民黨反落得自身消亡這一痛苦教訓的反思，村山領導下的社會黨開始注意表現自己僅存的革新傾向。8月15日，村山首相發表公開講話：「正當戰後五十周年之際，我們應當銘記在心的是回顧過去，從歷史中學習教訓，展望未來，不要走錯人類通往和平繁榮的道路。」對日本歷史上的侵略行為，村山真誠地表示：「殖民統治和侵略給許多國家，特別是亞洲各國人民帶來了巨大損害和痛苦。為了避免將來犯錯誤，要虛心對待這一無可置疑的歷史事實，在此我們再次表示深刻反

省和由衷的歉意。」但是，政權內部的自民黨鷹派勢力立即與之大唱反調，即將出任自民黨總裁的橋本龍太郎以遺族會會長身分聯絡其他八名內閣成員，在村山講話的當天集體參拜了供奉戰爭罪犯的靖國神社。處於對立關係的反對派糾集民族主義勢力在8月15日舉行「終戰五十周年國民會議」，公開美化近代日本發動的侵略戰爭，使村山政權成爲右翼攻擊的對象。

■ 橋本聯合政權的誕生與改造

從1995年起，新進黨囊括了公明黨的創價學會這一龐大的社會基礎。修改《宗教法人法》的朝野衝突激化後，雙方的鷹派領袖紛紛出馬，9月橋本龍太郎當選自民黨總裁，12月小澤一郎出任新進黨黨魁，兩大政黨直接較量中，由社會黨村山掛帥聯合政權已無必要。新年伊始，內外交困且心力交瘁的村山富市在第一三五屆臨時國會上宣布辭職，自民黨新任總裁橋本龍太郎於1996年1月6日從幕後走上前臺，開始了自民黨領導三黨聯合政權的橋本時代。

橋本龍太郎出身官宦世家，其父橋本龍伍是吉田茂、岸信介等幾屆政府中的重臣。橋本本人早年曾立志經商，60年代初父親病故後繼承其政治地盤和後援會，僅二十六歲時就當選衆議院議員，屬於典型的「第二代議員」。從政後的橋本投入田中角榮門下，在田中因洛克希德事件被逮捕後，仍以田中派系內患難忠臣自居。1978年，四十一歲的橋本進入大平正芳內閣任厚生大臣，是當時最年輕的閣僚之一。此後，橋本憑藉敢做敢當的鷹派作風和勤奮好學的幹勁，迅速展露頭角，分別在海部內閣和竹下內閣出任大藏大臣、中曾根內閣出任運輸大臣，先後在稅收政策和國鐵民營化改造上建功立業，成爲自民黨內主要少壯派新領袖和屈

指可數的「政策通」。自民黨丟失政權後，橋本寫下《政權奪回論》，以恢復自民黨政權為己任，成為黨內眾望所歸的人物。

如前所述，政治舞臺上激烈爭鬥的深刻背景是日本經濟處在戰後最為嚴重的蕭條之中。90年代以來日本景氣就一直處在低迷狀態，1992～1994年連續三年是「零增長」，雖然1995年增長率有所回升，但經濟形勢依然是「體質虛弱」、「內需不足」的被動局面。橋本政府建立後，立即推行銀行、保險和證券業界相互交錯、滲透經營的「金融大爆炸計畫」，使經濟危機得到一定緩解，當年經濟增長幅度達到3.6％。經濟形勢好轉也從客觀上穩定了自民黨的統治，使政壇上再次出現了分化組合過程。1996年9月，內閣厚生大臣菅直人與先驅新黨原幹事長鳩山由紀夫聯繫大批從自民黨、新進黨、社民黨及先驅新黨裡游離出來的青年議員組成民主黨，企圖以獨立的「第三勢力」抗衡自民黨、新進黨等新老保守政黨。村山在讓出首相寶座後，為了防止黨勢進一步滑落，召開第六十四屆黨代會，將黨的名稱改為「社會民主黨」，努力表現自己的政治特色，自、社、先聯合政權面臨著不可忽視的政治危機。

自民黨為了穩住陣腳，決定乘新進黨受到削弱而民主黨立足未穩之際打垮對手，匆忙解散國會舉行大選。1996年10月，日本迎來了新選舉制度誕生後的第一次眾議院選舉，各個黨派為在這場生死攸關的決戰中獲得勝利，紛紛秣馬厲兵。結果，自民黨獲得239個議席，較選舉前增加了28個議席。民主黨得到52個議席，新進黨只獲得156個議席。社民黨和先驅新黨雙雙敗北，分別淪為15個議席和2個議席的小黨，只得退出政府轉而採取「閣外合作」的方式。與近年日本政治總體保守化趨勢相反，日本共產黨收拾起原社會黨的群眾基礎，一舉奪得26個議席。政壇上出

現了自民黨與社民黨、先驅新黨實行政策合作對壘新進、民主、日共、太陽等四個在野黨的相對均衡結構。在外交方面，橋本注重鞏固日美關係，1996年邀請柯林頓總統訪問日本，再度確認日美安保條約，1997年又與之簽署了《新防衛合作指針》。同時積極協調與中國、俄羅斯、西歐、東南亞的國家關係，在外交上取得了一定成績。

自民黨獲得大選勝利後，橋本利用政治、外交上的接連勝利，於1996年11月建立起議席不過半數的一黨政權。在新施政演說裡把行政改革、經濟結構改革、金融體系改革、財政改革、社會保障改革作為「新內閣最重要的課題」，不久又增加了教育改革成為「六大改革」，並以金融改革和行政改革為龍頭，在1997年全面鋪開，爭取在2000年取得成效。橋本的治國方略很快在政治方面收到一定效果，自民黨在1997年夏季號稱「國政前哨戰」的東京都議會選舉中大獲全勝，新進黨推舉的候選人竟然全軍覆沒。自民黨黨勢走強，使新進黨「建立兩黨體制，與自民黨平分秋色、輪流坐莊」的理想日趨渺茫，黨內不滿情緒蔓延，十幾名議員改弦易轍，先後倒戈，復歸自民黨黨籍，自民黨再次取得了眾議院半數以上議席。政治上的勝利使橋本在黨內地位陡然升高，9月總裁選舉中幾無對手，順理成章地蟬聯了該黨總裁。與自民黨黨勢陡增相反，新進黨開始從政治發展的頂峰跌落下來。1997年底，小澤一郎的黨魁任期屆滿，黨內主張以「在野集合體制」抗衡橋本政權的近百名議員擁立鹿野道彥，而小澤則策動部分舊公明黨議員放棄支持鹿野建立「保保聯合體制」。12月18日，新進黨舉行代表大會，精於技巧的小澤利用代表比例以230：182的票數擊敗對手蟬聯黨魁。這一結果使潛在已久的矛盾

激化，終於導致12月27日該黨解體。新進黨解散使政治天平陡然傾斜，牽動各黨派紛紛調整方略，再度改寫的政治地圖又一次成為世人關注的焦點。1998年新年伊始，新進黨瓦解後自民黨在「一強九弱」的政黨結構中重新獲得了優勢。可是，橋本政權在政治、外交上的成功很快融化在經濟政策的失敗當中。從1997年初起經濟形勢再次惡化，而將改革作為推動經濟復甦的橋本對形勢的估計過於樂觀，政府雖然採取了包括減稅、發行赤字國債等內容的一些刺激經濟景氣的措施，卻仍舊在編製了一個緊縮型的年度預算方案的同時，加大改革的力度，試圖靠強力推進行政和財政改革來闖過難關。此舉為日後自民黨再度失利埋下了種子。因為從長遠來看，改革與經濟發展目標雖然一致，但就近期來講，放寬限制、減政放權的經濟改革政策，與治理景氣低下而採取的政策調控有相牴觸的一面。尤其在亞洲金融危機爆發的不利環境下，比起行政改革來，恢復經濟景氣應當成為主要目標。

從1997年下半年到1998年春，經濟危機越加深重，企業破產加遽，實際失業率超過5％。然而，將改革作為政權安身立命基礎的橋本政權已經再無選擇的餘地，橋本親自掛帥，六大改革在重重阻力中踟躕前進。以首當其衝的行政改革為例，行政改革會議提出《省廳機構改造方案》，一舉將原有二十二個省、廳、委員會精簡、歸併為一府十二省廳，並與有關省廳、其他黨派協商，以求在明春通常國會上通過相關法案。然而，這場廣泛的改革觸碰了政客、官僚集團的既得利益，自民黨內與省廳瓜葛深厚的「族議院」們擔心改革會損傷自己的基礎票田；以大藏省、郵政省為代表的官僚系統不願意放棄炙手可熱的權利，用「總論贊成，個論反對」的手法節節抵抗。橋本改革受到多方掣肘，也做出不

少妥協讓步，雖然在形式上完成自己劃定的行政改革進程，但金融改革等直接涉及經濟生活的改革在亞洲金融危機波及日本的不利環境下，處於停滯狀態。「六大改革」難有實質性進展，既無法向輿論界和國民作出交代，也難免受到朝野反對勢力的夾擊。

■ 幾屆內閣垮臺，自民黨中途換馬

到了1998年4月，面對更加嚴峻的形勢，政府還決定提高消費稅，減少公共投資，同時堅持推行財政改革，推出了高達16萬億日圓的「綜合經濟對策」，但市場對此反應冷淡。

同時，各種統計結果不但顯示出過去的1997年日本經濟增長率為 -0.7％，這是自1974年第一次石油危機以來的首次負增長，還表明進入1998年以後，負增長的趨勢更加嚴重。繼前一年金融機構因不良債權相繼倒閉後，企業破產數量明顯增加，投資力度與國民消費進一步下降，迫使橋本內閣再次在永久減稅問題上左右搖擺，在參議院選舉前夕又匆忙打出「長期減稅」政策，結果反被對手抓住把柄，指責為「朝令夕改，籠絡選民」。1998年夏季參議院半數選舉如期舉行，對政府經濟政策懷有強烈不滿的國民再次拋棄了自民黨，使橋本落得滿盤皆輸。7月13日凌晨，選舉結果揭曉，自民黨僅獲得44個議席，比參選前擬定的64席目標大為減少，而民主黨和共產黨卻分別從18席和16席增加到27席和17席。另外，無所屬議員席位大幅度增加，自由黨基本維持原有議席，公明黨和社民黨也雙雙下降。面對慘敗，橋本只有在記者招待會上承認：「所有這一切都是我缺乏能力所致，我願意承擔責任，將辭去一切職務。」

由於參議院選舉敗北的自民黨依然占據著眾議院的多數席

位，所以橋本引咎辭職的直接後果僅僅是自民黨總裁更迭，並沒有直接改寫政黨政治地圖。1998年夏季政壇的焦點集中在自民黨總裁選舉上面。經過反覆較量與私下協調，自民黨內最大派系的首領小淵惠三接掌了首相職位。由於橋本的失敗在於經濟危機，小淵所建立的政權面臨的首要課題便是儘快恢復景氣，這也是自民黨重新取信於選民的唯一辦法。但實事求是地講，小淵內閣缺少單獨駕馭政權的必備條件。爲此小淵內閣編製1999年度財政預算中，包括發行空前規模的三十一兆日圓（大約相當於GDP的12％）國債草案。又煞費苦心地炮製出「以2000年爲目標的緊急經濟配套計畫」，決心創設足夠的需求以滿足1999財政年度的經濟發展，創造新的工作機會以制止不斷上升的失業率，還許諾開展更加廣泛的國際合作，減少日本與其他國家間的經濟摩擦，爭取在一年內實現經濟增長的良性循環。同時素來以處事謙和和善於忍讓見長的小淵惠三顯然利用了上述有利條件，一反自民黨首相桀驁不馴的家長作風，一面協調各方面關係，一面與在野黨周旋，先後接受了民主黨的預算方案和公明黨關於發放商品券的政策提案，又於1999年1月，接納自由黨幹事長野田毅入閣擔當自治大臣，有了新老保守政黨的通力合作，總算使1999年政府預算破天荒地在3月順利通過。

2000年4月，森喜朗接替了因政治、經濟困境病倒的小淵成爲新任首相。其實，森喜朗上台本身屬於「小概率事件」。從素養和執政能力上看，自民黨內部比森喜朗精予權謀和具備成熟政治理念的領袖級人物大有人在。只是因爲森擔任幹事長期間，前首相小淵突然病故，各個派系騎牆之中選擇了原本被譏諷爲「首相夢想如海市蜃樓」的森喜朗出馬。一年之中，森的政績可謂無大

建樹，經濟政策因襲小淵不變，但在敏感的政治問題上卻時時冒出「日本是神國」之類的「失言」。由於缺少足夠的機敏和狡黠，森在任期內不斷成為政敵和傳媒抨擊的對象，國民對自民黨的失望和厭惡出現了1993年以後的又一個高峰。2001年2月，發生了美軍潛艇撞沉愛媛縣水產高中實習漁船，造成多名學生、教員和漁民死亡的海難事件。事件發生後，正在打高爾夫球的森喜朗反應遲鈍，引發國民強烈不滿，使一直在警戒線徘徊的低支持率終於跌破底線。各界要求森喜朗下台的呼聲日漸增長，自民黨內部也紛紛醞釀更換總裁，面對來自黨內外壓力，森喜朗難違眾怒只得於3月10日暗示在通過政府財政預算後辭職。

2001年4月24日，自民黨舉行了接替森喜朗的總裁選舉，日本前厚生相小泉純一郎以298票的壓倒性優勢在自民黨新總裁選舉中獲勝，而對手前首相橋本龍太郎僅獲得155票。兩天後，日本眾議院通過「首相指名選舉」，自民黨聯合公明黨和保守黨以投票表決方式確認小泉正式成為日本新首相，日本政治由此進入「小泉時代」。自民黨為核心的森喜朗政權因支持率跌破執政黨最低紀錄而垮台，代之而起的小泉純一郎卻猛然暴出空前人望，把新內閣的國民支持率驟然抬升到87％以上。驟起的「小泉人氣旋風」幫助自民黨化險為夷，7月29日日本參議院選舉結果揭曉，在改選的121個議席中，自民黨獲得65席，九年來首次突破改選半數。執政的自民黨、公明黨和保守黨三黨聯盟共獲得79席，加上未改選的60席，執政聯盟在參議院的總席位達139席，超過簡單多數所需的124席。輿論認為，自民黨獲得大勝表明日本國民對改革的深切期待。小泉藉此穩固了在黨內的地位，並渴望在推進結構改革中獲得更大支持。

「9.11事件」發生後，日本政府利用恐怖主義造成的震驚和人們希望在反恐怖主義鬥爭中有所作爲的社會氛圍暗渡陳倉，使國會迅速通過《恐怖行動對策特別措施法》，終於讓自衛隊帶著全副武裝堂皇地走出國門，徹底拋開日本「周邊安全」限制，爲自己的全球軍事戰略踏出了實實在在的一步；在政治外交的一系列突破完成後，「伴隨陣痛而且無禁區的改革」也進入實戰階段，從新的政府財政預算，到緊急經濟對策與財政結構改革，未來一年半時間將是日本國民驗証「小泉改革」成敗的關鍵時期，對於現在如日中天的小泉政府來說，未來兩三年底如果不是新的起點，或許就是政治生命的大限。

回顧1993到2001年日本政壇持續震盪的歷史，八年之中更換了八屆內閣，幾乎除日本共產黨外的所有政黨都以某種方式和不同期限執掌過政權。就自民黨而言，從1993年7月自民黨宮澤喜一丟失政權到1994年6月與社會黨、先驅新黨聯合組閣，進而由橋本取代村山並過渡到單獨執政，完成了奪回政權的三部曲。而今天小泉政府主導的聯合政權局面不禁一度令人回憶起1955年自由黨與民主黨合併爲自民黨掌權的歷史，人們更加關注起世紀之交的日本政黨政治發展前景。

第三節　自民黨還能獨霸天下嗎？

至21世紀初，自民黨雖然已經完成了奪回政權的三部曲，但由於自身實力仍不如過去那般強大，不得不仍採取「保保合作」的聯合執政方式。於是，現實向關注日本政治發展走向的人們提出了一連串焦灼的提問：「保保」聯合政權是否意味著恢復舊有

55年體制？保守黨派重新集結是否會回到保守本流獨家坐大或一黨君臨其他政治勢力的局面？未來的政黨制度會發生什麼樣的變化？所謂與21世紀日本生存發展相適應的政治結構模式，其本質究竟如何？簡言之，日本將選擇什麼樣的國家發展道路，曾經牢牢掌握政權的自民黨在未來的歲月裡還能夠獨霸天下嗎？

（一）21世紀初的日本政治局勢

正確預測未來的前提是準確把握過去的歷史與今天的現實狀況。世紀之交，日本社會尚處在從冷戰時代形成的舊體制框架向新型結構轉換的過程當中，在各種參照系相互運動的今天，預言未來日本政治結構模式和自民黨的命運為時尚早。這不僅因為重新構建政治結構本身帶有不可預測和難以量化的因素，更由於社會政治生活並不是孤立存在的，以具象模式集中表現了政黨政治抽象內涵的政權組合必然受到國際、國內各種因素的制約。而這些因素本身又是動態的流變過程，其中包含著許多主觀判斷或機率決定的成分。

不過，在諸多複雜因素中，必然有某些發揮決定作用的根本性要素，即主導事物發展變化的主要矛盾，從而構成左右日本政治發展走向中最為直接的動因。首先是經濟基礎對政治這一特定上層建築的巨大決定作用。從根本上講，今天的政局動盪源於經濟結構的轉換，即對泡沫經濟崩潰後長期停滯局面進行必要的經濟結構調整。同時，政局持續震盪也使景氣恢復越發困難，延長了經濟領域改革的過程。這種經濟與政治在改革中互為因果又相互制約的局面，使全面變革舊有政治、經濟乃至社會文化體制成了一個有機聯繫著的、浩大的、但也是勢在必行的系統工程。正

是由於政治動盪的根本原因存在於對舊體制框架的改造和重新構建之中，政黨政治的發展方向也只能在以經濟結構為主體的社會結構規範之下，按照歷史發展規律演化。同時，社會政治生活的驟然變化並不是孤立存在的，隨著經濟領域裡發生的深刻變革，人們的價值觀念趨向多元，國際政治環境變化引起社會文化思潮等人文環境的所謂「政治風土」的變化，也必然投射到日本國內政治事務中，制約2000年以後的日本政治體制。因此，儘管朝野勢力和政治家個人主觀上未必真正意識到時代賦予這場政治爭鬥的本質屬性與歷史使命，但在「平成戰國時代」貌似無序的黨派混戰下，隱藏著一條明晰而有序的運動：透過政黨間不斷分化組合的震盪，建立起適應21世紀日本社會生存發展的政治結構。就此而言，從1993年夏季大選舉至21世紀初日本政壇的一系列走馬換將過程，都不過是政治改革總體演進過程的一個中間環節。

如果從全球範圍思考日本民主政治制度發展變化的前景，可以看到在世紀初的今天，包含政黨制度在內的整個西方民主制度仍然處在不斷變化、發展之中。隨著整個社會利益分化與聚合，原有利益集團的變化、跨行業新型利益群體的集結，乃至整個社會政治利益日益走向多元格局，日本的政黨制度也在經歷著一場前所未有的深刻變化。而體制轉換需要一個較長的過程，就當前而言，政黨間爭奪權利的鬥爭只能圍繞重建經濟秩序進行。這無疑是一塊難啃的「硬骨頭」，儘管小淵惠三首相在1999年新春祝詞中就信誓旦旦地保證要把1999年GDP的實際增長率控制在0.5％以上，政府各職能部門和經團聯等財界巨頭也紛紛打氣，說日本經濟已經走出了不景氣的谷底，但是實際上經濟形勢不容樂觀。小淵以後的歷屆聯合政權都面對著恢復景氣與經濟改革難以

兩全的難題。由於一系列的財政政策未能奏效，聯合政權發行空前規模的國債，此舉雖然可以給經濟造成刺激，但畢竟不是徹底解決問題的良策。國際金融機構已經對日本大規模舉債導致通貨膨脹有所顧慮，就連政府的財政審議會議也承認，世紀末累計達到六百四十餘兆日圓的債務，的確是懸在頭頂的一顆定時炸彈。聯合政權為儘快取得景氣效果而孤注一擲，增加了政府控制局勢的風險，加上世界範圍的金融危機與經濟蕭條的餘波，使得日本經濟難以立即好轉。如果經濟形勢進一步惡化，也只有在在野黨攻擊下以引咎辭職來緩解政權危機。

（二）未來日本政黨政治模式探析

　　由於日本社會正處在轉型時期，作為經濟與社會文化集中表現的政治結構正相應發生著明顯變化。所以把目標指向適應21世紀生存發展需要的日本政治改革，也正處在不停的摸索當中。從這種意義上講，政治結構和政黨制度的改革本身是一場沒有藍圖的工程，現實基礎上的黨派模式還會繼續演變下去。就世紀之交變化趨勢而言，這種政治模式的改變可能出現以下三種局面，並影響到未來日本政治體制變革的各個領域。

■ 新老保守政黨聯手控制政權

　　今天的政治局勢是新老保守政黨與原有革新政黨以及第三勢力之間的對壘。假如各種政治力量消長不發生突變，聯合執政的新老保守政黨選擇一條折衷施政路線，繼續這種格局將是21世紀初期日本政黨模式的基本狀態。

　　保保聯合主導政局的核心仍然是處於國會中優勢地位的自民

黨。該黨屬於依靠個人後援會為基礎的議員透過協調各種支持團體、透過派閥來獲得權力的老牌保守政治家聯合政黨。其中存在大量依靠個人後援會的議員，也不乏出身於產業集團或官僚的議員。由於該黨勢力龐雜，其中既有奉行「新保守主義」的成員，也有傾心於「自由主義」的成員，前者以活躍在55年體制下的高齡政治家為核心，後者則屬於新派政治家。由於與官僚機構關係極深，從政權性質上講，可以算作保守政治家與官僚協調瓜分權益的「政、官調整型政府」。至於曾與自民黨合作的自由黨是明確標榜「新保守主義」的新型保守政黨。小澤一郎為首的議員幹部原多為自民黨少壯派成員，擁有財力雄厚的個人後援會。該黨的政治理想以小澤一郎在《日本改造計畫》中鼓吹的「黨人政治家主導政權，建立勝任國家機能的小政府，實行市場主義基礎上的經濟體制」為主軸，同時主張大幅度削減政府財政預算，擴大地方分權，由各級政治家主導不同層次的政治營運，在政權構想方面與自民黨並無本質區別。

造成日本新老保守政黨聯合組閣的背景和成因是多方面的，但最根本的原因在於日本國內經濟、政治壓力和強化日美同盟的需要。首先，泡沫經濟崩潰後持續多年的經濟蕭條日趨嚴重，財界和各大跨國集團希望產生強有力的保守政權，以儘快扭轉局面。例如1998年下半年，二戰以來最嚴重的經濟衰退造成的種種後果顯現出來，給立足未穩的小淵政權帶來極大壓力。國際經濟形勢不斷惡化，又進一步加深了日本經濟、政治的綜合危機。為此，經濟團體聯合會名譽會長平岩外四代表財界，與小淵惠三首相「商討建立對應俄羅斯、中南美洲新一輪金融危機引發全球危機的政治機制」。其他財界要人也在自民、自由兩黨醞釀合作過程

中，爲促進「自自聯合」形成新保守體制推波助瀾。待到「自自聯合政權」啓動，經濟團體聯合會立即聲明：「支持爲擺脫經濟困境不可缺少的穩定政治領導體制。」日本工商會議所也表示歡迎「這一趨向穩定的政治體制」，並指出「自自聯合的生命在於打出果斷的政策，面向新世紀履行全面改革」。1999 年 1 月 18 日，稻盛和夫、龜井正夫、瀨島龍三等財界巨頭召集兩千四百多個重點企業的經營者，召開「突破國難國民大會」，建立起支持自自聯合政權的「振奮日本國民會議」，可見財界對新老保守政黨合作的支持與渴求。可以說，小淵政權以後出現的自民黨與公明黨、保守黨的聯合政權也具有相同的背景。

　　其次，日本把加強與美國的同盟關係作爲外交的根本立足點，因此，能否在國會取得穩定多數成了執政黨維持這一基本政策的第一需要。同時，美國面對中國的崛起和朝鮮半島的複雜局勢，也迫切需要一個能夠強化美日安保同盟並帶有某種親美色彩的強大保守政權，使其擔當起自己在亞洲的夥伴和助手責任。而在新一代日本政要裡，小澤一郎是力主以親美方式實現日本國家利益的民族主義政治家。尤其在 1999 年，小澤公開聲言「美國無疑是世界經濟、政治和軍事的中心，沒有美國的存在，日本就無法生存」，以及自由黨的「開放市場」和「建立有利於跨國企業集團生存發展的小政府方針」，都符合美國在東亞的戰略利益。其他保守派政治家多持類似觀點。所以，新老保守政黨組成聯合政權，從而確保日美軍事、安全合作順利進行，自然也是美國願意看到的結果。

　　此外，如果就新老保守政黨自身而言，從夙敵轉爲盟友的原因主要是自民黨勢力相對衰落，無力在景氣低迷的世紀末單獨控

制政權。經過兩屆橋本龍太郎內閣的慘淡經營，自民黨雖然完成了從有限參政、幕後主政到單獨執政的「奪回政權三部曲」，但在國民價值觀和政治意識多元化的今天，55年體制時期一家當政已成為歷史，自民黨很難形成強大而持久的權力核心。特別是橋本因1998年夏季選舉敗北落馬後，自民黨政權的支持率始終在警戒線30％左右徘徊，在一定程度上聯合其他政黨控制局勢，恐怕是自民黨維持統治的基本形態。即使如此後的森喜朗內閣、小泉純一郎內閣有較高的支持率，也不得不聯合其他保守政黨才能形成穩定多數。小泉純一郎若果真推行各項改革，就必須這樣做。另外，其他保守政黨方面亦有回歸權力核心的迫切願望。例如自由黨原本就是自民黨裡的另一股保守力量，雖然在安全保障和稅收等政策上較自民黨主流派更為強硬，但無非是程度不同，二者在政治理念上並沒有明顯分歧。小澤一郎在歷任新生黨、新進黨黨魁的幾年裡翻手雲覆手雨，極力導演他企圖變日本為「普通國家」的改造計畫。然而，新進黨解體後，他的政治影響力逐漸下降，真正追隨他組建自由黨的議員不過幾十名。為了避免在冷落中消亡，小澤看準小淵的苦楚，使出與執政黨合作的回馬槍，想藉此達到回歸政治漩渦中心的目的。

由此可見，在經濟、政治和外交的壓力下，自民黨只有與其他保守政黨聯手，才有可能解決迫在眉睫的經濟危機與改革問題。在經濟危機局勢得不到明顯扭轉，日本在國際戰略格局中依靠美國確立自身地位的基本國策不發生變化的大前提下，這種保守勢力的聯合執政恐怕還會持續一個時期。

■ 自民黨獨掌政權的三極權力模式

在21世紀初，自民黨主導的「一強多弱」局面似乎已成定局，保守政黨在幾經裂變之後走向一定程度的「統一」，給原本模糊不清的日本政黨政治結構增添了幾分不確定的因素。然而，保守黨聯合政權雖然是日本經濟與政治危機的綜合產物，但新老保守政黨之間也存在相當深重的嫌隙和分歧。於是，當自民黨順利解決眼前棘手的經濟難題，在一定程度上恢復國民信任後，自民黨建立起獨家政權的可能性依然存在。產生這一局面的前提是自民黨內部穩定並在國會中長期保持相對多數。2001年7月參議院議員改選後，自民黨在參議院仍未能達到半數，但畢竟擁有剛剛超過眾議院半數的席位。按照日本現行政治制度，對於重要法案，假如眾、參兩院出現意見分歧，眾議院的決定具有優先權。如果自民黨勢力進一步發展，則在自民黨「舉黨一致」地占據眾議院多數席位的前提下，在野黨的進攻只具有從旁敲打政府的作用。如果單純從政治力學考慮，今後自民黨單獨執政並非不可能，而當前迫於解決經濟、外交難題時的時間壓力，才需要與其他黨的合作，以便增加政權的穩定性。所以，與其說這是長遠的戰略意圖，毋寧說是一種在自身尚處於弱勢的權宜之計。假如經濟危機進一步發展，在在野黨派的聯合進攻下，新老保守政黨之間由來已久的矛盾有再度激化的可能。

自民黨「一黨領先」建立政權的基點在於在野黨的鬆散結構。來勢洶洶的反自民大聯合畢竟只是眼前利益的聚合體。在野黨之間政見並非完全一致，籠統地講「非自民黨聯合」，掩蓋了聚合體自身的政策分歧。儘管日本共產黨表述過參與「民主聯合政府」的意向，卻不大可能與集結在小澤一郎自由黨周圍的民族主

義保守政治家取得共識。而作為前社會黨延續的社民黨、公明黨與民主黨的關係也不過是反自民黨的臨時合作。因此日本政黨政治主體的關係變化，還存在新老保守政黨再度分離、同時與復甦的革新勢力對峙的不均衡三極權力模式的可能。造成這種局勢的原因主要有以下三點：

第一，各黨派間存在著分化組合的可能性。從力量對比來看，貌似強大的保守黨集團並不穩定，仍具有某種過渡性質。2000年4月，部分議員脫離自由黨而另組保守黨，及11月加藤紘一在自民黨內造反就是例子。所以政府的法案和政策在在野黨占多數的參議院難免受阻，雖然眾議院決議具有最終決定權，但在野黨處處掣肘必然削弱政府行使權力的實際效果，倘若經濟政策出現重大失誤，就不能完全排除在野黨聯合進攻推翻其統治的可能性。

第二，與近年日本政治總體保守化趨勢相反，日共收拾起原社會黨的群眾基礎，繼1996年10月大選成功後，1997年夏季又在東京都議會選舉與1998年夏季參議院半數選舉中奪取較大發展。共產黨提出了建立民主聯合政權的長期戰略。核心是以普選法為基礎的國會作為最高機關，採取包含反對黨的複數政黨制度，由選舉中獲得多數議席的政黨或聯合多數執政。分析表明，日共黨勢還可能在有限的範圍內保持緩慢增長。但同時日共本身也在發生「質變」。1997年9月下旬舉行的21大上，主張現實主義路線的不破哲三、志位和夫取代了宮本顯治，黨的理論、政策均有改變，宣稱將聯合保守的無黨派人士向21世紀的「民主聯合政府」進軍。日本共產黨轉向現實主義路線，必然牽動政局變化。在日本總體潮流之下，日本共產黨雖然不可能成為21世紀政治舞臺主角，但作為「持不同政見」的政治勢力，有其特定的存

在價值。伴同著各種政治勢力的消長，日本政壇可能形成自民黨執掌政權下非自民保守勢力構築起相對弱小的一極，並對日本政治經濟體制改革產生深刻影響。

第三，以民主黨為首的中道政黨在今後的政局變化中仍然占據一定地位。民主黨倡導「國民主導下的政治」，呼籲建立「市民自由主義」。該黨理念中包含若干社會民主主義的思想成分，其領導人如菅直人、鳩山由紀夫、羽田孜、鹿野道彥以及主要成員均非官僚出身，個性比較鮮明，目標是建立黨人主導的政治結構。由於民主黨中囊括著來自保守政黨左翼和舊革新政黨右翼的兩類人士，其基礎既有個人後援會，也有聯合工會與市民運動團體的廣泛支持，屬於複合型政黨。從政治多元化與國民政治意識流變來看，1998年7月自民黨在參議院選舉中的慘敗，反映出大多數國民既不願意自民黨獨家坐大，又不願意把國政託付給在野黨聯合集團的普遍心態。於是，公眾的政治判斷和價值取向，存在有利於民主黨生存發展的一面。

這樣一來，隨著時間推移、社會政治經濟走向多元化，越來越多的政治主體將投入競爭，更為複雜的政治博弈局面將不可避免。如果說21世紀初自民黨再度單獨掌權的「一強多弱」局面是以自民黨勢力消長為主要依據的分析的話，在自民黨難以掌握壓倒多數的前提下，其他黨派的不同組合同樣具有改變政治地圖的能力。於是，伴同民主黨、共產黨、社民黨、公明黨以及自由黨、保守黨的戰術選擇，很可能形成自民黨執掌政權下非自民保守勢力和日共為核心的弱小革新勢力並立的「不均衡三角關係」。在這種新三角關係中，自民黨與共產黨、社民黨以及其他革新力量一邊的關係將主要表現為政見對立；而自民黨與非自民保守聯

合一邊的關係，則取決於持不同意見的保守政要間的聚散離合；至於非自民保守聯合與共產黨一邊的關係則更為微妙，屬於政治鬥爭技巧上的縱橫捭闔。

上述兩種可能雖然不可等量齊觀，但卻帶有某種共性。無論是「保保聯合」對抗「非自民黨」的鬆散聯盟，還是自民黨力量的增強後出現的兩極或三極格局，都是以自民黨為軸心的黨派關係構圖。換言之，無論趨向兩黨制也罷，多黨制也罷，同樣都是保守政黨居於政治核心地位。正因為如此，有人把世紀末的政局動盪稱為「政治改革馬拉松的折返點」，意思是說1993年以來改革舊的政治體制的道路已經走過了一半里程，再要五、六年時間，經過兩、三次大選，就會重新形成保守勢力主導的政治結構。或許，今天的小泉政權已經在一定程度上重新恢復了保守派勢力的強盛局面。但是，無論自民黨在多大程度上恢復對政治權力的控制，都不能將其簡單地視為55年體制的重演。因為，儘管在日本這樣的後現代社會裡，資本主義經濟基礎為強大的資產階級保守政黨的存在和發展提供了肥沃的土壤，但在野黨派間形成互相補充、相互糾偏的協作關係後，共產黨和社民黨等非自民黨政治集團的生存空間和發展餘地尚寬，特別是在訊息化、高齡化趨勢交錯作用下，個人政治參與和集團政治參與方式變化給政黨本身生存發展帶來巨大影響。21世紀朝野政治勢力關於修改憲法的爭論，既要受到國民政治意識和政治行為的制約作用，同時政治改革法案通過後政黨政治制度的穩定性和連續性問題，政黨和政黨制度的法律化、規範化問題，都將成為決定日本特色的民主政治體系運行的基礎環境。加之政治原則畢竟是實力的較量，是利益的絕對讓渡，而且在政治交易關係中，既不存在一般等價

物，不存在等價交換的原則，也不存在時間意義上的四季輪迴。

　　政治局勢的微觀變化之所以難以逆料，就在於簡單的量化計算並不能等同於實際結果，只能在對整體的宏觀把握下，從觀察各個政治集團的政治影響力、權利和強制力、凝聚民心的能力等綜合力量的較量，去分析政局分化組合的前景。但是有一點是顯而易見的：21世紀初的時期是日本政治結構演進中十分關鍵的歲月。

―注釋―

❶田中秀征，《日本的聯立政治》，岩波書店，1997年版，第14頁。

第4章
國家法定權力的內與外

　　日本現行政體是以君主立憲為表現形式的較為完整的資產階級議會民主制。這種虛君形式下的三權分立國家政權體制，是近代以來發展的結果。

　　明治維新後，日本為了追趕西方國家躋身強國之列，在建立帶有濃厚封建色彩的近代天皇制的同時，選擇性地導入了三權分立的政治模式。眾所周知，三權分立思想源自18世紀傑出思想家孟德斯鳩（Charles Louis de Secondat Montesquieu, 1689-1755），作為推翻中世紀封建統治的實踐成果，資本主義政治制度下的三權分立制度有其明顯的合理性和巨大的進步意義。但由於明治維新作為資產階級革命具有極不徹底性，沒有條件建立三權分立的政治體制，只是到了戰後，日本經過民主改革洗禮，國家權力運作的三權分立體制才由理論變成了事實。

　　二戰後，日本國內人民民主運動高漲，出現了要求廢除天皇制的群眾鬥爭。而美國占領當局考慮到天皇對穩定時局和控制日本民族的可利用價值，尤其恐懼東亞局勢朝著建立人民民主政權迅猛發展的大趨勢，決定在排除軍國主義前提條件下保留天皇制，並把美國的意圖貫徹到自己一手制訂的憲法當中。於是，日

本在美國設計下的國家體制並沒有採用直接選舉總統的美國式聯邦制度，而是選擇了近似英國「君臨而不治」的三權分立的議會民主制度。不過，與英國相比，日本的君主立憲政體在兩院議員均由民選產生等具體操作方面又有所不同。

第一節　三權分立與相互制約

作為資本主義制度下的議會民主制政權，構成國家政權運作形式的政體是實行國會（立法）、最高法院（司法）、內閣（行政）三權分立的議會民主制度，總體而言，即林肯（Abraham Lincoln, 1809-1865）倡導的「民有、民治、民享」的政府。其理念含義是：「民有」指國民擁有政治事務的最終決定權；「民治」即作為主權最終所有者的國民透過選舉決定自己的代表——國會議員，由其代行國政事務；「民享」即「國家政治的最終受惠者屬於全體國民」。戰後日本憲法對此亦作出規定，日本的「主權屬於國民，並制訂本憲法。蓋國政源於國民的嚴肅信託，其權威來自國民，其權力由國民的代表行使，其福利由國民享受。這是人類普遍的原理，本憲法即以此原理為依據」。

在這一基本原則下建立了日本現代君主立憲制，「天皇是日本國的象徵，是日本國民統一的象徵，其地位以主權所在的全體日本國民的意志為依據」，即天皇只能行使憲法規定的關於國事的行為，而沒有關於國政的權能。國會是國家權力的最高機關，是國家唯一的立法機關，國會由眾議院和參議院組成。國會的席位曾有變化，現行法律規定，國會的眾、參兩院分別設有500和252個議席，均由國民依照法律選舉產生的代表全體國民的議員組

成。眾議院任期為四年，但在眾議院解散時，任期即告結束；參議院任期為六年，每三年改選其中半數議員，任何人不得同時兼任兩院議員。為了防止議會選舉過程中因長時間拖延造成國政癱瘓，憲法還規定眾議院被解散時，必須在解散之日起四十日內舉行大選，而且必須在大選之日起三十日內召開國會。同時，眾議院被解散時，參議院同時閉會，但內閣在國家有緊急需要時，可要求參議院舉行緊急會議。作為定制國會常會每年召開一次，內閣有權決定召開臨時國會；而兩院中如果任意一方有1/4以上議員提出要求，內閣須根據要求決定召集臨時國會。

在立法方面，除憲法有特別規定外，法律議案經兩院通過即成為法律。事實上，眾、參兩院連續召開會議通過重要議案的例子很多。1956年2月國會通過的《禁止核試驗決議》、1976年2月通過的《對洛克希德問題的決議》、1986年5月通過的《對蘇聯車諾比核電站事故的決議》、1991年4月通過的《關於促進解決北方領土問題決議》，和1993年6月通過的《推進地方分權法》等法案都是兩院在當天或翌日連續通過的。只有那些引起全社會乃至國外嚴重關注的法案，或政黨間在議案條款發生尖銳對立甚至發生直接衝突時，為表示制訂法律的慎重與嚴肅，兩院須分別有討論時間，表決時間才會出現間隔。《周邊事態法》等日美新防衛合作指針相關法案就是在1999年4月眾議院通過後，又經一個月才由參議院通過而最終成為法律的。而且，在眾參兩院作出不同決議時，如果經過眾議院出席議員2/3以上多數再次通過，即成為法律。另外，參議院接到眾議院通過的法律案後，除國會休會期間不計外，如果六十日內不作出決議，眾議院可以視為參議院已否決其法律案。

國會為審判受到罷免控訴的法官，設立由兩院議員組織的彈劾法院。國會負責審議並各自進行關於國政的調查，有權要求有關證人出席作證或提出證言記錄。修訂後的《國會法》還進一步規定，各議院為了議案等的審查或關於國政調查以及議院認為必要時，可派遣議員，各議院或議院的委員會為了審查或調查，對內閣、官公署等要求提出必要的報告紀錄時，必須接受其要求。審議政府財政預算，如果兩院審議未能達成一致，根據法律仍不能在協議會上取得一致意見，參議院在接到眾議院已經通過的預算案後，除國會休會期間外，三十日內不作出決議時，即以眾議院決議作為國會決議。

憲法規定「日本的行政權屬於內閣」。天皇根據國會提名任命內閣首相，內閣總理大臣（即首相）由國會提名選舉後，經天皇根據國會提名選舉任命。決定首相人選是國會的重要權能，如果兩院對首相人選的提名不同而無法在兩院協議會上取得一致意見，或眾議院提名十天之內（不包括國會休會時間）參議院不提名人選，就依照「眾議院優先原則」以眾議院決議作為國會決議。戰後迄今兩院提名首相人選曾發生過數次分歧，1948年眾議院提名蘆田均而參議院提名吉田茂；1989年眾議院提名海部俊樹而參議院提名土井多賀子，結果均以眾議院提名人選當選告終。1998年7月30日，參議院通常選舉後召開第一四三屆臨時國會。橋本龍太郎內閣因承擔自民黨在選舉中失敗的責任而總辭職。對新任首相人選，眾議院提名自民黨的小淵惠三，參議院提名民主黨的菅直人，經兩院協議會協商仍未達成一致，遂以眾議院提名為國會提名，自民黨的小淵惠三出任第八十四代首相，由首相物色內閣成員組建內閣總攬國家行政大權，並領導和監督各級行政

機關政務。與英國大臣全部出自議員的情況有別，日本憲法只要求「其中半數以上必須從國會議員中選任」。不過，由於「國會議員中患『大臣病』的人數眾多，並無多少剩餘空間，誕生的非議員閣僚並不多見。相同原因還造成內閣頻繁改造變動」。❶

作為國會對國家行政權利的制約，憲法賦予國會確認內閣的權力，即國會可以通過對內閣的不信任案。作為一種平衡機制，內閣在眾議院通過不信任決議或否決信任決議案時，如果十日內不解散眾議院，內閣必須總辭職；首相空缺，或眾議院大選後第一次召集國會時，內閣必須總辭職。1993年6月18日，在野黨對執政的自民黨宮澤喜一內閣關於政治改革的相關法案的操作不滿，提出內閣不信任案，自民黨內武村正義、羽田孜、小澤一郎等率所屬造反，不信任案獲得通過，宮澤首相只得解散眾議院。此外，1948年第二次吉田茂內閣、1954年第四次吉田茂內閣、1980年第二次大平正芳內閣均因通過內閣不信任案而解散眾議院，舉行大選。

首相代表內閣向國會提出議案，就一般國務及外交關係向國會提出報告，並指揮監督各個部門行政；另外，首相在一般行政外，依照法律執行總理國務、處理外交事務、締結條約、掌管官吏、編造預算、制訂政令、決定大赦與減免刑罰等事務，但締結條約須事前或根據情況在事後獲得國會承認。

憲法還規定：「一切司法權屬於最高法院及其依照法律規定設置的下級法院。」為了貫徹司法獨立原則，最高法院法官（或稱最高裁判所裁判官）由天皇根據內閣的提名任命。擔任最高法院院長的法官，在其任命後第一次舉行眾議院議員大選時再次交付審查，自此經過十年之後舉行眾議院議員大選時再次交付審

查，以後準此辦理。審查中，如果多數投罷免票，則該法官被罷免。

在國會與法院關係方面，法院擁有違憲立法審查權，擔當起「憲法看護者」的責任。此前共進行過十五次國民審查，但有權者認可罷免法官的比例平均只有8.9％，法官都得到大多數人的信任。究其原因，實際上有權者對法官的實績並不瞭解也不想瞭解，加之計票操作上的問題（白票爲不罷免，畫○爲無效票）造成此結果。

這樣一來，在理論上，以國家主權所有者的全體國民爲中心形成了國家制度的制衡模式：國會（立法機關）、內閣（行政機關）、法院（司法機關）分別構築起三權分立圖式中的一極，在這個三角形構圖中心的國民透過選舉產生國會，透過國民審查監督法院，行政則是內閣對國民的政治活動。三角形外緣三邊的相互關係則表現爲，國會透過對首相的提名與提出內閣不信任案制約內閣，內閣透過解散眾議院、召集國會制約國會；國會透過彈劾審判制約法院，法院則透過法律的違憲審查監督國會；內閣以對最高法院院長提名和任命最高法院法官制約法院，法院透過對法令、規則、處分的違憲審查制約內閣。

從目前情況來看，大多數日本國民以及學術界和政治家，對於憲法規範下的三權分立政治結構給予認同。1996年8月，日本對憲法學者和普通國民進行了一次關於憲法的抽樣調查，在「你對現行憲法中以下哪一點最爲關心？」的提問下面，問卷例舉了天皇皇室、戰爭與自衛隊、言論自由、平等權、環境保護、選舉制度、信仰自由、社會福利、集會罷工、訊息公開、隱私權、法律審判、修改憲法、三權分立、地方自治、國會兩院等十六個問

題，要求接受調查者分別答覆。調查結果表明，大眾和專家對三權分立的關注程度大大低於其他問題，在依照關心程度高低做出的排序中，兩者都把三權分立問題排在倒數第二，但又稍有不同。❷在回收率達到59％以上的普通國民回答中，表示關心三權分立問題的人數為21.3％，僅高於對兩院制度的關心程度。憲法學者的問卷回收率只有44.9％，對三權分立問題的關心程度僅為9.5％，只高於對集會罷工的關心。同一調查還反映出有大約19.6％的國民和7.6％的學者認為，三權分立「是在現行憲法規定範圍內與政治、社會之間存在矛盾的東西」。總之，人們並不認為三權分立有什麼問題，毋寧說已經習以為常了。1997年2月，又對眾、參兩院752名議員進行了與以上內容相同的抽樣調查，有趣的是，政治家們對三權分立的關注高於天皇皇室、隱私問題、集會罷工、法律審判和兩院制度，認為存在矛盾的17.6％比率也比憲法學者的高出一倍以上。

　　90年代中期以來，關於憲法問題的大討論也主要集中在護憲與改憲、安保體制等問題方面，對於三權分立本身的少數爭論，主要集中在憲法中關於「解散權」方面。因為，有輿論認為「憲法第六十九條賦予內閣的解散權，僅僅限於國會方面提出不信任後國會需要確定『是總辭職還是解散』的狹窄範圍，而根據憲法第七條第三款，內閣在『解散眾議院』方面應當擁有更為自由的決定權」。❸據說，當年制訂日本憲法的美國占領軍方面傾向於解散權的限定，而戰後日本歷屆政府對此解釋為可以依單獨的判斷行使解散權。也正因為如此，也有人批評憲法中關於解散眾議院條文不夠明確，使政府能夠在於自己有利的時機解散國會，從而使處於執政黨地位的政黨得以選擇最有利的時機啟動大選。

第二節　形形色色的利益集團

利益集團是資本主義社會三權分立民主政治制度的必要補充。各種社會個人或群體為了維護自身利益，往往組成特定的團體，尋找適合自己需要的代言人，透過向政府職能部門及黨派施加壓力，直接或間接干預政治事務，以實現諸如變更法律、爭取補貼、削減稅金等分散個體難以達到的目的。因此，日語中也把這種透過施加政治壓力尋求有利政策的組織稱為「壓力集團」。

（一）各種利益集團的變遷過程

日本的利益集團主要有三大類：經濟界團體、勞工協會和宗教團體。如果按照性質區分，前兩者屬於經濟性利益集團，後者則屬於非經濟性利益集團。

■ 工商業界利益集團

在日本現行法律中，對利益集團沒有特別的定義，實際上形形色色的利益集團為維護自身利益而驅動官廳和政治家，從而促使有利於自己的政策出爐，或者謀取優待措施，直至制訂出自己需要的法律、規則或具體政策，乃是人所共知的客觀存在的事實。其中擁有雄厚資本的工商業界利益集團是最具有影響力的團體，學術界通常把工商業界利益集團劃分為三個層次：

首先是處於工商業界金字塔頂端的「日本經濟團體聯合會」（簡稱「經團聯」）、「日本經濟聯合會」（簡稱「日經聯」）、「日本商工會議所」（簡稱「日商」）和「經濟同友會」（簡稱「同友

會」），即作為壟斷資產階級總代表的所謂財界四團體。其中經團聯因下設掌握著整個工商業向政界提供政治捐款的「國民政治協會」，經常代表工商業界與政府、政黨和上層政治家進行交涉，被視為財界的總代表。

其次是處於中間層次的工商業利益集團是經濟領域中全國規模的行業協會，例如日本鋼鐵聯盟、日本石油聯盟、全日本造船工業協會、日本紡織工業協會、日本礦業協會、日本化學工業協會、日本汽車工業協會等等。一般說來，行業內部的中層利益集團對政治事務的發言權，通常僅限於政府相關經濟政策方面，因此交涉對象大都是執政黨的決策機構和政府對口省廳的業務部門。

最後是處於最下層的工商業利益集團是眾多中小企業組成的團體。日本的中小企業如同汪洋大海，但零散的中小企業勢單力孤，在與壟斷集團的大公司競爭中常常處於不利地位。同時每當出現經濟危機，中小企業又可能成為政府政策調整的犧牲品。於是，中小企業主從50年代中期逐漸聯合成業界團體，這些冠以某某「產業協會」、「中央聯合會」的組織，較前兩者不但規模、實力小得多，而且目標更為單一，通常是為了某一個行業，甚至是某一特定地區的具體目標結合而成的，不僅政治活動空間相對狹窄，更多地表現出直接追求政策受益的性質。

■ 勞工利益集團

勞工協會代表生產者利益的團體，其中以各大工會的作用最為突出。從戰後初期到60年代，工會力量增長十分顯著，至40年代末期，已經達到666萬會員，對工人隊伍的組織率達到55.8

％。在眾多的工會裡，具有全國規模的跨行業組織有四個：

1. 1949年，日本共產黨的外圍組織「產別會議」正式成立為全國行業勞動組合聯合（簡稱「新產別」）。
2. 1950年成立的「日本勞動組合總評議會」（簡稱「總評」），囊括了國鐵工會、全日本電信電話工會、地方政府職員職工工會和日本教職員工會等數千個行業勞工組織，鬥爭方式以支持社會黨為主，爭取實現勞工利益。
3. 1964年，與總評相對立的「全日本勞動總同盟」（簡稱「同盟」）建立，把全日本纖維產業工會同盟、全國金屬產業工會同盟等民間大中型企業三千多個工會聚集到自己的旗幟之下，同盟在政治上也偏向社會黨。
4. 還有「中立勞動組合聯絡會」（簡稱「中立勞聯」）。

由於當時正值經濟高速增長時期，產業工人數量龐大且具有高度的組織性，工會一呼百應的政治力量在政治生活中非同小可。但是，工會畢竟是非從政性的利益集團，儘管其存在目的是透過政治手段實現自己的要求，但其目標並非直接掌握政權，而是透過支持社會黨、共產黨等革新政黨去影響政府的決策。到了70、80年代，隨著整個社會富裕程度提高，中流意識增強，使工會的統攝力量下降。雖然工會會員人數隨工業人口增長有所提高，但組織率卻在相對下降。以1987年為例，工會登記會員達到了1,127萬人，而組織率反而減少到28％左右。

工會力量相對減弱的另一個原因是各個工會內部鬥爭造成的內耗。總體來說，「總評」強調政治鬥爭，而「同盟」則主張在勞資協調體制下提高工人的生活水準。由於各行業工會利益關係

不盡一致，針對政府的具體政策常常會持有相互對立的主張。例如，圍繞指定派遣工人事業法問題，「總評」所屬全港灣工會持反對意見，而代表電機勞聯利益的「中立勞聯」則贊成，其他工會也在權衡與自身利害後紛紛發表不同意見。此外，一些工會領導人在政治總體保守化過程裡，由工人貴族蛻變為資方代言人，政治傾向日益保守，也是80年代末期日本工會團體急遽分化重組的一個重要原因。

1987年「同盟」、「中立勞聯」各自解散，其後與「全民勞協」合併成為擁有三十九萬會員的「全日本民間勞動組合聯合會」。1989年11月，「總評」和「新產別」雙雙解散後，加入「全日本民間勞動組合聯合會」，使之成為新建的「日本勞動組合總聯合會」（簡稱「聯合」），由此工會實現了較為廣泛的聯合，成為擁有將近八百萬會員的超級組織，占各種工會組織下工人總數的63％。與此同時，靠近共產黨的大小工會一面批判「聯合」的「反共產主義的勞資協調路線」，一面組建起一百四十萬人的「全國勞動組合總聯合」（簡稱「全聯合」）與其對抗。至90年代中期，各個勞工協會發展與政黨間分化組合交織在一起，為了在新形勢下圖存自保，既非「聯合」也非「全聯合」的散在工會行動起來，於1998年12月，結成「全國勞動組合聯絡協議會」（即「全勞協」），同年底成立起「日本勞動組合總聯合會」（簡稱「總聯」）。然而，工會對工人的組織率呈現緩慢下降趨勢。按照《朝日統計》1996年11月發表的數字和勞動省1998年統計，1997年，全國各類工會會員總數為一千一百萬人，大體占三千八百萬工人的33％，但因工會對選票的控制力量下降，當年的有效組織率僅僅達到22.6％（見**表**4-1）。

表4-1　日本工會會員總數與組織率

年　　分	1970	1977	1985	1990	1993	1995	1996	1997
會員總數（萬人）	1,130	—	1,242	1,226	—	1,265	1,245	1,100
工會組織率（%）	35.2	33	29	24.5	24	23	23.2	22.6

資料來源：勞動省編，《勞動組合基礎調查》，1998年版。

　　從工會鬥爭策略上看，1956年以來各產業組織在春季同時開展增加薪金鬥爭的「春鬥」，已經歷了近半個世紀的歷程。60年代中期開始的針對資本自由化與產業改組進行的「工會產業政策鬥爭」，進入80年代以後，也由於微電子技術革命（ME革命）和應用廣泛的機器人，在一定程度上改變了原有勞動力密集型生產方式，各工會紛紛提出「針對ME的對策方針」，要求建立預先協商制度，不承認由於資方對人員調整而引起的對工人就業的直接影響，資方必須在與職工協商並確認安全衛生環境後方可引進技術。90年代後，日圓急遽升值，產業空洞化問題凸顯出來，工會鬥爭的鋒芒轉向「過勞的日本式經營糾正論」。

　　日本政治舞臺上黨派鬥爭也不斷引發工會的分化改組。1998年下半年，「聯合」加強對舊總評系統與同盟系統的統一控制，會長鷲尾悅也在幹部大會上強調協調行動的必要性，指出：「必須實現廣泛的大同團結。否則即使抓住年金、稅制等工人關注的問題，如果不能真正實現大同團結，也無法對政府造成足夠的衝擊力和影響力。」據傳媒分析，今後聯合工會將在政治上一方面繼續向政府施加影響，一方面向民主黨方面靠攏，同時把今後的奮鬥目標轉向生活開發、整備環境、促進人才流動、擴大情報知識、加強創造性研究開發和促進產業小型化等，作為工會主張的中心內容。❹

■ 農業利益集團

　　與工業領域相比較，日本農業生產領域的利益集團比較單一，「農業協同組合」（簡稱「農協」）是幾乎囊括了所有個體農戶的超級組織。此外的「農總同盟」與「農林業別」等團體則弱小得多。農協的歷史可以追溯到二十世紀初，1900年日本政府制訂《產業組合法》後，經濟力量弱小的分散農戶開始組合，在「一人為大家，大家為一人」的口號下，透過扶助來提高自己的社會地位。

　　1947年，政府頒布了《農協法》，農協開始恢復重建，實際上成為在政府認可與扶植下的官辦機構，很快就成為統治階級對農民進行控制的有效工具。今天，遍布整個日本的農協會員達到七百五十萬人，在這個龐大的系統中，中央農協設有掌管農產品購銷的「全國農協聯合會」、負責信貸的「農林中央金庫」、從事保險的「全國共濟農協聯合會」；都道府縣一級也分別設有相應的「經濟聯」、「信農聯」和「共濟聯」；市町村一級則在基層農協裡設有專職從業人員。於是從中央到地方都道府縣及至鄉村的三級組織的職員多達四十五萬人。如此之高的組織程度使農協擁有左右政治的巨大力量，截至80年代中期，農村一直是自民黨統治的穩定後方，每次選舉都可以為自民黨提供將近一半選票。

　　1969年6月，政府調整了糧食價格，使稻米價格下跌。各地農協代表指責「自民黨的背叛行為」，威脅要在今後的選舉中「與自民黨對決」，成為農協對自民黨最初的反抗。1989年，日本政府屈服美國壓力開放牛肉和橙汁市場，受到衝擊的農戶立即在7月的參議院選舉中果決放棄對自民黨的支持，這一行動與「徵收消費稅」、「里庫路特醜聞」並稱為自民黨敗北的三大原因。農協

在選舉中釜底抽薪的威力，著實讓政治家看到了農村票田的巨大作用，以致於到了1993年細川護熙開放稻米市場時，自民黨甚至部分社會黨的議員都表態要「阻止稻米自由化政策」。❺不過總體而言，日本逐漸步入高齡化社會後，農村勞動力缺乏問題日益凸顯，農協自身也因稻米自由化政策而衰落下去，力量遠遠不如從前。

■ 日本醫師協會

在經濟性利益集團裡還有一個比較特殊的群體，即由具有高級專業知識技能人士組成的行業協會。例如醫師協會、律師協會等等。過去在林林總總的利益集團中，人們借助江戶歷史上把有資格繼任幕府將軍的三支德川家嫡系稱為「御三家」的習慣，把工會（主要指「總評」）、農協和醫療業界最有實力的「日本醫師協會」並稱為「壓力集團御三家」，可見日本醫師協會的巨大政治能量。

日本醫師協會建立於1948年，在演變過程中穩定為全國協會和都道府縣以及市區三級醫師的金字塔結構組織。大約是因為這種專業人才都是高薪階層，醫師協會的年度會費最高可達二十五萬日圓，結果十幾萬會員的組織每年竟可以輕而易舉地募集到五十至六十億日圓會費。另外，協會還可以視情況徵集臨時會費。據說在1983年選舉中，日本醫師協會為自民黨一家提供的政治資金就達13.7億日圓。❻值得注意的是，同工會、農協的頹勢相反，醫師協會的政治力量並未因時代發展而減弱。1996年11月，醫療界人士發起「全國醫師崛起大會」，與政府的醫療保險改革政策相對抗。在不到一個月時間裡，募集了三百萬人簽名的《反對

醫療保險制度改革請願書》提交國會。日本醫師協會坪井會長會晤自民黨政調會長山崎拓要求提供合作，並聯絡到四十七名眾議員和三十八名參議員作為「請願書介紹議員」為之斡旋。1996年12月，坪井還直接訪問了作為厚生族議員總後臺的橋本龍太郎首相。結果，橋本六大改革之一的政府的醫療保險改革減緩，實施期限從1997年4月延遲到下半年的11月。

■ 非經濟性利益集團

　　非經濟性利益集團主要指宗教團體、福利社團、婦女組織等沒有直接經濟利益的團體，其中宗教團體因其組織龐大、財力雄厚且擁有信仰維繫，最具有政治影響力。在憲法規定的信仰自由和政教分離原則下，宗教應當遠離世俗政治事務，但教團為了爭奪信徒、擴大自己在現實社會中的影響，也需要借助政治力量。而且許多新興宗教本身就是企圖立足現世實現自己宗教理想的組織。前述創價學會是人盡皆知的公明黨的「母體」，控制選票多達數百萬張。與之對立的神道本廳、新興宗教聯合會（以勢力極大的立正佼成會為核心），同樣能夠左右數百萬張選票。所以政治家對宗教系統利益集團同樣是極盡籠絡之能事。相反地，雖然在競選時會拿出漂亮誘人的「福利政策」作為自己的政治口號，但對既無錢又無緊密團體選票的福利團體卻很少真正買帳。

（二）利益集團的參政過程與自身變化

　　1945年之前，日本的政治結構是三井、三菱等大壟斷寡頭左右下的天皇制政府，加上軍國主義勢力的高壓統治，幾乎不存在利益集團充分生存發展的條件。戰後，經過民主改革，民眾的政

治參與程度大幅度提高，而在團體的理念優先於個人政治要求的日本社會裡，又沒有多少像美國「院外集團」那樣專門「吃政治飯」的專職人員（美國大約有一萬五千名院外政治活動家，是連接政府、國會與社會各界的橋樑，每年動用的政界公關費用高達十億美元），只能透過各種行業或特殊集團集結為形形色色的團體，實現自己的政治願望。於是，直接策動政治家便成為在政治中反映特定集團意見和保護其利益的一條「捷徑」，有了合適的土壤，大批利益集團便如雨後春筍般地應運而生了。

過去，利益集團參與政治活動的基本方式可以歸結為組織調集政治資金、匯集集團選票、向政府提出申訴、對大眾進行政治宣傳等方面。自民黨是集中上層保守政治家的精英政黨，黨員數量少而且變化很大，包含變相捐助的黨費收入也不過占總收入的20％左右，獲取工商業利益集團對自民黨候選人的幕後援助就成了募集金錢的主要手段。以1985年為例，自民黨1,897億日圓總收入中69.5％來自個人、企業和團體的捐款。相反地，革新政黨所依靠的工會會員捐贈的錢就少得多，只能更多地依靠組織選票來爭取議會中的席位。但無論形式如何，對政黨和政治家來說，利益集團採取團體形式統一運用手中掌握的大量金錢和選票，是最為直接和有力的活動。儘管日本的政治家大都擁有自己的後援會，但是欲在你死我活的政治角力中戰勝對手，非有私下湧流似的政治捐款和成塊的團體選票不可，因此離不開利益集團的鼎力相助。而利益集團也深知利用金錢和選票抓住政治家，儘可以提出種種合理的或是非分的要求。

在冷戰時期國際間兩大陣營對壘及日本政治「保革對立」模式下，利益集團是與政黨政治相匹配的存在，尤其在60年代高速

增長時期，大批能夠影響決策過程的工商業利益集團麇集在執政的自民黨麾下，在給自民黨創造了穩定而雄厚的統治基礎的同時，形成了一道獨具日本特色的政治風景線。進入低速增長階段後，擴大利益分配的管道逐漸狹窄，利益集團不得不從原來的利益獲取型轉變為保護既得利益的自我防護型。1987年後，聯合工會和同盟系統組建的「友愛會」改變了策略，即不似以往的產業工會根據其自身的政策主張來選擇政黨，間接對政府施加壓力，而是根據各政黨的具體政策來開展活動，直接對政府施加壓力。1993年細川非自民黨政權建立後，聯合工會一度與政府保持過政治一致性，但不久社會黨人掛帥的「自社先聯合政權」登場，使得工會和政黨關係又回到錯綜複雜的膠著狀態。與此同時，工商業利益集團和農協以及專家群體、宗教團體的政治選擇也表現出多樣性。90年代中期，由於實行了新選舉制度，競爭加劇使政黨更多地關注起集團選票，利益集團和政黨之間聯繫有所加強。共產黨繼續與「全勞聯」和「國公勞聯」、「教職員組合聯盟」等社團保持密切關係，民主黨中來自社會黨右翼的議員們也透過友愛會，繼續加強和舊同盟系統工會的關係，社民黨則試圖借助工會力量重振黨的勢力。自民黨在注重工商業利益集團和農協的同時，逐步加強了和勞工利益集團的聯繫。

在20世紀末期，利益集團的政治影響力仍在變化。從總體趨勢上看，以往主要由意識型態維繫的利益集團不復存在，財界對政界的發言權明顯增加，尤其代表經團聯、日商、日經聯、同友會的「日本財界人士會議」，已經成為政府解決經濟危機、處理日美貿易摩擦的諮詢機構。按照行業集結的利益集團，如工會、農協等組織的力量在逐漸衰落。同時，出現了不同於舊有利益集團

的適應後工業社會、技術化、訊息化時代的「新型利益集團」。這種「新型利益集團」不再以單一領域或相同職業作為政治集結的基點,其構成廣度與政策取向都明顯區別於過去的利益集團。按照東京大學佐佐木毅教授的分析,目前在日本政治事務裡能夠發揮較大影響的「新型利益集團」主要有三種類型:

1. 在全球經濟一體化潮流中完全融入國際市場的豐田、松下、本田等等跨國公司,還有各大銀行與非銀行金融機構。這種跨國經營的企業集團雖然屬於不同行業且具有不同性質,但在參與世界經濟一體化潮流和向政府呼喚有利於國際競爭性政策方面,顯露出向「國際市場型利益集團」發展的苗頭。

2. 高齡人口以及人口比例中數量最大的中老年「團塊世代」(即40年代末50年代初生育高峰期出生的一批「高齡者後備軍」)構成的高齡者群體。這些人進入垂暮之年後,逐漸脫離了原有社會團體,對政治的關心漸漸集中到與自身老後生活緊密相連的社會福利、保險、療養護理等政策方面。儘管目前老年群體尚未形成組織化的「新型利益集團」,但他們對政策選擇的一致性和在人口比重中的多數地位,已經令政府和各個黨派刮目相看。今天,各政黨的政治主張和政府制訂的政策無不考慮他們的要求,隨著這一群體的凝聚,就可能形成特定的壓力組織。

3. 所謂相對於各級政府、民間企業的「第三公社」,即以自願者服務社團、市民團體、經濟團體等公益法人構成的相對獨立於行政系統的群體。這一群體產生於90年代初期對自

治體行政措施的調整，是修改《地方自治法》的直接產物。按照自治省的說法，「第三公社」屬於「地方公社」，其標準是自治體在25％以內出資，依照民法、商法或特別法，以法人資格與民間公益團體合作經營公共性事業。顯然，這種包容著官民各界的「第三公社」，同樣具有跨行業、跨社會階層的性質，尤其在環境開發、保護自然等方面對政治事務的影響也在不斷增強。

第三節　大眾傳媒的政治功能

人類的社會生活離不開訊息，各種訊息在傳播過程中必然帶有主觀色彩，並對接受訊息的各種群體產生不同程度的影響。在西方資產階級民主制社會中，大眾傳媒獨立於政府之外發揮作用，不時對國家政治運作產生重要影響，甚至被喻為三極政治權力之外的「第四極政治權力機構」。在日本，傳播媒體既是向公眾報導新聞、提供訊息的主管道，同時也在社會政治中發揮著監督政府及黨派團體的作用。當然，隨著社會訊息化程度加深，人們通常所說的「大眾傳媒」（mass communication）也在時時刻刻發生著變化。一方面，大眾傳媒的內涵在不斷擴大，除了人們熟悉的報紙、廣播、電視外，週刊、月刊、季刊、廣告、公告以及其他出版物都可羅列其中。另一方面，電腦網路技術的普及，即將到來的訊息高速公路時代，將以更加廣泛、細緻翔實、及時準確的公眾傳播媒體去涵蓋國民生活的各個方面。所以，近年來大眾傳媒的政治功能在逐步加強，由其提供的訊息對公眾政治生活已經是須臾不可缺少的精神食糧。

表4-2　全國五大報基本狀況比較表

	朝日新聞	每日新聞	讀賣新聞	日本經濟新聞	產經新聞
員工總數（人）	7,543	3,900	約7,000	4,035	3,100
記者人數（人）	2,629	2,054	約2,500	1,325	748
國內分社、記者站	295	380	125	56	49
海外分社、記者站	28	28	33	35	15
發行份數（萬份）	820	396	1,019	300	196

資料來源：〈日本報紙的等級劃分〉，*SAPIO*，1998年11月11日，第114頁。

（一）報章雜誌的政治作用

即使在大眾傳播手段日新月異的今天，對希望深入了解政治事務的日本大眾來說，報紙仍然是最有影響力的手段之一。這不禁令人想起拿破崙的名言：「三份帶有敵意的報紙，勝過一千把刺刀。」擅長刀筆的報業記者的確是政壇領袖之外的無冕王。日本是報刊大國，報紙又是一切書面形式的新聞載體中的王中之王。全國規模的《讀賣新聞》、《朝日新聞》、《每日新聞》、《日本經濟新聞》、《產經新聞》等大報的發行量都在數百萬份以上，其中位居榜首的《讀賣新聞》發行超過一千萬份，號稱世界第一。❼

不僅如此，各大報紙還發行配套的晚報與不定期的號外（例如，2001年12月1日，皇太子妃生下女兒，各大報均印刷了大量免費贈送的號外）。從前面四、五版的政治要聞到體育快訊、時事評論，到婦女專欄、專家評論、文藝專欄，再加上鋪天蓋地的廣告，每天洋洋灑灑幾十版，不過月旬就是厚厚的一大疊，幾份主要報紙一年讀下來，便要與讀者等身了。大報之外，還有地方報

紙和其他社會團體辦的專業報紙，雖然版面大小和數量不及大報，也是動輒十幾版，不可小視。據統計，日本全國每天發行的報紙總量多達五千萬份，平均每2.4人便擁有一份報紙。而在東京、大阪、名古屋、橫濱、京都等大城市，報紙幾乎人手一份，至於公務員、政治家、學者等特殊群體，每天瀏覽各種報刊則更是「必修課」，閱報可謂現代日本人生活中的「頭等大事」。

在通常情況下，發行全國大報和地方的綜合性報紙，即所謂「一般新聞」，都把國際政治和國內時事政治放在首要位置，並配以醒目的標題。信手一翻，與政壇有關報導躍然紙上，令讀者怵目驚心；而專業報紙，如宗教類報紙、行業內部發行的報紙則除非有爆炸性新聞，通常在末尾報導政治問題，顯得相對平和。不過，遇到政治家的緋聞或醜聞，專業小報也會偶爾把政治熱點問題放在頭版頭條，以示關注和重視。很多人認為，大報在政治問題上態度雷同，缺乏個性。但是，細細讀來，各大報紙在立場態度上仍有很大區別。一般說來，《讀賣新聞》與保守本流接近，在一定程度上體現政府立場，《朝日新聞》相對前衛，《每日新聞》態度居間，《產經新聞》則較多反映民族主義立場和觀點。因此，在外國記者對五大報紙等級評定中，美國、德國、新加坡、沙烏地阿拉伯以及台灣的記者大都認為《讀賣新聞》對政府的相對獨立性不強，同時無一例外地將《產經新聞》的報導真實性與可信程度放在最末位。❽

除上述綜合性報刊外，各大黨派都有自己的機關報刊。由於政黨報刊的主要功能是作為黨的喉舌，為特定政治集團作獨家宣傳，就難免有失公允，甚至帶有強加於人的感覺。所以，對普通國民來說並無多少興趣，尤其是厭惡政治的新一代青年，可以說

避之猶恐不及。近年，國民政治冷漠傾向日趨明顯，各黨派為了拉攏群眾，擴大自己的政治基礎，不斷加強宣傳攻勢，對黨報、黨刊的發行著力尤勛。具體作法是，改變以往板著面孔說教的生硬方式，競相革新版面，透過生動活潑的語言和豐富多采的形式，寓呆板乏味的政治說教於清新簡練的文章之中。就連版面一向嚴肅的日本共產黨機關報《赤旗》，也決定「本報的標題可以學習體育報刊的作法，用靈活的方式，求得迅速、準確地向全黨貫徹黨的方針和政策」。

黨報在形式上趨向大眾報刊，使銷售量有了不同程度的增長。不過，黨報畢竟是政治鬥爭的工具，因而帶有許多不同於一般報刊的特色：

1. 發行黨報的目的在於反映本黨政治立場，批駁和打擊政治鬥爭對手。除針砭時弊和臧否人物之外，還常常具有施放政治空氣的效用。例如，1997 年春季以來，新進黨內部出現裂痕，舊公明黨集團由於身在黨內還不便立即交惡，就透過自己的黨刊《公明新聞》開始逐漸減少對新進黨的相關報導。這樣做既可以將自己的意圖告訴自己的群眾，也能夠使世人了解兩者在有意識地拉開距離。

2. 黨報通常是黨派財政的主要來源。黨員負有訂購甚至推銷黨報的義務。在這方面，最顯著的例子是日本共產黨的《赤旗》，每年有將近三百億日圓的巨額收入，約占該黨總收入的90％。

3. 由於可供報導的政治問題數量因時而異，黨報無需以日報形式發行。自民黨的機關刊物《自由新報》、社民黨的《社

會新報》等都是週刊，而民主黨、先驅新黨的報刊則是月刊。

4.黨報是與黨派政治命運聯繫在一起的，由此決定了某些黨報必然是短命的。例如，進入1998年，作為「非自民黨政治聯合體」的新進黨解體，《新進》自然完成了它的歷史使命。

最近，由於電腦網路技術的飛躍發展，各大政黨開始發行「電子版報紙」，並在更為迅捷、便利的網際網路上開闢網頁。尚未進入21世紀，黨派間的宣傳攻勢已經在網際網路上展開，人們已經可以從訊息高速公路上瀏覽日本各政黨政策方針的走向了。

與黨刊的局限性相反，普通的大眾期刊讀物市場十分廣闊，往往成為公眾深入了解政治事務的管道。以週刊為例，《週刊郵箱》、《週刊現代》、《週刊寶石》、《週刊新潮》、《週刊文春》的發行數量分別達到98萬、88萬、54萬、64萬和81萬份。帶有不同政治傾向性的《文藝春秋》、《諸君》、《新潮》、《中央公論》、《現代》、《寶石》的發行量也分別達到70萬、7.4萬、7.2萬、5.1萬、13.2萬和4.9萬份。各種期刊對政壇上發生的各類事件，雖然即時性和新聞性比報紙略遜一籌，但從深入挖掘背景材料、分析箇中原因上較報紙豐富許多，所以也深受讀者歡迎。當然，和所有報刊為了增加發行量努力加強報導的趣味性一樣，雜誌的編輯、記者們更是注意捕捉政治家的隱私，尤其是一些花邊新聞經過文人墨客的彩筆描繪，其轟動效應（更多時候是「轟垮效應」）可想而知。這種獵奇作法往往會被政治家利用，造成政壇動盪。難怪一位政治評論家一針見血地說，如今抓住政敵搞女人

的把柄就是掌握了政治鬥爭中的撒手鐧，從搞垮搞臭對手的意義上說，簡直可以和戰前的政治暗殺相媲美。

（二）廣播、電視的特殊功能

從一定意義上講，現代日本人的政治生活是與廣播聯繫在一起的。1945年8月15日，正是無線電廣播把天皇的「終戰詔書」傳達到各地，揭開了戰後歷史的第一天。

廣播曾以即時和便捷對報刊行業占據優勢，但當電視普及以後，聲光並茂的特色占盡了政治報導的風光，使只有聲音沒有圖像的廣播電臺相形見絀，成了國民瞭解政治的輔助手段。然而，電視的發達並不會取代廣播的存在。這一方面是由於日本的廣播公司與電視公司本屬同根，國營的NHK也罷，地方民營的TBS廣播網也罷，通常都是兼營廣播、電視的綜合系統。另一方面，電視仍然為廣播保留了必要的生存空間。在擁擠的交通工具上，在缺少電源的特定場所，到海外出差、旅行，甚至在發生地震等自然災害造成大面積停電的時候，便於攜帶的微型半導體收音機就成了日本老百姓即時獲取政治訊息的主要手段。據說，像相撲、棒球的熱門體育競賽來臨時一樣，每當大選來臨或社會上爆出政治冷門，半導體收音機的銷售量便會上升，便於攜帶和單獨收聽的便利，恐怕也是日本人至今喜歡把玩玲瓏精巧的高性能收音機的一個原因。

如同現代社會中所有國家一樣，電視在日本早已是報刊之外日本民眾與政治生活聯繫的另一座重要橋樑。隨著時間推移，電視的影響越發廣闊，不僅「看著電視長大的」中年以下人群離不開視覺效果的訊息，孤寂的老年人們也把電視當作生活的伴侶。

1998 年 5 月，世界電視會議在法國嘎納舉行。會議公布了歐洲數字電視公司對發達國家人均收看電視的時間統計，日本以平均每人每天四小時居首位，超過美國、俄羅斯、英國、法國、德國等所有發達國家。同一統計中有關歷年收視時間長度的曲線還表明，日本人在電視機前度過的時光還有逐年增長的**趨勢**，看電視似乎是日本人生活中不可缺少的組成部分。這一結果，頗使人感到意外，素有「勤勞的工蜂」美名的日本人耽溺於電視節目，和以福利和閒適著稱的瑞士人僅僅看 2.07 小時的紀錄形成強烈對比。而日本國內歷年「日用生活必需品的問卷調查」，電視機都獨占鰲頭，完全不像歐美國家把電冰箱或汽車、電話列為首要必需品的作法。

當然，在五花八門的電視節目裡，政治性或帶有較強政治性的演播內容並不很多，但電視機在日本的普及的確與當時播送國政大事和國際要聞密切相關。在電視走進家庭的 60 年代前後，1959 年皇太子（平成天皇）結婚的實況轉播，1960 年圍繞日美安保條約進行的國會辯論實況轉播，1963 年美國總統甘迺迪遇刺的錄影播放等等，給此前對政治焦點難得一見的一般大眾予強烈刺激，無不欲一睹為快。鑑於電視聲光並茂的特色，聰明的政治家們也極力在鏡頭前樹立自己完美良好的政治形象，難怪有人說今天的政治家必備的條件之一是「具有爭取民心的表演才能」。現行的《選舉法》規定了候選人在電視上闡述政見的時間限制，國會期間和重大政治事件的跟蹤報導更是政治家們展示自己、爭取國民支持理解，進而募集選票的主要管道。最近，個別政黨索性拿出巨額資金到電視上作廣告，夾雜在速食麵和啤酒之類眼花撩亂的廣告中，道貌岸然地講上幾句政治理想，呼籲民眾支持自己的

黨派。當然，電視也把政治家的隱私暴露無遺，在一定意義上，田中角榮的洛克希德事件、金丸信的政治醜聞等，都是經由電視節目揭發出來的。當然，能做到不受限制地揭發暴露醜聞是一種社會進步，這無疑是廓清政治的前提條件，傳媒這樣做具有很大的積極意義。電視對政治家的另一個「威脅」是廣而告之的宣揚效果。據說1993年自民黨下臺的原因之一就是，宮澤首相5月末在電視上公開承諾「本期國會一定開展政治改革，我絕不食言」，但後來卻自打耳光把政治改革延遲到下一次國會。既然已經昭告天下，自然就失去了迴旋餘地，結果被對手捉住把柄大作文章，終於被逼進政治死角。

面對電視這種成也蕭何、敗也蕭何的功能，政治家十分小心謹慎，甚至不惜屈膝就範，按照電視臺的安排和要求進行「表演」。某些政治家為了能夠獲得現場直播高收視率的良好效果，甚至可以特意讓開定期轉播的相撲、棒球等熱門節目的時間，安排自己的政治活動。政治家對待電視傳媒慎之又慎，生怕一時一事疏忽招致國民不滿。據說，首腦出訪時隨行的報導組會受到周到的款待，採訪結束還可以得到官房副長官贈送的「餞別」，以現金表示慰勞和犒賞。不過，政治家尤其是執政黨的政治家們對電視臺也有自己的制約措施。政府經營的電視事業屬於「國家公器」，NHK電視臺的人事任免受到政府左右，財政撥款數額和向國民收取的「收視費」數額，更是仰仗政治家的斡旋。

最近幾年，廣播、電視行業遇到了一個更為強大的競爭對手，電腦通訊技術飛躍發展後，網際網路在社會政治生活中正發揮出越來越大的效用。尤其對青年一代，漫遊在電腦網路空間，從黨派的網頁和其他服務獲得自己感興趣的政治訊息，較之以往

的一切方式來得更加便利。因此，「儘管能夠利用網路的國民多為青年一代，存在老齡人口在訊息方面的落差，但由於不關心政治的人口恰恰集中在青年層面上，政府期待著訊息技術會提高國民整體對政治的關心水準。同樣，那些不能有效利用網路進行宣傳的政治家或黨派，則將失去那些與政黨無涉、主要依靠具體政策主張來選擇支持對象的青年群體，當選的難度自然要大得多了」。❾而且，電腦網路還可以滿足與對方展開雙向交流的需要，這就更使其他手段相形見絀。

電腦網路在傳播訊息方面的巨大能量立即引起政界的高度重視，1997年10月，國會向眾議院全體議員配發了電腦，開通網路。1998年10月，參議院也比照辦理，把免費提供訊息作為國會議員享受的一項新特權。甚至有人開始研究網路與投票選舉的內在關係，準備迎接在「網路經濟」、「網路生活」之後到來的「網路政治」時代。大眾傳媒對選民投票的影響之大不可忽視，尤其在選舉雙方勢均力敵時，對尚未作出判斷的無所歸屬的零散選民，更是有著極大的影響力。

(三) 大眾傳媒的社會政治作用

顧名思義，大眾傳媒的基本作用是向公眾傳遞包括政治訊息在內的各種訊息。現代日本社會中，國民對與自己切身利益息息相關的政治事務日益關注，要求政治訊息公開化的「知情權利」的呼聲不斷高漲。訊息公開化給大眾傳媒賦予了豐富的政治內容，同時也使傳播媒介本身成了政治運作過程中行之有效的工具。從當前情況來看，大眾傳媒至少發揮著以下三點功能：

第一，傳媒報導發揮著前所未有的宣傳效果，給政治運作造

成某種衝擊,改變著利益集團、政治領袖的地位和作用。至於傳媒究竟會降低或是擴大政治領袖的作用很難一概而論,利弊取決於政治家和所屬集團在傳媒提供的舞臺上展示自己的水準。久而久之,政治家難免走向「戲劇化」和「臉譜化」,甚至有些電視臺記者爲了提高收視率,公開要求政治家根據事件性質爲觀眾「作出明朗的微笑或者惱怒表情」。其實,政治家在傳媒上的表演傾向早已出現,1979年11月大平正芳與福田赳夫爭奪權力時,兩派的青年議員和秘書們就在自民黨總部門前用桌椅築起街壘,在電視攝影機前演出了一場精彩的攻防戰。今天,在媒體上爲政治主張拚死抗爭表現激烈舉動的鏡頭或照片時有所見,似乎非此不足以讓自己的支持者感到對支持者的忠誠。於是有人戲言:在彬彬有禮的日本人中很難見到身體接觸的非禮行爲,但有兩種例外,一個是電視劇中的某些歡愛情節,另一個則是在國會激烈辯論中的議員打鬥,說到底兩者同樣屬於作戲,不過是爲爭取電視觀眾或觀看電視的納稅人進行的表演罷了。

第二,傳媒也是政治家手裡的工具和政府必要的傳聲筒。政治作爲治國之術,在爭奪執政權力和主導地位的層面,往往帶有權術和謀略的性質,政府的重大決策常常需要新聞管道「吹風」,政治也時而利用報刊、電視「下點毛毛雨」。尤其在政府處理國家關係方面,由於公眾對國際事務不可能像國內事務那樣親身感受,而傳媒因其共同的國家民族立場在報導時口徑比較統一,所以政府可以利用甚至鼓動傳媒加大某一問題的報導力度,以營造出符合自己需要的國民情緒。90年代中期,日本政府利用中國大陸與台灣間的對立,渲染中國在台灣海峽進行的軍事演習,某些媒體甚至荒唐地討論導彈誤射到日本的可能性,結果達到了加強

日美軍事同盟的目的，《新防衛合作指針》也得以通過。到了20世紀末，又一次開動宣傳機器，利用北韓發射導彈一事，報刊、電視接連報導並組織討論、訪談，攪得民眾真的擔心起北韓對日本的威脅。其實，稍有常識的人都清楚，日本作為亞洲擁有最高科技水準、經濟實力和軍事技術裝備的強國，無需在北韓導彈問題上如此大作文章。少數政治家利用傳媒炒起對北韓導彈的恐怖浪潮，恐怕另有所圖，其真正目的是為了自己的導彈，為了儘快通過與美國共同建立戰區導彈防禦系統的計畫（TMD），以對付在他們看來更大更危險的目標。

第三，大眾傳媒還具有政治監督和平衡社會關係的調節器作用。大眾傳媒的天職是如實報導社會問題，在社會不斷進步的今天，揭露政治和社會的陰暗面發揮了監督政治過程的積極作用。以報導政治事件為業的記者和著名的政治問題撰稿人、評論家通常是諳熟內幕的行家裡手，對宦海沉浮的政客抱有「爾等藏寶劍，吾有筆如刀」的態度，就連首相、大臣也要避讓三分，使他們不敢過於放縱自己，以免暴露到公眾眼前，成為輿論攻擊的眾矢之的。此外，媒體還兼有排解民眾情緒的出氣筒作用。尤其是經濟景氣低迷，危及大眾生活之時，遷怒政治家的公眾總是需要一塊發洩憤懣的園地。日本沒有類似倫敦的「海德公園」，於是報紙便成了宣洩怒氣的「主管道」，這也是大眾傳媒的另一個存在價值。

總之，政治與大眾傳媒像一對孽緣夫妻，處於相依相伴又糾纏不清的複雜關係中。但無論如何，政治家只能「善待」大眾傳播媒介，並在各種傳媒載體上努力樹立良好的形象。而大眾傳媒則如同一把靈巧的雕刻刀，在潛移默化地改寫著國民政治態度的同時，也為政治家塑造出人心向背的政治形象。

—注釋—

❶加藤秀治郎編著，《政治的結構》，PHP研究所，1993年版，第20
頁。

❷讀賣新聞社編，《21世紀的政治構想》，1997年版，憲法篇資料
1。

❸前引書《政治的結構》，第20頁。

❹浮島勤，〈能夠設立新的聯合政治團體嗎？〉，《讀賣新聞》，1998
年10月26日。

❺堀要，《日本政治的實證分析》，第143頁。

❻王新生，《現代日本政治》，東方出版社，1997年版，第60頁。

❼絲山英太郎，〈墮落為政治家走狗的電視、報刊的內幕〉，《寶
石》，1998年第1期，第142～153頁。

❽引自〈日本報紙的等級劃分〉，SAPIO，1998年11月11日，第114
頁。

❾牧野升、石井威望合著，《訊息革命全預測》，三菱綜合研究所，
1998年版，第111頁。

第 5 章

議會與立法權

　　廣義的議會是指國家或地方的立法機關和權力機關。在日本為了區別握有中央權力的國家議會和各級地方議會,將代表國家權力的最高議會稱爲「國會」。日本實行中央與地方權力分立的議會民主制,國會是「國家唯一掌握立法權」的國家權力最高機關。這種至高無上的權力不僅使國會在三權分立結構中占據最爲重要的一極,同時也使選舉國會議員以及對選舉制度本身進行改革都成爲重要的政治活動,具有變更政治規程和準則的深遠意義。

第一節　選舉制度改革成敗談

　　在 20 世紀最後十年,日本政治制度的最大變化莫過於選舉制度改革。因爲,在議會民主制體制下選舉制度的改革不僅意味著變更國會產生方式,而且不同的選舉制度又直接決定著黨派間的力量對比,透過選舉影響到政權構成。正因爲如此,每當歷史發展過程中出現了改變選舉制度的時機,幾乎所有政黨都努力使選舉制度朝著有利於自身發展的方向改動,在這種力量的驅動下,

20世紀日本的選舉規則經歷了多種選區制度變更。

（一）近代以來選舉制度概觀

　　選舉制度是依照選舉法律規定的「由國民透過正當選舉產生其代表」的程式準則，其中主要包含對選民資格、選區制度和投票制度等幾個方面的規定。日本最早的選舉法頒布於1889年，由於明治政府對選舉人的性別、年齡和納稅資產作出嚴格限制，在當時近四千萬左右的總人口中，擁有選舉權者只有四十五萬。第一次世界大戰後，近代民主運動在日本興起，伴隨1919年選舉範圍擴大，1900年以來實行的「府縣大選區制」更改爲小選區制。就一般而言，小選區和大選區的不同點在於選出代表數量的多寡，通常小選區只產生一名議員，即所謂「單數選舉區制」；大選區大都依照行政區劃，是選出多名議員的「複數選舉區制」。1925年，日本在形式上取消了選舉中對資產的限制，規定所有成年男子開始實行「男子普選」，同時作爲選區改革，把早年實行過的府縣大選區分割爲「中選區」，每一選區選出兩名以上複數議員。

　　1945年，國會通過了選舉法修正案，選舉人年齡下降到二十歲，被選舉人年齡下降爲眾議院議員二十五歲、參議院議員三十歲，同時承認了婦女的參政權。實行普選後的日本於1946年一度恢復過大選區制，但從1947年起又回到中選區的方式上來。此後，日本的選舉制度趨向穩定，直至1994年大選始終實行「中選區單記投票制」的選舉方式。在新的中選區制度下，眾議院選舉是將日本劃分爲一百三十個選舉區，每個選區選舉三至五名議員，總共選出511名眾議院議員。選民的投票以每人一票爲原

則，實行無記名選舉。在參議院選舉時選區分為兩種，一是把整個日本作為一個「全國選區」，選舉一百名參議院議員；此外按照都道府縣行政區劃的「地方選區」，每一選區選舉二至八名參議院議員，總數152人。「全國選區」與「地方選區」兩者合計為252名參議院議員。

不過，選舉制度形式上的穩定並不等於各政黨安於現狀，在過去的幾十年裡，自民黨為了改變競選中的失利地位，曾在1972年選舉後幾度呼籲縮小選區，希望把選舉制度改為每一選區選出一名候選人的小選區制。從1989～1994年，日本以修正現行選舉制度為主要內容的政治改革進入高潮。1991年，自民黨海部俊樹內閣向國會提交了「政治改革三項法案」，要求把選舉制度改變為小選區與比例代表制並立制度。海部內閣的努力引起在野黨的反對，更因遭到金丸信等自民黨內部實力人物抵制而流產。到了1993年春季，日本黨派鬥爭進入決戰階段，社會黨和公明黨向國會提交「政治改革六項法案」，也呼籲實行小選區與比例代表並立制。而此時的自民黨考慮小選區利於大黨競爭，把選舉制度改革的主張直接改為劃全國為五百個小選區的單純小選區制度。這樣一來，朝野雙方雖然在具體的劃分方式上有分歧，但對導入小選區這一大前提已經再無異議，一次新的選舉制度改革正式啟動了。

（二）小選區與比例代表區並立制度

1994年，第一二八屆國會審議通過了細川護熙內閣的《公職選舉法修正》、《眾議院議員選區劃分審議會設置法》、《政治資金限制法修正》以及《政黨助成法》。後來，第一三一屆國會上又

通過了《小選區劃分法》、《政黨法人資格法》以及《防止腐敗法》。接連出爐的一系列政治改革法使日本的選舉制度出現了重大變化，其核心內容歸納起來主要有以下三點：

1. 將迄今實行的中選區制改變為「小選區與比例代表區並立制」，即為迎接今後的大選，將全國劃定為三百個小選區，每個小選區只選舉一名國會議員；同時，又將全國分成十一個比例代表區，各政黨在選舉前將本黨候選人名單提交中央選舉管理委員會，然後向選民公布。選民在比例代表區投票時只寫政黨名字，不寫候選人名字，開票後按照各黨派得票數額分配議席。

2. 眾議院議席從過去的511席改變為500席（後來又改為480席），議員中300名來自小選區。小選區的劃分是將人口高度集中的東京都分為二十五個小選區，餘下道、府、縣依照人口多寡劃分為數量不等的小選區，其中僅次於東京的大阪府選區多達十九個，而人口稀少的鳥取縣僅為二個選區。政黨比例代表選舉的200名（後來改為180名）議員來自全國按照北海道、東北、北關東、南關東、東京、北路信越、東海、近畿、中國、四國、九州等十一個比例代表區分配，其中近畿產生三十三名議員，東京產生十九名議員，四國只產生七名議員。

3. 投票方式改為記名式兩票制，即選民同時投兩張選票，一張投給小選區候選人，另一張投給比例代表區的某一政黨。在小選區，獲得1/6以上有效選票的最多得票者即可當選，但落選者仍可受所在黨派推薦在比例代表區當選。

此外，作為選舉制度的配套改革，《政治資金限制法修正案》、《防止腐敗法》和《政黨法人資格法》出爐後，改革了舊有關於選舉的法律規定。按照新的規定，政黨的條件是「擁有五名以上國會議員，或者在最近一次大選，或上一次參議院選舉中獲得過2％以上選票的政治團體」。所有政黨必須取得法人資格，國家依照每位國民二百五十日圓標準計算，每年從國庫拿出三百零九億日圓對政黨實施國費補助，補助費用按照議員數量和得票率分配給各個政黨，但各政黨獲得的補助金額不得超過該黨上一年總收入的2/3。

《防止腐敗法》還規定，企業或其他團體向政治家提供的政治資金限於未來五年，每年不得超過五十萬日圓；五年之後企業或其他團體的政治資金只能捐給政黨；單項收取政治資金達到五萬日圓以上，或籌措政治資金的宴會入場夯收入每次超過二十萬日圓者，必須公開帳目。修改後的法律還強化了對違法亂紀者的處罰，實行不僅追究違反新《公職選舉法》的責任者，還取消相關候選人當年的被選舉資格的「連坐制度」。在1996年10月的大選中，近畿比例代表區當選者野田實，即因為屬下收買選票等觸犯《選舉法》的行為被判有罪，而被宣布當選無效。而且，候選人及其競選班底一旦觸犯法律，候選人在五年內不得出馬競選，此外還要視情節嚴重程度罰款二十至一百萬日圓。

（三）對新選舉制度的實踐檢驗

1996年10月20日，日本按照新選舉法舉行了第四十一次大選。這次大選可謂對冷戰結束以來政治變革成果的一次總結和檢驗。但是，時隔將近半個世紀的選舉制度改革結果，卻大大出乎

當年強烈呼喚新選舉制度的革新派政黨的預料。自民黨在大選中一舉獲得239個議席，比選舉以前增加了28席。新進黨在選舉前設定的目標是爭取突破眾議院議席的半數，但實際結果僅僅得到156個議席，非但沒有增加，反而比選舉前減少了4個議席。社民黨遭到慘敗，僅僅保住15個議席。日本共產黨則有了大幅度增長，獲得26個議席。選舉前成立不久的民主黨得到52個議席，成爲國會中排在第三位的政黨。

大選的結果引起社會各界討論選舉制度利弊的又一次熱潮。耐人尋味的是，儘管嚐到了新選舉制度甜頭的自民黨不免竊喜，許多連年鼓吹改革選舉制度的政界、學術界人士也堅持這一制度的科學性與合理性，但更多的人對這項「千呼萬喚始出來」的改革成果持批評態度，不少政治學者對於選舉制度改革後投票率暴跌頗有微言，批評「小選區固然有民主程度高的積極因素，但更爲直接的衝突和對抗，有可能加遽選區內的腐敗行爲，進而導致選民喪失政治熱情，使投票率進一步下降」，暗示應當恢復中選區舊制。還有學者從分析資本主義選舉制度的根本弊端出發，指出：「戰後政治腐敗的歷史眞實地告訴我們，產生國民這種對政治不關心甚至絕望的原因，在於政治領域的不公正和虛僞。長期以來，政治資金方面的許多醜聞，以及滋生腐敗行爲的政、官、財之間的相互勾結，早已把公正原則拋棄到民主政治之外了。」❶東海大學政治經濟學部白鳥令教授更是直言不諱，「必須改變現行的小選區比例代表區並立制」，「唯其如此，才能改變國會的比例構成，形成眞正符合國民意願的選舉制度」。還有學者索性以《小選區使日本變得更壞》爲題目，抨擊小選區比例代表制的弊端，向社會呼籲再次改革選舉制度。❷相反地，也有學者將日本

的小選區制度和其他西方國家比較，認為目前的小選區比例代表並立制仍不夠徹底，「德國實行了小選區制度，但全部議席由比例代表決定。而在日本，小選區與比例代表制度並存，在小選區落選的候選人，仍可能在比例區復活。而有可能復活的議員絕不會罷手，可見錯誤的制度一旦形成，改造它將是多麼困難。……尤其在日本，許多人與其說是對政黨感興趣，不如說是喜歡具體的候選人，所以小選區雖然可行，但最終要實現使國民意志反映到國會的『一人一票的投票方式』。目前的一票制價值並不平等，必須改為一對二點五的狀況。我認為，為了忠實地反映國民分布廣泛的意見，選舉制度應當具有柔軟性。但最為重要的是，切記政治權力的唯一基礎是遵從國民意志」❸。

　　同學術界激烈爭辯相同，國會裡關於選舉制度改革利弊的評論也大相逕庭。1996年10月的大選剛剛結束，朝日新聞社就組織力量透過當面詢問方式，進行「國會議員對新選舉制度看法」的問卷調查。在接受採訪並作出答覆的471名國會議員裡，對「並立制是否有修改必要？」的提問回答「有必要改正」的議員為218人（占回答總數的46％），回答「即便繼續小選區與比例代表區並立制，也應當作些修改」的議員為221人（占47％），只有25名議員（占5％）堅持認為新選舉制度是良好的制度，另外7人拒絕回答這一提問。當記者對「認為有必要更改並立制」的議員提問「如何更改？」時，主張「實行徹底的小選區制」的有61人（占28％）；明確講「回到中選區制度」的有30人（占14％）；主張「不應當搞小選區為中心的並立制，而要實行比例代表制為基礎的制度」的有28人（占13％）；要求「完全實行比例代表制」的有25人（占11％）；另外74人未做明確回答。同一

調查還表明了不同政黨在對待選舉制度改革上的若干區別。自民黨和新進黨認為「與中選區相比，新制度實現了政策本位的選舉」，而社民黨、共產黨、民主黨則認為恰恰相反，共產黨和社民黨認為「新的選舉制度下的選舉更加耗費財力」，自民黨則認為「可以少支出財力了」。對於「能否在日本實現政黨本位的選舉？」這一提問，新進黨和共產黨是肯定的，而自民黨和民主黨、社民黨認為全無可能。關於「強化連坐制」問題，自民黨和新進黨都在黨內進行了動員，嚴格要求候選人遵守規章，而共產黨、社民黨和民主黨卻完全沒有在黨內提出諸如此類的要求。

　　日本國民對改革選舉制度的反應十分冷淡，1996年10月20日，日本在新選舉制度下舉行首次大選的投票率創造了歷史最低紀錄，僅為59.65％，而且「死票」（未獲得席位的落空選票）達到55％，數量超過了有效票的半數，比1993年中選區下大選出現的24.7％的「死票」增加了大約25％。新聞界評論認為，投票率低下當然也有90年代前期日本兩院投票率一直呈下降趨勢的慣性作用，而且在許多人看來新選舉制度僅僅是政治家們的遊戲，比起與自身生活息息相關的經濟政策、福利政策顯得空洞而遙遠。客觀地講，現行的「小選區比例代表區並立制」中，小選區代表高於比例代表區數量的狀況，確實有利於大黨，特別是在自民黨一黨居於壓倒地位的時候，分散的小黨很難與之抗衡。而且，雖然改為小選區選舉增加了選民對候選人的了解，提高了反映民意和體現民主政治水準的努力，但每一選區僅僅產生一名議員，就排除了中選區多位議員分別向國會傳達不同利益群體呼聲的可能。這種情況還可能帶來另一個負面影響，候選人一旦當選就可能成為該選區在眾議院唯一的政治代言人，進而為以後的選舉奠

定有利地位，使下一次選舉的候選人處於不平等的起點上。今天，在野黨尤其是勢力較弱小的黨派對選舉制度所持的否定態度，就集中在認為小選區比例代表區並立制度會進一步削弱中小政黨的力量，使自民黨獨家坐大的趨勢加強，有必要對現行選舉法進行新的改革。

但無論怎樣，小選區比例代表區並立制作為醞釀已久的選舉制度，一經形成就不會立即更換。而且，與新選舉制度配套的制約措施在限制政治腐敗、約束選舉行為上也確實有一定作用，使政黨和政治家們在注意避免違規的同時，認真對待僅僅相當於一瓶飲料價值但卻是取自每位國民稅金的「二百五十日圓」。不過，選舉總會伴生許多私下活動，金錢與政治的幕後交易也不會因政治改革法案的出爐而驟然終止，例如為籌集選舉資金的宴會常常出現由利益集團或企業界人事代表眾人大量購買門票的情況，而真正參加宴會的人卻少得多。何況精通選舉技巧的「選舉屋」（以助選為業的競選班底，國會議員的助選人數限定為十五人）更是「道高一尺，魔高一長」，鑽法律漏洞的手法不勝枚舉。舉個簡單的例子，選舉法限制張貼海報、懸掛競選旗幟的數量和地點，選舉班底就會用「糊窗戶」的名義，在臨街的大玻璃窗裡貼上正面朝外的候選人巨幅海報，在繁華街道口擺兩個皮箱再插上旗幟，美其名曰「搬運行李」，就可以整日站在那裡等待根本不存在的接行李的車輛。如此巧妙的對策真叫選舉管理委員會哭笑不得。由此也可以看出，消除選舉制度中的漏洞和弊端，進一步完善民選制度仍然是日本今後政治生活中的一個重要課題。

第二節　議會的立法權能與限制

　　日本的議會制度起自1890年，是根據明治時代頒布的《大日本帝國憲法》設立的「帝國議會」。當時的國會由貴族院和眾議院組成，其地位不過是「協贊天皇行使立法權」的輔助機構。戰後，日本伴隨民主化改革運動的深入，1947年4月根據前一年頒布的《日本國憲法》舉行了第二十三次眾議院選舉，產生了適應戰後民主政治的新國會，使國會真正成為資本主義議會民主政治結構中執掌立法權的一極。

（一）國會組織

　　日本國會是由眾議院和參議院組成的兩院制議會。從理論上講，實行眾、參兩院制度是為了保證來自不同社會利益集團的代表進入國會，並透過彼此獨立的分別議事和「兩院協議會」制度發揮互相抑制、相互制約的補充作用。從政治操作上講，兩院議員任期不同，而且參議院不存在解散的可能，以此保證眾議院解散期間國會仍能夠召開緊急會議，維護國會機能與政局穩定。1947年4月公布的《國會法》明確規定了兩院議會的組織構成，半個世紀以來，國會在政治實踐中對各種委員會和附屬機構又進行了多次整改和增補。90年代中期，一系列政治改革法案相繼通過以後，目前兩院分別設有500和252個議席，兩院議員均由選民直接選舉產生，但不可以相互兼任，享有的政治權限亦有所不同。關於議員任期，《選舉法》規定眾議院為四年；參議院為六年，每三年改選其中半數。不過，由於內閣有權解散眾議院提前

舉行大選，所以眾議院議員的實際任期並不固定，在政治局勢動盪不定的時期，相較之下，倒是參議院議員的任職相當穩定。

為了確保議員行使法律賦予的參政議政權利，兩院議員享有優厚的待遇和特權。首先，國會議員享受由國家支付的不低於一般國家公務員最高工薪的「年薪特權」。事實上，每名國會議員可領取與東京大學、京都大學校長大體相同的薪金，並由國家出資配備兩名秘書，還可根據規定使用議員會館和車輛。以1997年為例，兩院正、副議長月薪分別為226萬和165萬日圓，議員月薪為135萬日圓。此外，國會議員每月可享受文書交通費用一百萬日圓，派遣旅費近二十萬日圓、立法事務費六十五萬日圓以及每年三次發放的總額為五個月薪水左右的獎金。任職十年以上的議員在退職時可以得到相當於前一年工資總額1/3的退職金，連續當選二十五年的「永年議員」還可以額外獲得月額三十萬日圓的表彰費。其次，國會議員享有司法意義上的「免逮捕特權」。法律規定，除現行犯罪外，國會開會期間非經議會許可不得逮捕議員。1994年，東京地方檢察院特別搜查部經過法定程序逮捕了原建設大臣中村喜四郎議員。對於國會會期以外因犯罪行為拘捕的議員，如果眾議院和參議院提出要求，可在國會期間獲釋，以履行議員的公務活動。另外，議員還擁有言論絕對自由的「免予追究特權」，就是說「兩院議員在國會所作的演講、討論發言或表決，在院外不得追究其責任」，不得因國會中的言論對議員提起「刑罰或損害賠償」的要求。

國會中的首腦是眾、參兩院議長，議長分別作為本院領導，承擔維持本院秩序、主持議事、監督國會事務並代表本院處理相關問題。《國會法》賦予議長議事日程的決定權，議長可以決定

是否將議案送交議會內設立的專門委員會審議。在召開國會期間，議長有權限制質詢和辯論的時間，有權宣布終止質詢、辯論和休會，還有權指揮國會警察進入會場維持秩序。而且，假如表決勢均力敵，議長就有權作出最終裁決。議長之下設副議長一人，目的是議長因故缺席或議長職位長期缺位時避免空轉，屆時由副議長執行議長職務，享有與議長相同的政治權力。

國會必須定期召開會議，行使立法、審議預算以及監督政府、彈劾司法機關的法官、接受民眾請願等項權力。根據現行制度，國會的會議分為通常國會、臨時國會和特別國會三種。1991年後，通常國會於每年1月召開，會期一百五十天，只能延長一次，若眾、參兩院對延長會期存在分歧，以眾議院決議為準。絕大部分法案都在通常國會上審議。但各種議案在進入兩院分別表決的總會之前，必須經過長時間的調查研究過程。所以，國會的活動大部分以委員會為中心，由少數人組成的委員會擔負著議案的前期審議工作。根據《國會法》，兩院的委員會分為常任委員會和特別委員會兩種。常任委員會是國會中最為重要的組織，負責審查有關議案和請願，其構成是在國會會期開始時選任，任期與議員的任期相同。按照法律規定，每一位國會議員須至少參加一個委員會並擔任常設委員，常任委員會的委員長由各議院分別在各自的常任委員中選舉產生。《國會法》第四十一條規定，「常任委員會審查其所屬部門的議案（包括決議案）、請願書等」，這種眾議院的常任委員會最初有十六個，70年代增加到十八個，各個委員會的人員也分別有所增加。目前眾議院常任委員會的情況為：

1.內閣委員會（30人），負責審議內閣、人事院、宮內廳、北海道開發廳、防衛廳以及不屬於其他常任委員會審議的總理府提出的議案。

2.總務委員會（30人），負責審議與地方公共團體、自治省、公害委員會有關的議案。

3.法務委員會（30人），負責審議與法務省、法院有關的司法行政的議案。

4.外務委員會（30人），負責審議與外務省有關的議案。

5.財務金融委員會（40人），負責審議除預算和決算以外的與財務金融有關的議案。

6.文部科學委員會（30人），負責審議與文部省、教育委員會和科學技術、學術會議有關的議案。

7.厚生勞動委員會（40人），負責審議與厚生勞動省有關的議案。

8.農林水產委員會（30人），負責審議與農林水產省有關的議案。

9.經濟產業委員會（40人），負責審議與經濟產業省有關的議案。

10.國土交通委員會（30人），負責審議與國土交通省有關的議案。

11.安全保障委員會（25人），負責審議與防工廳有關的安全保障方面的議案。

12.環境委員會（25人），負責審議與環境廳有關的議案。

13.預算委員會（50人），負責審議內閣的預算案。

14.決算委員會（25人），負責審議內閣的決算案。

15.議院營運委員會（25人），負責審議議院議事程序及有關
   國會法和議院規則等事項。
16.懲罰委員會（20人），負責處理議員的資格糾紛和對議員
   的紀律處分。

　　90年代後，眾議院裡又增加了厚生委員會（40人，負責審議
與厚生省有關的議案）和安全保障委員會（40人，負責審議有關
安全保障的議案），使常任委員會的總數達到20個。
　　參議院的常任委員會幾經調整，分別為：內閣委員會（19
人）、總務委員會（19人）、法務委員會（19人）、外務委員會
（19人）、財政金融委員會（22人）、文教委員會（19人）、厚生勞
動委員會（19人）、農林水產委員會（21人）、經濟產業委員會
（19人）、國土交通委員會（19人）、預算委員會（45人）、決算委
員會（30人）、議院營運委員會（25人）、懲罰委員會（10人），
後來也增加了環境委員會（19人），總數達到十五個。參議院常
任委員會的職權範圍與眾議院常任委員會大體相同。但從委員人
數來看，眾議院常任委員會人數居多，通常由三十至四十人組
成，參議院的常任委員會人數較少，除預算委員會為四十五人
（眾議院的委員會則為五十人）、議院營運委員會與眾議院相同以
及決算委員會比眾議院多五人之外，其他均不過眾議院人數的
2/3。
　　國會中的特別委員會，是各議院為審議本院認為有特殊需要
的法案或不屬於常任委員會所管轄的特定法案專門成立的委員
會，其委員長在委員會委員中互選產生，委員從議院內部選任，
其任期直至本院對委託該委員會的議案作出決議為止。所以特別

委員會的數量和構成總是處在變化之中。近年來，日本國會中的特別委員會主要有災害對策特別委員會、煤炭對策特別委員會、消費者問題特別委員會、沖繩問題及北方領土問題特別委員會、行政改革特別委員會、推進財政結構改革特別委員會、科學技術特別委員會、環境特別委員會等等。

作為國會的附屬機構，兩院分別設有議會事務局，由議院會議從議員之外選舉或者由議長選任事務總長。事務總長在議長監督下簽署國會正式文件，處理國會日常事務。兩院中還設有負責協助議員起草法案的法制局，以及國會圖書館和憲政紀念館等部門。

（二）國會的立法程序

按照憲法規定，「國會是國家的最高權力機關，是國家的唯一立法機關」，根據憲法和《國會法》賦予的立法權力，制訂法律是國會最重要的工作，由兩院常任委員會中相關組織和全體議員總會審議後表決確定。

按照立法操作的不同步驟，國會制訂一部法律的完整程序必須經過「提案 —— 審議 —— 表決 —— 兩院協調 —— 公布」等五個環節，但如若兩院審議、表決意見一致，則可以省略兩院協調，其他四者則是缺一不可的環節。

■ 法律提案

法律提案是國會立法的啟動階段，提案可以出自國會議員，也可以出自內閣，事實上大部分議案來自內閣。據統計，到1997年6月截止，日本戰後以來制訂以及修改的新法律共有近八千項，其中80％以上是由內閣提交國會審議通過的。相比之下，議

表5-1　1992～1997年日本通常國會審議法案狀況表（提出數／通過數）

國會屆別（會期）	內　　閣	眾議院	參議院
第123屆（1992.1～6）	101/95	12/7	6/0
第126屆（1993.1～6）	92/85	26/6	16/1
第129屆（1994.1～6）	102/90	13/10	5/3
第132屆（1995.1～6）	132/132	20/7	6/2
第136屆（1996.1～6）	115/115	16/10	5/1
第140屆（1997.1～6）	114/112	45/10	11/3

註：內閣法案包括條約和預算

員提出的法案僅占一小部分。如果從法案通過率來看，內閣提交法案的通過率高達90％左右，尤其在1995、1996兩年的第一三二屆、一三六屆通常國會上，內閣提交的法案通過率竟然達到100％，更是遙遙領先於國會方面提交的法案（見**表5-1**）。作爲立法程序中的提案標準，內閣提案經過內閣有關省廳、法制局乃至內閣的事前審議；國會議員提出議案需要眾議院二十人以上、參議院十人以上附議。若要提出預算法案，則需要有眾議院五十人以上、參議院二十人以上的連署。

■ **法案審議**

　　審議是決定法案成立與否的關鍵步驟之一，所有議案原則上都需要由國會眾、參兩院審議批准。具體步驟是，按照預算、條約眾議院先議決，其他法案可向兩院任何一院提出要求審議。相關議長接到議案後，首先須交有關委員會審議，討論通過後由審議委員會向議院全體會議提出審查報告，才可以列入全體會議日程。但如果議會營運委員會認爲時間緊迫或法案十分重要時，可

不經有關委員會審議而直接送全體會議審議。倘若審理議案的委員會未能通過提交議院全體會議審議，所提議案便成為廢案。通過委員會審議的議案在各議院進行全體表決前，還要接受全體議員針對委員會的報告書提出的質詢。

■ 法案表決

表決特指國會審議法案議案時以特定方式作出的決定。根據不同情況分為「起立表決」、「記名投票表決」和「口頭表決」三種。通常情況採用起立表決方式，如果審理過程出現特殊需要亦可採取記名投票表決，針對議案詢問有無異議時一般採用口頭表決方式，由議長主持的全體議員在會場進行的公開表決。當表決贊成和反對票數相等時，就動用議長職權進行裁決。通常說來，執政黨方面占據議會多數席位，旗鼓相當的均衡局面難得一見，議長的裁決少之又少。1975年7月第七十五屆國會，參議院表決「政治資金規正法修正案」時出現了117：117的票數伯仲局面，當時參議院議長河野謙三做出裁決使法案通過。

法案的審議和表決是執政黨和在野黨鬥爭最激烈的階段。審議過程中，謾罵、起鬨是家常便飯，揮拳相毆亦不難一見。1992年6月5日凌晨，參議院國際和平合作特別委員會在未經充分議論、未取得基本一致意見的情況下，於一片混亂中強行通過了《聯合國維持和平行動合作法案》（PKO法），6日凌晨提交參議院大會審議。社會黨和共產黨為表示反對該法案的態度，利用國會議事規則規定的內閣不信任案、責問內閣案、國會營運有關成員解職案的先議權，準備依次提出十數項該類法案，並在每一項法案投票表決時採取「牛步戰術」（議員從座席以極慢速度走向講臺

投票以拖延時間的戰術）進行對抗，僅表決第一項議案就耗去了十一個半小時。在長達三晝夜的連續投票中，會場上席地而臥鼾聲大作者有之，活動筋骨以解除疲勞者有之，體弱不堪重負終病倒被送進醫院者也有之。與此同時，各黨首腦頻繁接觸，經過多次討價還價，終於在9日凌晨通過了該法案。此後在眾議院經過了相同的鬥爭，15日晚最終通過了該法。

■ 兩院協調

從理論上講，提交國會的各種議案須經過眾議院和參議院表決後才能正式成立。但實際操作中，兩院意見難免出現分歧，假如參議院否決眾議院已經通過的議案，則經眾議院2/3以上多數再次通過，也可以成為法律。但是根據法律，國家預算須先向眾議院提出，如果對於預算案和締結的條約，參議院的決議與眾議院不同，且召開兩院協議會仍不能取得一致時，或參議院在三十日內不作出決議時，則以眾議院的決議為國會決議。這就是眾議院的優先權最終決定權。至於一般法案，當兩院決議出現分歧時，還是由兩院分別派出十名委員組成「兩院協議會」，商討有關議案的折衷方案。這種參議院否決議案時眾、參兩院間協議的過程即為「兩院協調」，「兩院協議會」中如有2/3以上成員通過的成案便作為國會意見，成立後就不能再修改。

■ 法案公布

經過以上程序通過的預算和法律、條約，由眾議院議長經過首相上奏天皇後公布。公布的時間限制為自上奏之日起三十日之內。對於不同法律，公布前簽署成立的步驟略有區別。議會通過的涉及全國的法律要由主管大臣與首相聯名簽署。此外，對於僅

僅適用於個別地方公共團體的特別法，在國會作出決議後，還必須經該地方居民投票，得到半數以上居民同意後方可成為法律，公布執行。

有的決議在眾議院或參議院通過後，無需再經對方議院通過，亦可視同國會決議。這類決議為非法案類決議，包括對內閣的不信任案（但只有眾議院通過的內閣不信任案才有法律效力）、對政府的政策要求及關於時局的宣言等。1995年眾議院通過的「不戰決議」、1998年眾議院、參議院分別通過各自的抗議印度、巴基斯坦核試驗的決議即屬此類。

（三）立法權能的限制

法律作為由國家立法機關制訂、政權機關執行的行為規則是統治階級意志的體現。這就決定了立法機關的權能不能超出該國家中居主導地位的統治集團所要求的界限。在日本議會民主制度下，立法權能也不能超出國家體制的限制，而日本特定的國情與政治構造也使國會立法權能存在一些問題。

首先，內閣提出的議案明顯多於國會提案，造成議會在立法過程中偏重審議而疏於擬訂議案的傾向。日本學者阪上順夫在探討日本議會民主制度的危機時指出：「雖然憲法規定國會作為最高國家權力機構，但議會果真能發揮其機能嗎？問題是日本是由官僚主義主導的政治，國會只是形式上的唯一立法機關，不僅大部分議案來自官僚，甚至就連修改預算也十分困難。」❹近年來，來自民主黨等在野黨的提案有所增加，但往往因人數不足無法通過，得不到認真審議。相反地，內閣提案出自省廳的資深官

僚，由於他們熟悉政策的細節與來龍去脈，可以針對急需立法的問題編制切中要害的議案，而且經過自下而上的稟議制逐級上呈到主管大臣，並經內閣法制局修改，富有權威性，不失爲編制議案的良好方式。不過，各省廳大臣均來自執政黨，在國會中占據多數席位的執政黨便可以優先於國會獲得審議權，執政黨通過的議案才能送交國會，執政黨政治家得以預先染指立法過程。尤其自民黨裡多次當選且精通某一決策領域的政策制訂、又能夠在較大範圍進行協調的「族議員」，就可以利用提案審議的決策權力實現自己選區或利益集團的要求。其結果，穩固了這些政治大戶的地位，使金錢與權利的交換越演越烈。

其次，立法會受到國會會期的制約，使審議中討論、答辯的時間很不充分。日本的國會會議分爲通常國會、臨時國會、特別國會和參議院緊急集會四種。臨時國會是爲審議某些緊急議案召開的，特別國會是在大選之後三十天內召開的國會，主要是爲了選舉首相。如前所述，通常國會會期爲一百五十天，並只能延長一次。但通常國會期間召集全體議員參加的全體會議卻有一定限度。由常任委員會審議通過後提交全體會議由全體議員討論的時間並不很充裕。有人對西方主要國家議會全體會議的時間作過比較，英國下院總會爲每年一百七十天，大約一千小時；美國的聯邦議會也接近一千小時。而日本國會全體會議僅爲眾議院五十小時，參議院三十小時，加上可能有政黨使用「牛步戰術」拖延，甚至出現過每天只有1小時左右效率的情況。❺

再次，議會提案還受到對提案人數條件的限制。國會眾、參兩院提出一般議案要集結二十名和十名議員，涉及預算的法案須五十名和二十名聯名提出，這一規定，儘管有避免提案過濫的作

用，但這種作法會促使國會內部形成「會派」，其副作用是使國會
鬥爭更加複雜。而且，堵塞了議員個人提出議案的管道，也難免
使選民意志反映到國會的機會更加渺茫。此外，現行代議制度實
際上是相對多數的代表制度，眾多選民很可能因自己支持的候選
人落選而喪失反映意志的機會。而當選議員出於自身政治生命和
集團利益的考慮，在立法過程裡也可能背離選民。

第三節　國家預算的編製與審議

　　議會在立法之外的另一項使命是審議和確定國家預算。為了
維持國家機器良好運轉，政府必須對未來一定期限內的經濟活動
提前作出計畫，這種對一個財政年度內國家財政的收入支出分配
計畫就稱為國家預算。和所有議會民主制國家相同，日本的國家
預算，也是由國會通過對內閣制訂的稅收支出計畫的承認來確立
的，這種國會認可帶有法律含義，因此確立國家預算是一種特殊
的法律形式。

（一）確立國家預算的法律依據

　　從理論上講，國家財政收入來自國民的稅收，其營運和使用
必須體現國民的意願。所以，在代議民主制下由議會最終確定國
家的財政營運乃是民主主義的一項基本原則，作為執掌國政的最
高權力機構的國會擁有審議並確定國家的財政預算的權力。

　　憲法第七十三條「內閣執行下列事務」中，第五款規定，內
閣「編造並向國會提出預算」。第六十條中又詳細規定了：「預算
須先向眾議院提出。關於預算，如參議院作出與眾議院不同的決

議，根據法律的規定，舉行兩院協議會仍不能取得一致意見時，又，參議院在接到眾議院已經通過的預算後，除國會休會期間外，三十日內不作出決議時，即以眾議院的決議作為國會決議。」這一眾議院擁有先決權和最終決定權的審議原則，就是國會審議預算過程中法定程序的基礎。國會對國家經濟命脈的審理監督機制還不僅僅表現為預算的表決，憲法還規定：「處理國家財政的權限，必須根據國會決議行使。」這一憲法原則在具體審議過程中，體現為以下六項內容：

1. 國家預算要經國會審議。換言之，行使監督財政權，審議和通過政府預算和國家財政議案是國會的重要職權。
2. 國會對預算費用的支出，擁有事後審查權和承認權。
3. 國會擁有對新課租稅或改變稅率的法律的決議權。
4. 國會擁有對國家費用支出或債務負擔的審查權和決議權。
5. 內閣必須定期向國會報告國家財政狀況。
6. 國家收支決算要經過國會審議通過。

不過，儘管國會在立法層次上的審定使國家預算一旦成立便具有近似法律的權威效力，但國會通過國家預算與一般意義上的法律案議決又有以下明顯區別：

首先，預算的產生過程不同於法律。從國家預算的形成過程來看，與美國等西方國家由立法府編製預算案的政治模式有別，日本採用行政府編製預算，再提交國會審議的方式。所以，儘管預算的最終決定權在國會，而預算案的編製則是在行政府中以大藏省主計局為核心的中央官廳。這種政府編製預算、國會確定預算的分工，與一般法案的產生過程，在提案權方面屬於不同的法

律機制。

其次，預算的作用與法律不同。從實施對象上看，國家預算僅僅約束國家機關，而法律約束的對象往往是整個社會。

再次，國會對預算和法律擁有不同的修改權限。法律規定，國會審議政府預算案只能在其範圍內作削減修改，不得增加支出額度或添加計畫。而國會修改法律時，則可以根據國會意見對議案做出增補或刪改。

最後，國會在確立國家預算過程中僅僅有約束內閣財政行為的權力，而內閣收支權力不是預算賦予，而是分別由其他法律確定。另外，預算與法律還明顯區別在時限的長短上，頒布法律或締結條約的有效期限取決於廢除時間，通常會適用於一個較長的期限。而預算執行期限十分固定，只適用於一個財政年度。

（二）國家預算的編製過程

國家預算的完整過程可以分為「編製 —— 審議（成立）—— 執行 —— 決算」四個環節，預算的期限通常指每年4月至下一年3月的所謂「財政年度」，而實際上預算的編製從前一年的5、6月就已經開始了，加上決算是在執行預算之後，即財政年度結束以後，因此全部過程要跨越三個年頭，政府的經濟運行就是在這種一個個過程的重疊循環中進行的。

日本的國家財政預算包含三方面內容：

1.以年度為基準的「總預算」。

2.每年中途發生費用不足時，為彌補虧空追加補充預算。

3.當新一年度的「總預算」因某種原因難於通過時，為緩解

財政營運眞空而採取應急措施，即「暫定預算」。

　　總預算在日文中也叫作「本預算」，爲政府財政之根本。由於政府的任何政策都是以巨額財政爲支撐的，所以在一定意義上講，所謂政策問題，說到底就是編製預算問題。對內閣來說，編製「總預算」雖然困難，卻是頭等重要的政府行爲。編製國家預算的第一要諦，莫過於制訂促進分管事業的政策，唯其如此，編製預算這項分割各個部門利益的工作才具有體現政府權能和各省廳權勢的意義。

　　國會編製總預算乃是中央官廳力量的源泉，特別是掌握各省廳的財政分配權的大藏省，被稱爲「官廳中的官廳」。具體來講，總預算的編製大權掌握在內閣手中，但實際上是以大藏省主計局爲中心操作的結果。一般說來，每年的操作過程會因經濟、政治狀況有所不同，但總體來講是按照如下過程進行：大藏省通常在5、6月開始以政府財政收支評估爲中心的「夏季調查」，與此同時各省廳也開始考慮自己分管範圍的概算要求。7月初大藏省向內閣提出來年政府預算的概算基準，待內閣通過後下發各省廳。接到大藏省編製的新年度預算方針和概算基準的最高限額之後，各省廳便要依照這一基準對自己分管的各項事業進行核定，以便確定增加或刪削費用支出額度，經過與大藏省反覆摸底、磨合後，在8月末提出名爲「某某省廳估算計畫」的概算要求。8月以後，各省廳最終要依照大藏省的指示，在提交「估算計畫」的基礎上形成「某某省廳的年度概算預案」。此後，便開始進入大藏省主計局與各個職能省廳以及政治要員討價還價的漫長過程。在編製、審議預算的各個階段，地方政府和各種團體也會向政府提出

陳情，申訴自己的主張和要求。此外，關於補助金的分配額度等具體內容，大都是委託省廳裁定增減數額，經過有關部門的聽證會後，進入大藏省的預算審議階段。一般在12月20日前後，大藏省拿出相當於預算底本的「原案」，經內閣再度交付各省廳。此後的十天左右要進行反反覆覆的「業務性交涉」，實際上是各個省廳從具體業務部門，依照「課長──局長──次官──大臣」的順序逐級討論，其中當然少不了激烈的討價還價和折衷，最後在可能的範圍內達成一致，再上報執政黨領導核心的「政治性交涉」，經協調後，於年底前以政府方案形式向社會公布。經過一系列公開和私下活動，大藏省終於在年底以前完成預算案，以備新年1月中旬通常國會審議之用。據說，每到年末編製預算的關鍵時期，大藏省主計局的走廊裡就擠滿了來自各個省廳的預算專家，他們針對預算草案在年度財政預算編製進入實質性階段的最後期限裡，反覆研討、交涉與自己業務相關的預算內容，以保障自己的政策主張和部門利益。

　　在前述過程裡，「政治性交涉」是最後也是至關重要的環節。在這個決定配額流向的「分肥」過程中，常常包含著複雜的政治爭鬥。代表某一勢力的政治家必定竭盡全力為自己集團謀取利益。反過來講，只有在這一舞臺上充分展示出自己的實力，才可能在以後的選舉中吸引政治生命攸關的選票。真正在執政黨的「政治性交涉」裡角逐的，大都是帶有濃厚政治色彩的項目，例如防衛、公共事業、福利政策等等。因為這些政策既關係到執政黨的選舉地盤，又涉及到黨內勢力雄厚的「族議員」們表現政治家插手預算編製過程的能力，也是下次選舉時集票的招牌。所以執政黨也就預算方案展開激烈討論。同時，在預算的編製、決定過

程中，各個地方團體、利益集團也會不斷提出陳情，在分配補助金等預算細微之處，政治判斷和利益分配糾葛在一起，種種「政治折衝」常常要直至翌年1月召開通常國會審議政府預算為止。

（三）國會對預算的審議

新一年1月中旬，召開通常國會，國家預算由編製階段轉移到審議階段。在國會審議階段，依照眾議院對預算案的「先決權」，首先在眾議院裁決政府預算案。與立法過程相同，預算案必須首先經過眾議院預算委員會辯論，再到眾議院大會表決。

眾議院的預算委員會對預算案的審議可以分解為綜合審議、一般審議、公聽會、分科會以及最後綜合等五個步驟。眾議院預算委員會首先要研究政府提交的《預算以及財政投融資計畫說明書》（即通常所說的「預算說明」），這是一部「全日本最難讀懂的書籍」。以1996年的「預算說明」為例，就包括當年75兆1,049億日圓的一般會計預算、三十八種257兆3,886億日圓的特別會計預算和政府關聯機構（國民融資金庫、日本輸出銀行、日本開發銀行等）49兆1,247億日圓財政投融資計畫，以及政府計劃的新年度預算概略等複雜內容，A4紙大小的開本竟多達一百五十頁。❻委員會就此向全體國務大臣提出對預算整體的諮詢稱為「綜合審議」，各位主管大臣必須就國會提問作出相應解答；之後就開始對個別預算項目的「一般審議」。因為政府提出的預算已經經過執政黨的預先審理，在國會審議中，主要是由在野黨提出政策質疑，相應的閣僚透過答疑捍衛體現政府和執政黨意圖的預算方案。這種圍繞預算的政治攻防戰往往是通常國會的前期鬥爭主旋律，在雙方爭鬥達到白熱化程度時，甚至可能暫時中止國會審議。

待到「一般審議」結束，各個黨派便推薦公述人經預算委員長認可，召開公開報告形式的「公聽會」。代表各種勢力的公述人在相同時間內陳述對預算案的意見後，審議便進入「分科會」階段。「分科會」是指預算委員會根據預算包含項目性質，分為審議皇室、國會、法院、會計檢查院、內閣、環境廳預算的第一分科會；審議大藏省、文部省預算的第二分科會；審議自治省、勞動省、厚生省預算的第三分科會；審議通產省、農林水產省預算的第四分科會，和審議國土開發廳、建設省、郵政省預算的第五分科會等五個部分，進一步聽取主管國務大臣或政府委員對項目的詳細介紹，並製作問答紀錄呈報預算委員會委員長備案。

最後，眾議院預算委員會開始名為「最後審議」的討論，這是朝野黨派在預算進入全會表決之前的最後角逐。預算委員會中的在野黨委員將根據本黨提出的修正方案再次提出修正動議，直至記名投票表決通過。

預算案經過眾議院預算委員會審議後，開始全體會議表決。由於前期審議的鬥爭已經告一段落，在野黨在全體會議的反對通常不會取得成功，尤其在執政黨占據國會穩定多數時，眾議院全體會議表決大都以通過議案結束。眾議院通過之後，便過渡到參議院審議。轉移到參議院的預算案仍需要經過大體與之相同的審議過程，不過參議院對眾議院通過的預算案不具有決定權力，即使參議院否決，或在三十天內不拿出決議，預算案也可以依據「自然成立法則」產生效力。因此，眾議院通過預算案就意味著預算生效。從時間上看，政府總是力爭在財政年度內通過預算，而深知預算關涉執政黨「命門」的在野黨也會藉機提出種種難題，極力打擊執政黨。於是，在這個執政黨與在野黨攻防活躍的大舞

臺上，春季國會前期往往充滿了政治利害爭端。通常情況下，一般在2月在眾議院審議，到3月則過渡到參議院審議階段。假如審議工作受阻，大幅度延遲進展，就必須臨時制訂出「暫定預算」，以解燃眉之急。當然，如果政黨間政策主張趨同或具有較大妥協空間，預算的通過時間還能夠適當提前。例如，1999年財政預算，就因其腹案來自民主黨這個最大的在野黨，在自民黨和自由黨的通力合作下，於2月中旬順利通過眾議院表決，並依照「自然成立」原則在3月中旬過了參議院審理的關口。當然，其中另一個原因是，1999年春季國會鬥爭的焦點集中在日美防衛合作指針關聯法案的審議上，在野黨在這種「安保國會」的時候，未把預算的攻防作為打擊對手的重點。

（四）預算執行後的決算

　　預算成立後，各個部門就可以在本財政年度中照章辦理。在正式執行預算之前還有內閣對各省廳長官分配歲入額度、歲出額度、追加費用和負擔國庫債務額度的「配額」過程。其後，實際執行預算的主管省廳以及下屬部門就經由支出、付款等方式執行預算。預算執行終了後，各省廳長官必須在翌年7月1日之前將財政年度的「某某省廳歲入、歲出決算報告書」送交大藏大臣。大藏大臣以此為根據編製出「政府年度歲入、歲出決算報告書」，並附上決算明細表和各省廳決算報告書，一併報送會計檢查院，經核查後在12月中旬送交內閣，以便提交國會審議承認，只有國會承認了決算，這個前後歷時三年的國家財政預算才算真正結束。

─注釋─

❶渡邊雅男，《現代日本的階級差別及其固定化》，中央編譯出版社，
　1998年版。

❷阪上順夫，《小選區使日本變得更壞》，胡麻書房，1994年版。

❸引自本田由紀子，〈小選區比例代表制的問題〉，《寶島別冊》，
　1998年11月號，第218、222頁。

❹《民意、政黨、選舉》，日本政治綜合研究所叢書，新評論，1998
　年版，第24頁。

❺《政治改革宣言》，亞紀書房，1993年版，第119頁。

❻吉田和男，《日本的國家預算》，講談社，1996年版，第38頁。

第6章

法院與司法權

研究日本政治結構時，不可避免地要涉及其司法體系，因為法制建設是議會民主制國家政治運作中最基本、最重要的組成部分之一。

第一節 法律制度概觀

在不同的國家政治體制下，司法制度的權力和目的亦不相同。日本近代以來法律制度的發展變化就充分說明了這一點。

（一）近代法律體系的建立過程

日本近代法律體系的建立可以追溯到明治時代前期，渴望躋身西方列強之伍的維新政府為了盡早擺脫不平等條約的束縛，實現建設近代國家的目標，在立國之初就把引進西方法律制度作為一項重要任務。

明治政府在建立近代法律體系上所做的努力，可以歸納為「走出去」和「請進來」兩個方面。1871年，明治政府派遣要員組成的岩倉具視使節團出訪歐美，其中一個重要任務就是要考

察、瞭解西方世界的立法制度與司法體系。1882年伊藤博文率領的憲法考察團的歐洲之行，更是為學習、仿效西方國家立憲政治制度而到外部世界直接攝取法制經驗的行動。

從19世紀80年代起，明治政府開始高薪聘請西方法律問題專家，在他們的直接幫助下，以法國法律為藍本，先後制訂了刑法、治罪法、民法等基本法典。不久又仿效與自己國情更為接近的德國，全面接受了普魯士法典。及至1907年，由憲法、民法、商法、刑法、訴訟法和法院法組成的「日本六法」全部編製完畢，基本確立了日本近代資產階級法律體系。❶

1889年，日本頒布了《大日本帝國憲法》，這部依照普魯士憲法制訂的欽定資產階級憲法，確立了半封建性專制條件下的君主立憲制這一日本近代國家制度。從形式上看，立憲使日本具備了近代議會民主制國家的雛型，但天皇是超越法律之上的主權者，國家統治機關的議會和內閣僅僅是分別輔佐天皇的國家機器。明治憲法明文規定：天皇總攬國家所有統治權，帝國議會僅僅具有對天皇在立法方面的「協贊權」，「司法權以天皇名義依法審判」，天皇儼然高於法律，而司法體系只是天皇制國家制度的補充，法院以天皇名義審理案件，所謂「依法」就是執行天皇的意志，執法則意味著代替天皇行使審判權。

當然，引進西方近代法律制度這一浩大的社會改造工程畢竟為社會進步奠定了基礎，近代司法體系也曾表現出一定獨立於政府的色彩。明治24年（1891）發生了日本法制史上著名的「大津事件」。當時，俄國皇太子尼古拉親王訪問日本，在大津市被擔任警戒的日本警察（係狂熱的國粹主義份子）刺傷。日本政府唯恐被對方抓住口實，一面為討好俄國反覆道歉、慰問，同時決定以

極刑嚴懲罪犯。但是，大審院（明治憲法規定的最高審判機構）堅持認爲處死兇犯量刑過重，最終判處爲無期徒刑。這一事件的始末標誌著日本維護司法獨立性的最初嘗試。到了大正時期前後，在民權運動與民主運動推動下，日本司法制度朝著逐步完善與獨立的方向緩慢發展。

然而，隨著法西斯軍國主義統治加遽，司法體系僅存的獨立性很快被納入天皇制統治的軌道。1925年，日本通過了《維持治安法》，司法機關逐漸轉變爲協助政府進行「思想檢查」的工具。1937年中日戰爭全面爆發，政府先後頒布了維護戰時高壓統治的《國家總動員法》、《戰時刑事特別法》與《法院組織戰時特例》，透過簡化判決程序，限制辯護權和上訴權等手段，建立起嚴密的監視控制民衆的司法體系。在軍部高壓下，許多法官屈從法西斯政權的壓力，1939年竟有四百多名法官聚會商討「如何協助皇軍」，1940年以後，司法界相繼出現了「大日本法曹協會」、「大日本律師報國會」等以協助軍部爲目的的組織，司法系統的「思想檢查」和特高警察在反共、鎮壓反戰人士方面發揮了助紂爲虐的作用。

（二）戰後司法體系建立過程

歷史事實說明，在沒有法律或法律形同虛設的社會中，人民反而不會享有自由；只有法制健全並依法執法時，人民的平等權利才能得到充分的保障，人民才會是最自由的。日本戰敗投降，軍國主義法西斯統治隨之結束，日本全面改革舊有司法體制出現了可能。1945年10月，占領軍總部指示日本修改明治憲法。一時間，政府和民間的憲法草案紛紛出籠。占領軍總部既不滿意日本

政府提出的「松本方案」，又不願意左翼勢力的激進草案成爲事實，就向幣原內閣施加壓力，經過修改調整，在1946年11月3日頒布了以占領軍總部草案爲底本的《日本國憲法》。1947年5月3日，日本開始實施新憲法，這部戰後頒行的國家根本大法廢止了明治憲法體制中天皇實際超然於法律之上的不正常局面，從法律意義上確立了以國民主權和尊重基本人權爲基調的民主政體。《日本國憲法》第七十六條規定，「一切司法權屬於最高法院及依法律規定設置的下級法院」，此外「不得設置特別法院。行政機關不得施行作爲終審的審判」，還規定「所有法官依其良心獨立行使其職權，只受本憲法及法律的約束」。第七十七條規定，「最高法院有權就關於訴訟手續、律師、法院內部紀律以及司法事務處理的事項制訂規則。檢察官必須遵守最高法院制訂的規則」。而「最高法院將制訂關於下級法院規則的權限委託給下級法院」，由此保障了司法系統的獨立性。

在憲法原則的規範下，日本開始對司法制度進行較爲徹底的改革。1946年，第一屆吉田茂內閣成立了「法制調查會」，又在司法省裡設置了「司法法制審議會」，先後廢除了明治時期設置的特別法院和行政法院，又撤銷舊司法省代之以法務省。與此同時，參照美國的司法制度對日本戰敗前制訂的法律進行必要的修改：1948年，日本仿照美國模式全面修改了作爲「應用憲法」的《刑事訴訟法》。6月，法學界成立了「日本公法學會」，對憲法、行政法展開研究，並以此爲基礎逐步修訂了其他相關法律。

在新的司法體制下，國會行使立法權，內閣行使行政權，法院則在行使審判權的同時，解決由於行政行爲產生的國民與國家的法律糾紛。從三權制衡意義上講，內閣具有最高法院的院長提

名權和最高法院推事以及法官的任命權；法院對內閣及其下屬行政部門的命令、規則及處分是否合憲具有審查權；國會為審判受追訴罷免的法官，有權設立彈劾法院，而法院則透過具體的訴訟案件對國會議決的法律是否合憲進行審查，即擁有違憲立法審查權。

第二節　法院的司法權及其執行過程

在三權分立的國家體制中，司法制度是鼎立於國家權力構造中不可缺少的一極。目前日本司法系統實行的是「五院四級三審制度」，分別指最高法院和下級法院等五種法院劃分的四個等級，以及審理制度的三審終審制度。

（一）五種法院結構

日本法院本身存在的法律依據是憲法和憲法規範下的《法院法》。前者規定，「一切司法權屬於最高法院及依法律規定設置的下級法院」；後者則明確規定出全國法院的權力結構和五種組織形式，不同法院分別具有審判管轄權，有關民事訴訟和刑事訴訟程序也分別作了詳細的法律規定。

■ 最高法院

國家司法權力金字塔頂端是「最高裁判所」，即國家最高法院。從形式上講，最高法院是與國會、內閣平行的獨立系統，分掌國家三權中的司法大權，不僅擁有民事、刑事以及各種行政訴訟案件的終審大權，而且可以解釋法律條文、運用法律掌握判例

統一的決定性職能。《法院法》賦予最高法院「有權決定一切法律、命令、規則以及處分是否符合憲法」的權力，即可以進行「違憲審查」並作出裁決；同時對下級司法機構和法律界具有制約權力，即「有權提名下級法院法官」，「有權對有關訴訟手續、律師、法院內部紀律以及司法事務處理等事項制訂規則」。最高法院由包括院長在內的最高法院推事（大法官）組成，最高法院院長由內閣提名，形式上由天皇任命，作為司法系統的總代表，最高法院院長與首相具有同等地位。構成最高法院的推事也由內閣任命，經天皇認定，其地位與內閣大臣相等。最高法院內設一個大法庭和三個小法庭，透過合議制度審理案件。大、小法庭的職責區分為：大法庭由十五名大法官組成合議體，專門審理有關違憲或涉及變更判例的案件；小法庭由五名大法官組成合議體，主要審理下級法院判決的上訴案件。《法院法》還規定，大、小法庭的審判均需要有法定人數法官（大法庭不少於九人，小法庭不少於三人）出席才能開庭，兩者判決均作為終審判決，具有同等法律效力。

最高法院的司法行政由判事組成的最高法官會議負責管理，院長身兼會議議長，負責每月或在臨時需要時召集例會，確定監督、會計乃至任免法官等事務。最高法院內還設有事務總局、司法研究所、法院書記官研修所、家庭法院調查官研修所和圖書館等附屬機構。事務總局下面還分別設立了家庭局、行政局、刑事局、民事局、經理局、人事局、總務局和秘書課、報導課等專職機構，具體的司法行政業務，由事務總局領導下的秘書課、廣報課和負責總務、人事、財務、民事、刑事、行政、家庭各支局分頭辦理，此外，還設有「一般規定諮詢委員會」、「判例委員會」

等十四個委員會，使最高法院的司法行政人員總數超過一千人。

■ 高等法院

　　相對於最高法院，日本的高等法院、地方法院、家庭法院和簡易法院都統稱為「下級法院」。在「下級法院」裡，高等法院是處於第二級地位的中間環節。根據《法院法》，整個日本劃分為八個司法區域，設立札幌高院、仙臺高院、東京高院、名古屋高院、大阪高院、廣島高院、高松高院和福岡高院等高等法院。為了彌補高院過於稀疏的不足，還分別在秋田、金澤、松江、岡山、宮澤、那霸設立了六個高院的分院，與前者具有相同權利。1999年，高院推事總數大約為二百八十人。按照法律規定，高等法院由三名法官組成合議庭，其中一人任審判長，主要負責二審。其權限和職責為：

1. 受理對地方法院、家庭法院判決以及簡易法院有關刑事案件判決上訴。
2. 除受理《法院法》第七條第二款所指訴訟中特別規定的抗告外，還受理對地方法院和家庭法院的決定及命令以及簡易法院關於刑事案件的決定和命令的抗告。
3. 受理「內亂罪」的一審案件。
4. 處理法律規定的一切由高院進行的一審案件。與最高法院相同，各個高院的司法行政由院長擔任議長的本院法官會議決定，事務局處理具體日常事務。

■ 地方法院

　　地方法院是高院下屬的第三級法院，原則上各個都府縣設立

一所，但北海道因地廣人多設立四所，恰巧整整五十所。地方法院也在不斷設立分院，1999年時總數已經接近二百五十個，地方法院法官接近一千人，還有將近五百人的候補法官。地方法院可以由1名法官單獨審判，但是案情重大時，仍需要三名法官合議審理。地方法院的職責與權限爲：

1. 民事訴訟金額超過九十萬日圓的一審案件。
2. 除「內亂罪」和相當於九十萬日圓罰金以下的刑罰之外的刑事訴訟案件。
3. 對簡易法院判決的民事案件的控訴以及對簡易法院決定的抗告案件。

■ 家庭法院

家庭法院的區劃與法律等級均與地方法院相同，不同之處在於主要審理家庭糾紛和青少年問題方面的案件，並向交通不便地區增加派出機構。從法定程序上說，重大案件由三名法官審理，一般則由一名法官單獨審理案件。不過，家庭法院在二百名法官和一百五十名候補法官之外，還任命了大約一千五百名家庭法院調查官，審理過程中，推事需要充分運用調查官的科學調查和醫務部門的診斷，案件審理允許民間調停員參加，法官的判決通常以調解爲主，無權判決監禁以上的刑罰。

■ 簡易法院

簡易法院是日本法院的基礎部分。通常由一名法官執行一審判決，職責與權力範圍主要審理輕微的民事、刑事案件，即九十萬日圓以下的民事訴訟案件、九十萬日圓罰金以下的刑事訴訟案

件以及對盜竊罪的特別審判權。簡易法院無權處以監禁以上的刑罰，但有法律特別規定時，可以判處三年以下的徒刑。1999年日本全國有簡易法院五百七十五所，法院法官約有八百人。

（二）三審制度與司法權限

日本法院實行的三級審理制度，即以一審為初審，如果訴訟當事人對一審判決不服，則可以向上一級法院提出控訴，根據當事人控訴進行的第二級審判稱「控訴審」。《審判法》還規定，「訴訟當事人可以按照審級法院程序上告，也可以越級（直接到最高法院）上告」，所以訴訟當事人對法院一審、二審判決不服並提出上告的審理，就稱為「上告審」。這樣一來，「初審──控訴審──上告審」的三審制度就有了以下兩種不同的形式。即在通常情況下，輕微的民事、刑事糾紛透過「簡易法院──地方法院──高等法院」的三級程序解決；對於較大的民事、刑事案件，就需要從地方法院進行一審，按照「地方法院──高等法院──最高法院」的審級程序處理。《審判法》還規定，如果一審為簡易法院，但訴訟標的不超過九十萬日圓則以地方法院為二審，高等法院為三審。

無論採取何種審理方式，都是由法院行使司法權對訴訟進行判決。所謂司法權，按照日本法學者的通行解釋，是「透過適用和宣布法律對具體的爭訟進行裁定的國家作用」。❷在資本主義國家，法院行使司法權的方式大體分為兩種類型：將通常的刑事和民事案件交由普通法院管轄，而行政案件交由屬於行政機構系統的行政法院管轄的「行政類型」；將包括行政案件的所有案件統統交由普通法院審判的「司法類型」。前者是以法國、德國為代表

的大陸法系，後者則是英、美等國採取的作法。近代日本司法體系深受大陸法系影響，曾採取行政法院審理行政案件的方式，當時的司法權僅僅限於民事和刑事案件。戰後憲法則把日本司法制度規範到英美類型當中，憲法第七十六條第二款規定：「不得設置特別法院。行政機關不得施行作為終審的審判。」這一方面禁止了1945年前皇室法院和軍法會議那種超然於普通法院之上的存在，同時禁止了行政法院審判，以防止現存的特許審判官、公正交易委員會或海難審判廳等行政機構行使終審判決。

然而，鑑於三權分立政治結構的制衡需要，憲法對國會中代議國政的議員們保留了若干特權。這些普通法院行使司法權限的例外，主要是依據憲法規定的三點特例：(1)根據憲法第五十五條，關於國會議員資格的爭議的裁決不屬於法院，由國會各個議院自己管轄；(2)根據憲法第六十四條和第七十八條，對受罷免法官的起訴及審判權不屬於法院，而是屬於設立在國會的「彈劾法院」管轄；(3)根據憲法第五十八條和其他相關條款規定，法院的管轄權不包括由國會、內閣自律的事項，如對議員的懲罰等等。另外，按照國際法通行原則，法院對在日本享有司法豁免權的外國人或外國組織也不具備管轄權。

（三）法官的選拔與罷免

法院由憲法賦予了至高無上的權力，自然要求作為法律仲裁人的法官具有很高的素質。根據《法院法》規定，法官分為：(1)最高法院首席法官；(2)最高法院審判官；(3)高等法院院長；(4)判事；(5)助理判事；(6)簡易法院判事等六種。所有法官都採用任命制，屬於特別職國家公務員，但各級法官的任命程序有所不同。

最高法院的法官是依據《法院法》由內閣提名、天皇任命的首席法官，以及其他十四位由內閣任命的法官組成的群體；下級法院的法官是依據《法院職員定員法》規定任命的從事審判和司法的行政隊伍。兩者合計接近三千人，屬於特別職國家公務員。下級法院法官的任命是由內閣根據最高法院提出的名單任命，但其中高等法院院長在形式上還需要由天皇認證。為了提高法官的法律素養和對社會問題的見識，《法院法》規定最高法院法官年齡必須四十歲以上，具有良好法學修養和淵博學識，其中至少十人須擔任過高等法院首席法官或具有十年以上法官資歷，專業資歷不少於二十年。而高等法院院長和判事須具有見習法官、簡易法院法官、檢察官、律師或法院調查官、司法研修所教官等職務中兩項以上資歷，而且專業任職年限不少於十年。相比之下，簡易法院的判事的任命資格相對寬鬆，不僅可以從任職三年以上的助理判事、律師、檢察官中任命，也可以從具有法務省、檢察廳等司法工作經驗且有相當法律經驗、學識者中任命。

憲法規定下級法官任期為十年，可以連任，而行政機關無權懲戒法官。法官除健康原因外，非經公開彈劾不得罷免。為了在保護法官獨立行使審判權的同時，接受國民的監督與審查，法律也規定了對法官的審查制度。最高法院的法官在首次任命後，必須在眾議院選舉的同時接受國民審查，審查方式是由中央選舉管理委員會公布審查日期和接受審查法官的名單，由投票方式確定法官的資格。如果罷免票超過參加投票者總數之一半，或被審查者未依法提出訴訟，即自行失職。被罷免的法官五年內不得被任命為最高法院法官。同樣的審查以後每十年重複一次。為了防止法官因年老衰朽影響司法工作，法官實行退休制度。不過作為特

別職公務員的法官退休年限比其他公務員晚得多，最高法院法官和簡易法院法官退休年齡爲七十歲，其他法院法官的退休年齡爲六十五歲。

爲了「厚祿養廉」，法官的工薪高於工齡相仿的其他國家公務員。最高法院院長年薪與內閣首相和兩院議長相等，其他十四位最高法院法官則與國務大臣收入相等。法官與其他公務員一樣享有參加政黨、行使選舉權和作爲一般公民對政府和政黨進行批判的權利，但同時根據《國家公務員法》和《人事院規則》，法官不得競選國會或地方公共團體議員，不得利用職權爲特定政黨或政治目的募捐、簽名、助選、遊行等一切「積極的政治活動」。事實上，所有法官都對政治活動敬而遠之，成爲一個「孤高」的政治中立群體。

(四) 司法制度改革

戰後日本的司法制度在一定程度上保持了獨立的審判地位。譬如，洛克希德案的審理，這樁受賄額高達五億日圓的案件涉及以田中角榮爲首的幾位政界高官，法院依然頂住壓力，不畏權勢，依法審理，終於在1983年10月12日判處田中前首相有期徒刑四年，轟動了日本乃至國際社會。

由於社會處在持續不斷的發展變化之中，司法制度也必然遇到新的問題，即面臨如何進一步完善和發展的問題。長期以來，社會上對司法制度改革的呼聲明顯地集中在民事訴訟與刑事訴訟兩個方面。民事訴訟改革的主要內容在於增加「口頭辯論」的實際作用，爲了儘快解決少額民事糾紛，還有人提出學習歐美國家以審判外方式解決糾紛的作法，由簡易法院或根據當事人意願在

地方法院依照調停原則仲裁民事糾紛。1962年，內閣設立了「臨時司法制度調查會」，研究討論司法人員一元化問題。此後有人提議設立「律師法官制度」，即由具有豐富經驗的律師作為臨時法官審理少額民事糾紛，以加快民事案件的審理過程。關於刑事訴訟改革，主要是針對司法過程中出現的誤判和刑偵過程使用「代用監獄」和「別件逮捕」的批評，同時要求在公審階段主張建立陪審制度。日本歷史上曾經有過短暫的陪審制度，1928年日本實施了《陪審法》，但是在實踐過程中卻以「由外行判斷有罪或無罪的陪審制度不符合日本國民性」等理由排斥陪審制度。所以到了40年代初，索性終止了這項法律。近年來，為了不斷完善現有制度，作為司法改革主要措施，「恢復」陪審制度，建立新的司法機制已經提到日程上來。法律界不斷派遣法官出國考察陪審制度和參審制度的現狀，政治領域也開始討論導入陪審制度的問題，據推測在不久的將來，日本刑事司法將在這一方面作出較大改進。

　　司法制度改革的另一個目的是解決審理過程冗長、遲遲不能作出判決的問題。經濟界人士認為，每當發生糾紛向法院起訴時，審理過程漫長且耗費大量費用，十分必要縮短審判時間並降低訴訟成本。社會上對90年代以來，奧姆真理教施放沙林毒氣案件和和歌山咖喱投毒案件的審理過程中，被告在大量物證面前仍然拒絕供認罪行，影響案件的審理和判決的局面更是群情激憤。輿論界與法務省本身也痛感如今偏重口供的刑事司法制度已經難於執行，有必要加以修改。前任最高檢察院檢事的筑波大學名譽教授土本武司指出：「在日本人意識已經普遍國際化的今天，僅僅以『不合乎國民性』為藉口阻礙司法改革是不行的。目前，日

本迎來了繼明治維新、戰後改革之後的第三次改革基本法制的時代，正是修改與時代不相吻合的司法制度的大好時機。」進入90年代，日本為迎接即將到來的新世紀開始全面變革社會體制。在改革大潮推動下，1998年法務省編製了《司法制度改革研討事項》，開宗明義地宣稱：「為建立新型社會體制下應有的司法制度，將對現行司法制度進行全面改革，以使其增強反映民意的機能。」《事項》還具體規定出這場改革將包含的十一項具體內容：

1.提高司法人員數量與素質。
2.為使法律與社會、政治、經濟體制改革相適應，重新審訂基本法律法規。
3.加快審理、判決過程。
4.引進和實行陪審制度與參審制度。
5.討論附帶私人訴訟制度問題。
6.重新研究法律扶助制度。
7.改變量刑標準。
8.明確對監察行政的國會的說明責任。
9.改變檢察起訴的壟斷局面。
10.修改現行律師制度。
11.重新研究最高法院法官的國民審查制度。

根據上述計畫，政府將在1999年開始研究實現司法制度根本改革的方案，但真正落實司法改革措施恐怕要等到21世紀才能見效。

另外，死刑判決與執行也是近年司法改革中爭論較大的一個問題。根據《刑法》，犯有「故意殺人罪」、「強盜致死罪」、「強

表6-1　1976～1997年死刑人數統計表（單位：人）

年分	1976	1977	1978	1979	1980	1981	1982	1983	1984	1985	1986
死刑	12	4	3	1	1	1	1	1	1	3	2
年分	1987	1988	1989	1990	1991	1992	1993	1994	1995	1996	1997
死刑	2	2	1	0	0	0	7	2	6	6	4

姦致死罪」、「殺害尊長罪」、「劫持航空器致死罪」、「殺害人質
罪」以及「致使爆炸物爆炸罪」、「顛覆火車罪」、「內亂罪首犯」
等十八種惡性犯罪均可處以死刑，而且沒有緩期執行的餘地。但
是在司法實踐中，日本真正執行死刑的例子卻在逐年減少。因
為，雖然從死刑判決程序上講，一審或二審判處死刑的被告如果
在四天內不提出上訴，判決將自動確定。但由於幾乎所有被告都
提出上訴，真正的死刑判決是在最高法院駁回上訴才能成立。而
且，死刑確定後需要由任高等檢察廳廳長的檢事長或任地方檢察
廳廳長的檢事正向法務大臣提交執行死刑的呈報書，由法務大臣
在六個月內下達執行命令。在待批的六個月裡，死刑犯可以申請
再審或恩赦，把死刑執行期限拖延下去。尤其是近年許多西方國
家廢除了死刑，法務大臣在簽署死刑判決時可謂「慎之又慎」，每
年執行死刑的囚犯不過數例而已。

（五）檢察制度

　　一般說來，檢察系統是司法過程中審查批准逮捕、審查決定
起訴、出席法庭支持公訴的國家機關。在日本，檢察制度不同於
司法權，而是屬於行政權力的一個組成部分。所以，檢察廳不是
像法院那樣作為獨立的機構或處於國會領導之下，而是隸屬於法
務省的特殊組織機構。根據《檢察廳法》規定，日本全國的檢察

系統分爲最高檢察廳、高等檢察廳、地方檢察廳和區檢察廳四種，分別與各級法院相對應。最高檢察廳是檢察系統金字塔的頂峰，由檢事總長和檢事次長領導事務局、總務部、刑事部、公安部、公審部執行對重大要案的檢察權。不過，法務大臣只有統一指揮檢察工作權限，卻不能直接插手具體的檢察業務，下屬檢察官原則上並不接受法務大臣或檢事總長的權限委任，而是以各個檢察官的名義作出有關決定。所以，人們通常把檢察官視爲「獨任官廳」中的官員，具有廣泛的偵查權並承擔法律責任。1998年8月，防衛設施廳與通訊器材廠商NEC勾結牟利事件被揭發出來後，檢察廳立即對防衛設施廳的有關部門進行搜查，將大批資料運回檢察廳，防衛廳調配實施本部原副部長上野憲一、原防衛設施廳長官諸富增夫相繼被逮捕。對於東京霞關各官廳而言，檢察廳搜查時用於裝運資料的紙箱子令人望而生畏。

最高檢察廳下面是高等檢察廳、地方檢察廳和區檢察廳，由檢事正、檢事構成龐大隊伍。其中高等檢察廳八個，地方檢察廳五十個，區檢察廳多達四百五十二個，共有職業檢察官八千多名。戰後的《刑事訴訟法》和《檢察廳法》爲檢察廳規定了四項機能：

1.在案件刑偵過程中的「警察官機能」。
2.起訴階段的「法官機能」。
3.公審階段的「律師機能」。
4.刑罰執行階段的「矯正保護職員機能」。

值得注意的是，涉及政治家的案件，特別是貪污受賄案件的偵查，通常是由檢察官出面偵查處理，據說原因在於檢察官擁有

較高的法律素養和會計知識，比警察更具有查處政界人物在犯有欺詐、侵吞公款、收受賄賂時的可信度。從40年代末起，日本的檢察機關先後查處過「煤炭國家管理法案」、「昭和電力工業公司行賄案」、「造船賄賂疑案」等涉及政府官員和政治家的貪污、瀆職案件。1976年，東京地方檢察院查處洛克希德公司為向日本推銷飛機對日本政界大量行賄的違法活動，不僅逮捕了涉案的丸紅公司、全日空部分領導，還依法逮捕了前首相田中角榮，終於把自民黨內最具實力的鐵腕人物趕出政界。1988年，檢察機關又追蹤「里庫路特案件」，東京地方檢察院利用在野黨和民眾的支持，歷時九個月，調查了近三千八百多人，迫使竹下登辭職，五十多名政界、財界及新聞界要員為此受到牽連。1992年，日本最大的快件運送公司「佐川急便」提供非法政治資金東窗事發，東京地方檢察院又動用權力挖出自民黨副總裁金丸信高達五億日圓的違法收入，再一次讓世人感受到檢察機關的力量。

檢察機關的刑偵特權和獨特作用，要求該系統具有較高的素質和自律能力，檢察官的任職資格須有司法研修結業證明或法官及三年以上法學副教授以上經歷，經檢察審查會審查合格方可擔任。擔任一級檢察官還需要經歷下級檢事或八年以上律師資格等更加嚴格的標準。檢察官資格審查委員會隸屬總理府，是防止檢察官濫用職權的監督機構，由部分國會議員、檢察官、律師、法務省官員和學士院會員組成。委員會每三年進行一次審查，如果認為檢察官不能勝任或有辱職務，可命令停止或罷免其職務。在正常情況下，檢事總長退休年齡為六十五歲，一般檢察官的退休年齡為六十三歲。

第三節　律師制度與國民法律意識

　　一個國家健全的法制，不僅僅是法院、檢察系統和詳盡的法律條文就可以包容的，完整的司法體系離不開依法協助當事人的律師辯護制度，法律的尊嚴要依靠全體公民來維護，國民的法制觀念才是保證社會秩序的根本力量。

（一）律師制度與法律援助體系

　　在現代資本主義國家司法制度下，被告人具有法律意義上的辯護權。由於大多數被告人並不諳熟法典和訴訟過程中的技巧與策略，必須委託專職法律界人士代行辯護，於是律師作爲司法體系中不可缺少的職業「槍手」應運而生。日語稱律師爲「辯護士」，倒是巧妙地抓住了這一群體代人申辯訴訟的職業特徵。

■ 不同時期的職業律師

　　早在日本封建社會晚期，已經出現了封建法度下作爲訴訟代理人的「公事師」，但這些人僅僅是在江戶爲地方大名（即地方諸侯）打官司的代言人，與近現代意義上的律師不能同日而語。

　　學術界通常把日本律師制度的起源追溯到19世紀70年代中期出現的「代言人制度」。1876年，司法省制訂了《代言人規則》，對代言人進行統一管理，由司法卿頒發執照在指定法院出庭辯護。此後，代言人制度幾經修改，終於在1893年改變爲《律師法》，以法律條文明確了律師考取資格以及相應的地位和屬性。不過，當時的法律更主要體現爲對律師實行國家控制的意圖，規定

律師須在地方法院登記並加入地方檢事局首長監督的「律師會」，只是到了20世紀以後才逐步承認了律師從事法庭活動以外的法律調查和婦女從事律師職業等項權利。然而，在日本軍國主義高壓統治時期，律師的權利受到法西斯政權的侵害，加之戰爭影響，律師的自主權仍舊十分有限。

戰後修改的《律師法》誕生於1949年，新法較之戰前的法律作了以下三點變革：

1. 從法律上明確了律師自治原則。具體來說，律師自治包含三方面內容：(1)日本政府機關、檢察官或法院對律師及其律師組織沒有任何監督權，日本律師聯合會是律師界的最高監督機構，任何國家機關均不能干涉律師及其組織依法進行的活動；(2)對律師資格的承認、律師登記以及登記的管理完全由律師組織自行實施；(3)對律師的懲戒權由地方律師會和日本律師聯合會行使，其他任何機構或黨派都不能出面干涉。

2. 凸顯「日本律師的主要使命是保護人權、實現社會正義」，強調律師肩負的社會責任。同時承認律師站在與檢察廳或其他國家行政部門相對立的當事人立場，以及對法院行為進行批判的權利。

3. 為確保律師履行其使命，確立了律師與法官、檢察官資格平等及統一的制度。❸

《律師法》還要求取得律師資格採取與法官、檢察官大體相同的方式，並對律師的職業規範等作了明確的法律規定。按照新的法律，任何公民只要不曾受過監禁以上法律處罰或被法院彈劾免

除職業，三年之內未曾被作爲律師或其他公務員受到除名、吊銷登記、免職等處分，未被法院判處禁治產或破產尙未復權，就可以經過司法考試後接受司法進修課程，最終取得律師資格。

■ 律師自治團體

　　同法官和檢察官相仿，律師也是日本社會中特定的職業群體，依靠行業間的緊密聯繫維繫相互關係。位於東京霞關的日本律師聯合會是全國規模的統一組織，作爲最高層級的律師行業法人團體，負責改善律師事務、領導和聯絡同仁、監督各級律師會。律師會設在地方法院管轄區域之內，除負責對轄區內律師進行資格審查登記外，還負責紀律監督並對違紀律師實施懲戒。凡違反律師會規則或作出有損律師職業道德行爲、玷污律師信譽者，將受到警告、停職兩年乃至退會除名等處分。每位律師必須加入律師會，接受這一組織的約束。在日本這樣一個重視集團主義行爲的社會裡，律師和一切從事特定職業的人們一樣，需要依靠自己組織的行業協會來維護自己的權益。

　　有學者認爲，戰後日本的律師自治程度已經超過了歐美國家。但耐人尋味的是，日本的律師數量大大少於其他發達國家。據統計，1890年日本只有1,345位律師，到二戰結束前的最高數字也不過7,082人。1974年，日本律師才首次突破萬人大關，但相對於一億二千萬國民的比例仍不足萬分之一。直到1990年，日本律師與總人口比例才上升到1.15：10,000的水準。1994年日本律師爲一萬五千二百人，但也不過是七千九百名國民「享用」一名律師。和美國大約七十五萬人的律師隊伍和每四百人中就有一名律師的狀況相比，實在有天壤之別。假如從律師的增長率來

看，日本律師隊伍的匱乏就更加清楚：美國每年增加律師四萬人，而日本只有三百人左右。

■ 律師業務的拓展

近幾年，日本律師的作用不斷增強，在民事糾紛的作用越加凸顯。作為當事人的法律代理，可以包攬出席法庭、進行辯論、收集證據、徵求證人等一系列工作。在刑事案件方面，律師作為被告辯護人，為其辯護。不論自選辯護人還是國選辯護人，律師都擁有參加搜查和查封現場、會同諮詢對證、單獨會見被告和嫌疑人等項固定的權利。法律還規定無論是自選辯護人還是國選辯護人，律師都同樣可以代理諸如關於拘留的各項權利、請求保全證據、申請迴避、提出上訴等站在被告人立場的權利。律師在儘早通知委託人的前提下，有權拒絕被告人的委託，在不能為被告人辯護時，也需要提前通知委託人。但是，如果沒有正當理由，律師不得拒絕國家機關委託的工作。

80年代以來，國際間法律糾紛不斷增加。為了妥善解決國際交往中的法律案件，必須打破相對封閉的日本司法界壁壘。1986年，日本制訂了《外國律師特別措施法》，依照「相互對等原則」為外國律師在日本開展業務打開了大門。近年來，隨著全球經濟一體化趨勢發展，美國、英國、德國、法國、澳大利亞、荷蘭、中國大陸等國都有律師在日本律師聯合會註冊登記。

（二）生活在法制與情理之間的日本國民

■ 規矩和習俗「大於」法律

一般而言，日本國民擁有很強的法制觀念。這一方面受益於

戰後長期的法制教育，使國民的法律意識和素養取得了卓有成效
的進展；同時也是政府多年推行法制建設的成果。但有趣的是，
具有東方文化傳統的日本國民並不喜歡動輒訴諸法律，各種統計
都表明日本的人均民事案件在發達國家裡一直較低，從前述律師
數量也可看出國民大眾迴避法律糾紛的傾向。

　　日本社會在接納律師方面如此「吝嗇」的原因是多方面的。
首先，日本是一個擁有集團意識且注重「義禮」的民族，通俗地
說，就是習慣於接受自己置身其中的團體約定俗成的各種「規
矩」。久而久之，集團的約束深入每個成員內心，終於變得「習慣
大於王法」。加之傳統意識中把訴諸法律看作不光彩的從眾心理，
使社會縱向結構下生活的日本人寧願局限在一個個集團當中，這
樣一來，許多矛盾和糾紛往往在集團內部約定俗成的規矩和情理
中化解，較之求助律師、借助複雜的法律手段維護個人權益，來
得更加靈驗和方便。

　　集團主義對法律的衝擊還表現在公眾認可高於法律認可方
面。就一般而言，一個以個人主義為基本原則的社會必然對法律
產生較高的依賴性。而在日本這種奉行集團主義的社會中，只要
保證集團內部有足夠的認同，就足以保持一個團結、祥和的環
境。何況律師費用昂貴，民事訴訟的訴訟一方還需要繳納足夠的
手續費，不管審判結果如何，這筆費用絕不退還。既然能夠得到
其他成員的首肯，又何須法律來證明自己「確實有理」呢？

　　日本人總是儘量迴避打官司的另一個原因，在於法院審理過
程冗長且繁瑣。雖然在證據確鑿的前提下，即使推翻一審、二審
法院仍可以定罪，但從收集證據、證人、證詞到最終結案，花上
七、八年時間的例子並不鮮見，當事人沒有足夠的時間和心理準

備，要打一場曠日持久的馬拉松官司幾乎是不可想像的。而日本民族又恰恰不是一個有足夠耐性的群體，當人們看到許多死後才成為勝訴者的例證，不免對九泉之下的亡靈報以苦笑。因為在日本人的觀念裡，死後的世界是人人皆可「成佛」的天地，遲到的公平和正義對死者已經變得毫無意義。

■ 深入民心的法律意識

當然，不輕易訴諸法律並不等於輕視法律，較低的訴訟率反過來也說明日本民族仍不失為法制觀念很強的民族。戰後初年，日本糧食極度匱乏，東京都法院法官山口良忠發誓寧願餓死也不買黑市大米，最後因營養不良死亡，其精神感人至深。

不如說國民高度的守法自覺性使他們小心翼翼地避免觸犯恢恢法網。日本法律之詳盡令人驚歎，有些法律即使過時也不會輕易廢止。舉一個難登大雅的例子，在「輕犯罪法」裡，對街頭小便──法律原文是「當街放尿」──要處以拘留處罰，但實際要酌情處理。例如，60年代反對日美安保條約的左翼激進學生曾在國會集體小便，以示抗議，結果是趕出國會，卻未以「輕犯罪法」量刑。

總之，日本民眾就是這樣奇妙地將守法和「厭法」集於一身，如同美國前駐日大使賴蕭爾對日本國民守法狀況的觀察和分析：「他們習慣於高度集中的制度，這種制度由強大的官僚集團進行監督，並由繁細的法律條文和無數官僚政治的規定小心翼翼地加以節制。他們在官僚機構中以及在工商界和政界的許多領導人，是各大學法律系的畢業生。日本人對於法律條文是一絲不苟的。但是日本法制的中心人物既不是律師，甚至也不是法官，而

是大學受過法律訓練的高級官僚和必須遵紀守法的廣大小職員。」❹

■ 變化中的法制環境與法律意識

　　然而，隨著社會發展，日本人依靠法律解決糾紛的趨勢不斷增強。尤其近些年，經濟危機導致社會治安漸漸惡化，每年警方認定的各種犯罪統計多達數十萬件，其中造成生命危險或情節極端暴戾的惡性刑事犯罪案件始終在七千件左右，給素來以社會治安良好自豪的日本民眾造成極大的心理衝擊。

　　與此同時，青少年犯罪問題顯現出來，並呈現逐年緩慢增長趨勢。青少年研究所關於青少年社會意識調查的結果還表明，青少年當中把吸毒看作本人自由的學生達到調查總數的11％，而把反抗教師、反抗父母和觀看淫穢書刊、錄影當作「自由」的人數竟高達79％、84％和70％。❺

　　這種潛在的違法活動引起社會各界的普遍關注，人們驚呼長此以往，以教育為本的初級中學和高中大有淪為「滋生社會毒瘤的巢穴」的可能。根據總理府的調查，持「社會治安在逐漸惡化」觀點的人在總人口占有比率，已經從1991年的11.0％增長到1997年的24.8％。特別是1998年發生了幾起青少年為竊取零用錢殺害老年婦女的惡性事件，在社會上引起強烈反應，呼籲依法治理社會治安，儘快制訂青少年犯罪法律條文的問題，已經成為司法體系亟待解決的新課題。

表6-2　1992～1996惡性犯罪案件統計表（單位：件）

年　分	殺人犯罪	盜竊犯罪	放火犯罪	姦淫犯罪	合　計
1992	1,227	2,189	1,418	1,504	6,338
1993	1,233	2,466	1,754	1,611	7,064
1994	1,279	2,684	1,741	1,616	7,320
1995	1,281	2,277	1,710	1,500	6,768
1996	1,218	2,463	1,846	1,483	7,010

表6-3　1992～1996年青少年犯罪人數統計表（單位：人）

年　分	盜竊犯罪	恐嚇犯罪	毒品犯罪	合　計
1992	694	4,480	1,001	6,175
1993	713	4,674	980	6,367
1994	911	5,406	827	7,144
1995	856	5,658	1,079	7,593
1996	1,068	5,712	1,436	8,216

—注釋—

❶參見大竹秀男、牧英正編修,《日本法制史》,青林書院,1975年版,第280〜328頁。

❷樋口陽一等,《注釋日本國憲法》(下卷),青林書院,1988年版,第1,125頁。

❸內田雅敏,《律師》,講談社,1989年版,第56〜57頁。

❹埃德溫・賴蕭爾,《日本人》,上海譯文出版社,1980年版,第285頁。

❺《情報知識IMDAS》,1998年版。

第7章

內閣與行政權

　　日本的中央政府稱「內閣」。就字面解釋，「內閣」來自對古代中國官制的模仿，即朝向宮廷內部的殿閣。中國明初廢止中樞省後，始將宰相的官署改稱「內閣」，仍舊是皇帝腳下總理朝政的中樞機構。1885年明治政府廢除「太政官制度」後，借用這一名稱稱呼中央行政權力部門，雖然時代幾經變化，至今仍把總攬全國行政大權的最高機構叫做「內閣」。

第一節　內閣機構與行政系統

　　日本今天的內閣機構由首相（正式稱謂為總理大臣）以及由其組建的各省廳大臣管轄下的中央直屬部門組成，領導和監督各級行政機關的工作，其核心是領導國家最高行政的首相和國務大臣。

（一）首相與內閣官房

　　憲法第六十五條、第六十六條規定，日本的「行政權屬於內閣」，「內閣按照法律規定由其首長內閣總理大臣及其他國務大臣

組織之」。內閣中所有省的大臣均稱爲「相」，這一稱謂源於古代輔佐君主從政的官職。內閣總理大臣是作爲分別掌握各門類行政大權的群「相」之首，即人們通常所說的「首相」。但在現代內閣中各個行政廳的最高負責人雖然也屬於大臣，卻稱爲「長官」，以示管轄權限之區別。

法律規定，首相在國會議員中提名，經國會議員選舉產生。而實際上，國會中各政黨、會派壁壘分明，某一政黨一旦占據多數議席，該黨領袖就有可能依靠同黨擁立成爲首相，這樣一來國會中的「首相提名選舉」反倒成爲一種形式。在日本戰後歷史上，自1955年自由、民主兩黨合併爲自民黨推舉鳩山一郎出任首相，到1993年8月宮澤喜一內閣垮臺，占據多數議席的自民黨在長達三十八年的歲月中始終把持著國會對首相的選擇權，由自民黨領袖組閣的保守黨政府成了冷戰體制下日本政治的長久不變的定勢。當時自民黨內部派系間爭奪該黨總裁寶座的競選就意味著爭當首相，國會裡的首相選舉僅僅是對自民黨內部政治選擇的一種「追認」。

1993年大選中，自民黨未能獲得半數議席，國會中所有政黨不足半數議席的群雄逐鹿局面，使「國會議員選舉首相」成爲名副其實的政治角逐。社會黨、新生黨、新黨等八個黨派聯合推薦的細川護熙在國會投票中擊敗自民黨候選人河野洋平，當選爲非自民黨系統的首相。但不到一年，國會議席不過半數的自民黨聯合社會黨和先驅新黨推翻了接替細川的羽田孜內閣，到橋本政權時又慢慢取得了眾議院半數以上議席。按照憲法第六十七條有關「眾議院與參議院對提名作出不同決議時，根據法律規定舉行兩院協議亦不能得出一致意見時，又，在眾議院作出提名選舉決議

後，除國會休會期間不計外，在十日內參議院不作出提名決議時，即以眾議院的決議作為國會決議」的規定，自民黨又恢復了「總裁選舉等同首相選舉」的局面。不過，此時的自民黨在國會中的控制能力遠不及冷戰時期，因此「由大選中獲勝的執政黨首腦，或複數政黨聯合推舉的首腦，經國會提名選舉產生」的政治機制，是今天產生首相的基本規定。

國會選舉產生的首相，在兩院通過決議後立即上奏天皇，天皇任命後正式任職。關於首相職責，《內閣法》規定首相「代表內閣向國會提出內閣擬訂的法律草案、預算案等法案，向國會報告一般國務工作和外交關係。內閣總理大臣根據內閣會議決定的方針，指揮監督各行政部門」。

內閣的核心是首相直屬的總理府本府（2001年以後改稱「內閣府」），其中包括內閣官房和皇室會議、皇室經濟會議、迎賓館、國立文書館、賞勳局和學術會議等六百人組成的十七個部門。《總理府設置法》規定，「總理府的長官為內閣總理大臣」，其任務是「作為一元化地承擔國家行政事務的行政機關，執行下列責任：一、承擔勳獎、恩賞及統計有關事務；二、執行人事行政有關事務；三、執行與地方有關事務；四、對各行政機關的施政方針及事務進行綜合調整；五、處理不屬於其他行政機關管轄的行政事務，及按照條約和法律（包括依法產生的命令）規定屬於總理府管轄的行政事務」。為此，總理府依法享有二十一項權限，透過內閣官房和各個省廳對國家機器進行有效管理。

內閣官房是內閣中最為重要的機構。《內閣法》規定，「內閣設置內閣官房」作為內閣機構的權力中樞，負責「整理內閣會議事項，處理內閣日常工作，以保證重要事項的執行和各個部門

表7-1 日本戰後歷屆內閣與首相名錄

起始年月	屆　　別	首　　相	所屬政黨	備註
1945.08		東久邇稔彥	皇　　族	
1945.10		幣原喜重郎	官　　僚	
1946.05	（一）	吉田茂	自由黨	
1947.05		片山哲	社會黨、民主黨等聯合推薦	
1948.03		蘆田均	社會黨、民主黨等聯合推薦	
1948.10	（二）	吉田茂	自由黨	
1949.02	（三）	吉田茂	自由黨	
1952.10	（四）	吉田茂	自由黨	
1953.05	（五）	吉田茂	自由黨	
1954.12	（一）	鳩山一郎	民主黨	
1955.03	（二）	鳩山一郎	民主黨	
1955.11	（三）	鳩山一郎	自民黨	
1956.12		石橋湛山	自民黨	
1957.02	（一）	岸信介	自民黨	
1958.06	（二）	岸信介	自民黨	
1960.07	（一）	池田勇人	自民黨	
1960.12	（二）	池田勇人	自民黨	
1962.07	（三）	池田勇人	自民黨	
1963.07	（四）	池田勇人	自民黨	
1964.07	（五）	池田勇人	自民黨	
1964.11	（一）	佐藤榮作	自民黨	
1967.02	（二）	佐藤榮作	自民黨	
1970.01	（三）	佐藤榮作	自民黨	
1972.07	（一）	田中角榮	自民黨	
1973.12	（二）	田中角榮	自民黨	
1974.12	（一）	三木武夫	自民黨	
1976.09	（二）	三木武夫	自民黨	
1976.12		福田赳夫	自民黨	
1978.12	（一）	大平正芳	自民黨	
1979.12	（二）	大平正芳	自民黨	

起始年月	屆　別	首　相	所屬政黨	備註
1980.07		鈴木善幸	自民黨	
1982.11	（一）	中曾根康弘	自民黨	
1983.12	（二）	中曾根康弘	自民黨	
1986.07	（三）	中曾根康弘	自民黨	
1987.11		竹下登	自民黨	
1989.06		宇野宗佑	自民黨	
1989.08	（一）	海部俊樹	自民黨	
1990.02	（二）	海部俊樹	自民黨	
1991.11		宮澤喜一	自民黨	
1993.08		細川護熙	社會黨、新生黨等八黨派聯合推薦	
1994.04		羽田孜	社會黨、新生黨等八黨派聯合推薦	
1994.06		村山富市	社會黨、自民黨、先驅新黨聯合推薦	
1996.01	（一）	橋本龍太郎	自民黨、社民黨、先驅新黨聯合推薦	
1996.11	（二）	橋本龍太郎	自民黨、社民黨、先驅新黨聯合推薦	
1998.07		小淵惠三	自民黨、自由黨、公明黨聯合推薦	
2000.04	（一）	森喜朗	自民黨、公明黨、保守黨聯合推薦	
2000.07	（二）	森喜朗	自民黨、公明黨、保守黨聯合推薦	
2001.04		小泉純一郎	自民黨、公明黨、保守黨聯合推薦	

間政策統一，同時負責掌管收集、調查內閣制訂重要政策的情報
工作」。首相同時身為官房的主管大臣，內閣官房內設置官房長
官一人、副長官二人，下屬負責日常工作的內閣參事官、負責綜
合調整的內閣審議官、負責重要政策情報的調查官、負責官房管
理的內閣事務官以及其他必要的職員。官房長官以國務大臣身分
統轄官房工作，監督所屬職員的工作。內閣官房內設總理大臣秘
書官三人和各國務大臣的秘書一人，專施掌管機密事務或臨時受
命協助內閣長官和其他有關部局進行工作。為了避免內閣機構在

某些特殊場合發生空轉，「內閣總理大臣發生事故或出現空缺時，預先指定的國務大臣臨時執行內閣總理大臣職務。而主管大臣發生事故或出現空缺時，內閣總理大臣或由其指定的國務大臣臨時執行主管國務大臣的職務」。

為了完善內閣領導下的國家行政組織，明確職責和權限並使其行之有效地工作，依照《國家行政組織法》設置作為中央國家機關的總理府、省、委員會和廳。各省大臣由首相從國務大臣中任命，也可由首相視情況親自擔任。

一切法律、政令在國會通過後，還需要有主管國務大臣署名，並須有首相連署。國務大臣在職期間，如無首相同意，不接受公訴。但同時也規定，公訴的權利不應因此受到妨害。

（二）內閣組織機構

截止2000年底日本中央政府實行「一府二十二省廳」建制。所謂「一府」即總理府，廣而言之還包括內閣官房、法制局、人事院和安全保障會議。「省」不同於現代中國行政區劃的省，而是對古代中國官制中「省」的模仿和沿襲。律令時代的日本，省屬太政官，時有中務、式部、治部、大藏等八省，明治2年（1869年），日本政府實行了官制改革，以「省」作為中央行政機構。戰後，日本繼承了明治18年（1885）的內閣制度，並根據1948年制訂的《國家行政組織法》，設立了法務省、外務省、大藏省、文部省、厚生省、農林水產省、通商產業省、運輸省、郵政省、勞動省、建設省和自治省等十二個相當於中央各個部的「省」。除此之外，中央機構中還設有與各省具有同等重要地位的總務廳、防衛廳、經濟企劃廳、環境廳、沖繩開發廳、國土廳、

科學技術廳、北海道開發廳等八個行政主管廳，國家公安委員會長官也由國務大臣擔任。如此二十二個府、省、廳、委就叫作「中央省廳」，即日本的中央政府核心機構。此外，還有總理府直屬的警察廳、宮內廳、防衛設施廳、公正交易委員會、公害調整委員會，以及法務省下屬公安審查委員會、公安調查廳、司法考試管理委員會，大藏省下屬國稅廳，文部省下屬的文化廳，厚生省下屬的社會保險廳，農林水產省下屬的糧食廳、山林原野廳、水產廳，通商產業省下屬的資源能源廳、專利廳、中小企業廳，運輸省下屬的海上保安廳、海難仲裁廳、氣象廳、海員勞動委員會，勞動省下屬的中央勞動委員會以及自治省下屬的消防廳等一大批二級建制的委員會和職能廳。當時的總理府與內閣官房之外各職能省廳的職權範圍與業務具體分工如下：

■ 法務省

　　法務省的前身可以追溯到明治政府1871年建立的司法省，屬於負責司法事務的行政機關。新的法務省建立於1952年，主要負責檢察和刑事事項，赦免罪犯並對其進行感化，處理有關國家利害的爭訟，管理登記國民國籍、戶籍，保護公民權利，制訂司法制度與法令，還兼管外國人出入境登記管理等不屬於其他機關的司法事項。法務省下設法務大臣官房以及民事局、刑事局、矯正局、保護局、訟務局、人權擁護局、入國管理局和檢察廳等部門，此外還領導司法考試管理委員會、公安調查委員會、公安調查廳以及法務綜合研究所、矯正研究所、監獄、收容所等部門。本省職員多達49,462人，公安調查廳、公安審查委員會、司法考試管理委員會等外局1,800多人，還有11,325名專職檢事與候補檢

事。❶

■ 外務省

外務省是主管國家外交事務的行政機關。按照《外務省設置法》第三條，外務省的職權範圍主要包括以下內容：(1)負責日本外交政策的草擬與實施；(2)保護和增進通商航海方面的利益；(3)推動外交政策方面的經濟合作和保護日本人的海外投資利益；(4)派遣和接受外交官與領事官；(5)締結條約及國際協議；(6)與聯合國及其他國際機構進行合作以及參加國際會議；(7)調查有關國外情況；(8)報導國內外情況並開展與外國的文化交流；(9)保護海外的日本僑民，為出國旅行及遷居進行斡旋。除上述各項工作外，總結和處理對外事務。

外務省下設大臣官房、亞洲局、北美局、中南美局、歐亞局、中近東非洲局、經濟局、經濟合作局、條約局、綜合外交局、國際情報局，並附屬有外務人事審議會、研修所等龐大機構，包括駐外大使館、領事館官員在內的職員。本省職員5,094人，在外使領館職員3,109人。

■ 大藏省

大藏省是管理國家財政、金融、稅收的行政機關。由於直接管理國家財務、稅收，並負責制訂財政政策，被稱為「官廳中的官廳」。該省在大臣官房之下設有統籌全局的審議官、總務審議官以及參事官，並列著主計局、主稅局、關稅局、理財局、證券局、銀行局和國際金融局等內局。大藏大臣還直接領導各地海關、會計中心、造幣局、印刷局、國稅廳等眾多「外局」，和財政金融研究所、關稅中央分析所和關稅研修所等業務部門。重要的

職責使大藏省規模空前龐大，大臣治下的審議會多達十五個，分別審議財政制度、稅收制度、證券制度、金融制度、匯率與保險等重要制度。同時，還管束國民金融公庫、開發銀行、輸出入銀行、香煙股份公司以及北海道、沖繩開發公庫、商工、農林業、環境衛生、中小企業、公營住宅等公庫，共計十四個特殊法人。大藏省僅本省職員就有22,607人，外局中僅國稅廳一家就有職員57,202人，印刷局和造幣局也都在數千人以上。

■ 文部省

　　文部省是負責文化教育的行政機關。具體業務職權主要有調查和規劃全國教育、學術的現狀和發展，振興文化事業，審定教科書，分配聯合國提供的教育、科研經費，指導、督察各級學校與研修機構等等。文部省在官房之下設立了終身學習局、初等中等教育局、教育助成局、高等教育局、國際學術局、體育局，並附設了國立教育研究所、日本學士院、國立科學博物館等機構。近百所國立大學（包含研究生院與短期大學）的教官均屬於文部省系統的國家公務員。文部省下轄中央教育審議會等十三個審議會，管束著日本學術振興會等八個特殊法人。文部省中本省職員137,461人（包括國立大學教職員124,784人和11,300左右的其他教育科研機構人員）。各類國立博物館和研究所組成的外局還有職員六百五十人。

■ 厚生省

　　厚生省相當於各國的衛生部，是分管衛生、醫療、保健的行政機構。此外還負責救濟災害，取締毒品，提高老人、兒童、婦女保健養護以及有關人口的社會保障工作。厚生省除自身設立的

官房、健康政策局、保健醫療局、生活衛生局、藥物局、社會局、兒童局、保險局、年金局、援護局外，還管理九十五所國立醫院、十一家國立醫療研究所和二十二個諮詢機構。厚生省的審議會多達二十三個，負責審理興建福利設施、救助貧弱、婦女兒童福利待遇、老年養護、國家年金、醫療保險制度、藥品指導管理、食品安全等方面問題，八個與此相關的事業團則作為該省管束的特殊法人。厚生省職員和國家公職醫療保健人員都屬於本省職員，總數超過59,600人。作為外局的社會保險廳還另有九百餘人。

■ 農林水產省

農林水產省是在原農林省基礎上擴建的行政機構，除農業、林業、水產業外，還兼管國土開發和中央賽馬等公營賭博事業，因為分管地域廣闊，業務繁雜，僅官房、經濟局、結構改善局、農蠶園藝局、畜產局、食品流通局等省內職員就有二萬三千多人，糧食局、林野廳、水產廳等外局還另有職員三萬三千多人。農林水產省中沒有其他省廳附屬的大量審議會，但因掌握著中央賽馬和地方賽馬等公營賭博、森林、農地開發公團和農林漁業金融公庫等十二個特殊法人，也是極具實力的重要省。

■ 通商產業省

簡稱通產省，是主管國家工商、貿易的行政機關。職責範圍是促進國內外貿易發展，加強對外聯繫合作，振興中小企業，制訂工業標準化、普及與工礦業有關的科學技術實驗，及管理酒精專賣事業等等。通產省是日本經濟發展的中樞機構之一，在通產大臣官房下設通產政策局、貿易局、產業政策局、立地聾固局、

基礎產業局、機械情報局、生活產業局,此外還有附屬的二十多
個審議會和工業技術院、通商產業研究所等科研機構。通產省還
在東京、札幌等地設有八個通商產業局、六個礦山保安監督局。
審議分門別類地掌握著不同產業、貿易、礦山事業的審理工作,
所轄特殊法人達十七個,分為產業公團、產業金融公庫、行業振
興會和協會等不同部分,著名的亞洲經濟研究所也是該省經濟合
作部管理下的特殊法人。不過,通產省的機構相對精幹,本省職
員只有9,033人,資源能源廳、專利廳和中小企業廳等外局的職員
也不過3,471人。

■ 運輸省

運輸省負責管理國家陸路、海路和空中運輸事業,是1952年
由前運輸通訊省改組的行政機構。主管範圍包括鐵路、公路、港
灣、機場的建設、修繕和管理,火車、船舶、飛行器的製造與檢
修,氣象事業和旅遊觀光也由該省負責。運輸省的本省職員接近
兩萬人,分布在官房、運輸政策局、鐵道局、汽車交通局、海上
交通局、海上技術安全局、港灣局、航空局以及附屬的運輸審議
會等十一個諮詢機構和船舶技術研究所、海技大學等十個科研教
學機構。管束下的各類運輸事業公團和交通航運的股份公司等特
殊法人達到二十個。此外,在地方設有九個地方運輸局、五個港
灣建設局、二個地方航空局、四個航空交通管制部。

■ 郵政省

郵政省成立於1955年,主管郵政、匯兌和電信事業,辦理郵
政儲蓄和郵政年金事業。郵政省內設大臣官房、郵務局、儲金
局、簡易保險局、通信政策局、電氣通信局、廣播行政局。附屬

機構有郵政審議會等五個審議會以及郵政研究所、職員訓練所和通訊綜合研究所。地方機構有十個地方郵政監察局、十一個地方郵政局和十個地方電氣通信監理局。郵政省的審議會主要有郵政、簡易生命保險、電力通訊、電波管制、通訊技術五家,特殊法人為簡易保險福利事業團、國際電訊電話公司、日本電訊電話公司、日本廣播協會、宇宙開發事業團、廣播大學等六家。全省職員共有三十餘萬人,其中郵局系統將近二十八萬人。

■ 勞動省

勞動省是負責勞動力管理的中央行政機構。職能範圍包括調整勞資關係、負責工會組織及有關勞動宣傳、改善勞動條件和勞動保護、制訂失業對策,開展職業培訓與技能訓練,還負責勞動統計、災害補償和失業保險等事業。勞動省下設官房、勞政局、勞動基準局、婦女局、職業安定局、職業能力開發局。附屬機構有僱傭審議會等十六個諮詢機構和產業安全研究所、產業醫學綜合研究所、勞動研究所。在各個都道府縣還設有勞動基準局和婦女、青少年室。勞動省中有與僱傭勞動相關的審議會,特殊法人為勞動福利事業團、中小企業退職金共濟事業團、僱傭促進事業團、日本勞動研究機構和建築、清酒釀造、林業等領域的退職金共濟組合等六家。本省職員約二萬三千人,外局為中央勞動委員會,職員一百二十人。

■ 建設省

建設省為擔負國家基本建設管理職能的行政機構。主要職責是調查、制訂有關國土修建和地方建設計畫,審批城市建設、河流疏濬、興建港口以及鐵路、公路建設規劃,對私營公路、鐵路

等建設進行監督等等。建設省的大臣官房之外設有建設經濟局、都市局、河川局、道路局、住宅局。附屬機構有中央建設審議會等九個諮詢機構，還有國土地理院、土木研究所、建設研究所、建設大學等科研教學機構。該省在東北、關東等八地設有地方建設局。建設省管轄的特殊法人有鐵路公路建設領域的十個公團和住宅金融公庫、勞動者住宅協會。本省職員為23,742人，其中地方建設局有20,499人。

■ 自治省

　　自治省是1960年由原自治廳擴建的省，是專門負責協調中央地方事務的橋樑。在所有省中自治省的機構最為簡單，大臣官房之外，有行政、財政、稅務三局和消防廳以及自治大學校，省內的審議會也不過五個，分別審理地方財政、地方公務員共濟組合、中央選舉管理、中央固定資產評估和消防工作。自治省管束的特殊法人只有兩家，為公營企業金融公庫和日本國有鐵道清算事業團。自治省的本省職員只有426人，外局消防廳機關也不過160餘人。

　　根據《國家行政組織法》第三條第二款規定，總理府下設十二個中央直屬廳和委員會。分別為專司皇室事務的宮內廳（1500人），總攬省廳事務的總務廳（3,576人），管理陸海空三軍自衛隊的防衛廳（297,284人），專司經濟政策的經濟企劃廳（514人），負責研究處理公害對策的環境廳（1,008人），負責特定地域開發的沖繩開發廳（1,148人）、北海道開發廳（7,554人），制訂國土管理政策的國土廳（467人）和研究制訂科技發展戰略的科學技術廳（2,123人）。以及公正交易委員會，國家公安委員會，公害

調整委員會。直屬廳、委員會與職能省不但在責權範圍和人員構成上有明顯區別，更因不直接管束特殊法人，顯得比較簡約而單一。

第二節　內閣行政權及其實施過程

（一）內閣的行政權限

　　內閣的行政權指憲法第73條賦予內閣的權限。即「在執掌一般行政事務」的同時，執行「誠實執行法律，總理國務」、「處理外交關係」、「經國會批准或事後批准締結條約」、「依法掌管官吏事務」、「編造並向國會提出預算」、「制訂憲法、法律規範下的政令」、「決定大赦、特赦、減刑、刑罰免除執行及恢復權利」等項事務。內閣的行政權限可以具體劃分為首相權限和國務大臣權限。

　　首相權限是所謂「誠實執行法律，總理國務」，是將內閣權限置於法律範圍之內，確保最高行政機關對立法機關負責機制。《內閣法》第二條第二款規定：「內閣行使行政權，向國會共同負責。」為了使國家行政良好運轉，首相作為依法產生的內閣首長有權中止各行政部門的處分、命令，聽候內閣處理。國務大臣有權就任何問題要求首相召開內閣會議，首相主持內閣會議，並有權裁定主管大臣之間發生的權限爭議。為了保證首相有效地履行職責，憲法給予首相一系列相應權限，其中最重要的有以下幾點：

　　首先，首相擁有解散國會眾議院的權力。相對於眾議院對首

相的提名權和對內閣提出不信任案的權力，憲法第7條、第69條也賦予首相解散國會眾議院的權力，以保障內閣與國會之間的平衡。在戰後政治的實際操作過程中，國會和內閣屢屢運用這種互相制約的平衡機制，除1976年三木武夫內閣是在眾議院議員任期屆滿後，如期舉行下一次眾議院選舉的「善終」之外，幾乎所有大選都是在首相解散國會的基礎上進行的。

首相的另一項重要權力是根據政務需要可以隨時罷免閣僚，憲法第六十八條第二款規定：「內閣總理大臣可以任意罷免國務大臣。」戰後以來，首相屢屢運用罷免閣僚的權力：片山哲首相因戰爭責任問題罷免農林水產大臣平野力三；第四次吉田茂內閣時首相行使權力罷免了執行政務不力的農林水產大臣廣川弘禪；第三次中曾根康弘內閣時罷免過文部大臣藤尾正行。其後，不少否定侵略戰爭歷史，傷害中國、北韓人民感情的閣僚，先後因在南京大屠殺、慰安婦等問題上發出「妄言」，或隨意攻擊憲法，被承受國內外輿論壓力的首相免去職務。例如1994年被迫辭職的法務大臣永野茂門、1999年因指責憲法等原因被解除職務的法務大臣中村正三郎等等。

首相的第三項重要權限是處理行政機構的權力，「內閣總理大臣可以中止各行政部門的處分、命令，聽候內閣處理」。簡單地說，作為國家最高行政首腦有權在判定行政長官和部門缺乏執行政務的能力時，可以解除其執政權限。另外，由於內閣在眾議院通過不信任案或否決信任案時，如果十日內不解散眾議院，就必須總辭職。而且如果首相出現空缺，或眾議院選舉後第一次召集國會時，內閣也必須總辭職。所以為防止因內閣更迭出現權力真空，憲法第七十一條還規定內閣總辭職後，直至任命新任首相之

前，原有內閣繼續執行其職務。首相透過看守內閣形式保證國家行政事務的運轉和連續，也被看作首相在非常時期的特殊權力。

再者，首相作為總理國政的首腦還掌握自衛隊最高指揮權，指揮監督各個行政部門。作為服務於國民的辛勞工作的報償，首相在擁有炙手可熱的權力的同時，也享有無償使用占地七萬平方米的首相官邸，領取3,718萬日圓年薪（每月226.5萬日圓）和每年1,444萬日圓的獎金（1997年標準）等豐厚的待遇，按照1996年匯率，大大高於美國總統的二十萬美元年薪（約折合2,200萬日圓）和五萬美元辦公費用。

國務大臣享有在首相指揮下處理具體部門政務的權力。1947年日本公布並實施了《內閣法》，規定「內閣由其首長內閣總理大臣及二十名以內的國務大臣組成」。國務大臣由首相任命和罷免，但其中半數以上須從國會議員中選任。此外，憲法還規定首相和所有國務大臣必須是文職人員，內閣在行使國家權力上，對國會共同負責。《內閣法》第三條第一款規定，「各大臣按法律規定作為主管大臣分管行政事務」，就一般而言，在首相之下分掌具體省廳的國務大臣也擁有相當高的自主權力。《國家行政組織法》規定：「各大臣、各委員會委員長及各廳長官，總管其機關事務並統率、監督其職員的工作。各大臣就所主管的行政事務，認為有制訂、修改或廢除法律或政令的必要時，必須制訂草案向內閣總理大臣提出，請求內閣審議。各大臣為了對所主管的行政事務執行法律或政令，以及根據法律或政令的特別委託，可分別發布該機關的命令（總理府令或省令）。各直屬廳的長官可就其機關所轄事務，分別向各自的主管大臣備案，請求發布前款規定的命令。直屬廳長官和委員會委員長就其所轄事務，可分別向各自主

管大臣備案，請求發布第一款規定的命令。」

　　近年，由於政府處理經濟危機不力，加之內閣成員中相繼暴露出腐敗、瀆職等醜聞，社會上響起了要求修改內閣權限或改變相關制度的呼聲。例如，針對首相的產生機制，有55.3％的國民希望實行由全體公民直接選舉首相，而反對直接選舉堅持由議會間接選舉首相的比例只有11.9％。❷以此為背景，自民黨少壯派議員提出了呼籲直接選舉首相的六點建議：

　　1.同時申報首相、副首相的候選人，由天皇從得票過半數的人選中任命首相、副首相，二者任期各為四年，禁止三度連任。

　　2.國會由眾、參兩院組成，法案和預算眾議院決議確立。參議院負責從首相推薦人選中指定最高法院院長等司法界人選。

　　3.國民擁有對首相和副首相的罷免權，首相如果壓制言論或表現出獨裁傾向，國會有權提出彈劾。同時首相有權拒絕國會通過的法律、條約，但不得解散國會。

　　4.實行首相直接選舉制度僅僅是為了強化政治領域的綜合機能，天皇作為國家和國民的象徵性地位不變。

　　5.在首相與眾議院協議中，關於重大問題要進行國民投票表決。

　　6.作為憲法規定的特殊機關，設立獨立的中央選舉委員會以監督國民的投票選舉。❸

　　儘管青年議員們的提議迎合了社會上要求民眾參與選擇政府首腦以提高民主化程度的輿論，但與主流派政治家希望加強首相

權限、進一步控制政府的願望衝突。所以上述提議在政界受到指責。批評意見認為採用直接選舉首相，不會緩解國民的政治冷漠和背離，也不可能以此達到國民參政的作用，相反地有可能使首相權限變得過分強大。當然，修改首相產生辦法的前提是修改憲法，所以迄今仍停留在議論階段。不過，更改內閣體制的種種議論，仍不失為日本政治生活中的一個經久不衰的熱門話題。

（二）內閣行政系統的運行

日本內閣行政系統的一個重要特色是行政體制與政治體制相對分立。內閣成員，即各中央省廳的大臣屬特殊公務員，由大選中獲勝的執政黨總裁（或黨魁）出任的首相指定擔任。

大臣之下是兩位相當於副大臣的次官，一位是協助大臣處理政務的政務次官，另一位是負責該省廳實際工作的業務首長，稱為事務次官。政務次官和大臣一樣是職業政治家，其任免與進退均與內閣的政治命運相聯繫。而事務次官則處於官僚金字塔的頂峰，通常是從法律意義上的「一般公務員」中，經過法律規範下的考試以及工作能力、業績的層層篩選後產生的該領域官僚首腦。事務次官對各黨派意見持中立態度，「協助主管大臣管理省務或廳務，監督下屬各級機關」，專事國家的各類行政事務。這樣一來，在同一省廳裡，主管大臣之下就並立著來自執政黨和業務官僚頂峰的「黨」「政」兩種首腦，一方面體現和貫徹執政黨的政治意圖，同時由事務次官督導各級行政官僚在政治漩渦中保持工作順暢、公允，使行政事務首腦脫離了政權更迭造成的衝擊，以保證行政業務的連續性。不過，這一機制也帶來某些新的問題。主管大臣和政務次官的政黨色彩與立場，畢竟有別於事務次官以

及下屬職業官僚，二者從不同角度共同管理同一個部門，有時也難免意見牴牾甚至衝突。因為政務官僚和業務官僚分別來自國會所在地永田町和官廳集中的霞關，到底由誰來主導行政事務，在決策中最後拍板就被形象地描繪成黨政天平兩端永田町和霞關的漲落關係。

在具體的政策決策中，中央省廳主管局與下屬課發揮著主要作用。一般說來，政策課題的提出既可以來自中央官廳或地方自治體，也可以來自黨派、工會、新聞傳媒、研究機關或實業界團體。但政策草案卻只能由省廳中負責該領域的具體業務部門策劃。日本的行政事務長期委託給業務官僚，「官僚不但認為自己承擔著全部國政，而且介入一切政治事務，廣泛行使手中的權力，不允許民間人事干預自己的行動。日本的民主主義不如說是官僚主導主義」。如此「政高黨低」的局面引起政治家和國民的普遍反感，於是人們猛烈批判官僚主導型政治的弊端，削弱官僚權限成了行政改革的目的之一。隨著改革深入，國會開始在提出法案數量上扭轉政出官廳的局面，自民黨的稅制調查會緊緊抓住稅收政策的主導權，使大藏省主稅局官員服從在自己制訂的《稅制改革大綱》，自民黨的族議員發揮主導作用的「黨高政低」又成了人們批判的對象，甚至有學者直言：「行政事務從官僚主導轉向少數實力派議員把持的『族議員主導型政治』，這是自民黨長期單獨執政對國政的歪曲。」❹

內閣的權力運行集中體現在內政、外交等國務活動中。內閣作為執行法律的行政府，除維持國家機器正常運轉外，還擔負著參與決定國家重大決策的部分使命，即在立法過程中提出法律草案，在憲法和法律規範下制訂政令以保證政務統一，透過人事院

掌管國家公務員，任免官吏並確定賞罰、升遷，編造並向國會提出預算，執掌決定大赦、特赦、減刑、刑罰執行的免除與恢復的權力；在外交方面，內閣代表國家處理國家關係上重大事務，行使諸如通過全權委任書任命駐外大使、公使，決定與外國的交涉方針、原則，並責成外務省辦理一切日常外交事務。締結條約是內閣處理外交關係的一項重大權限，雖然內閣擁有締結條約權限，但必須在事前或事後得到國會批准承認。

第三節　「大政府」與「小政府」之爭

當21世紀的曙光出現在地平線上時，世界各國仍然處於十分激烈的國際競爭關係之中。這種全方位的綜合國力競爭向每一個國家的政府運作成本、領導能力以及行政效率等方面，提出了比以往任何時期更高的要求。然而，具有諷刺意味的是日本和大多數發達國家一樣，從80年代起開始受到政府財政赤字和效率低下的雙重困擾，巨型國家機構似乎是現代日本政治的一個痼疾。

（一）日本政府規模的擴展

如果單就政府公職人員數量和公民數量的比率而言，日本的政府機構在西方國家裡並不算很大。以西方國家每千人擁有公務員數量的橫向比較為例，法國高達每千人一百一十二名公務員，英國和美國也分別達到七十三人和六十九人，而日本直到90年代初期尚只有三十九人。

但從縱向觀察，則戰後重組國家機構以來，日本政府一直處在不停頓的膨脹之中。40年代末至50年代初期，日本的國家制度

基本定型，在自民黨長達三十八年的執政過程中，政府逐步擴大了社會福利，尤其在經濟高速增長的60年代，經濟迅速發展使得政府的財政規模和職權不斷擴大，基本上沿著建立強有力的全能「大政府」的道路發展。政府組織趨向龐雜引起輿論界批評，70年代中期以後出現了與此相對的「小政府運動」。然而，國家經濟突飛猛進的發展勢頭掩蓋了政府機構膨脹帶來的諸種弊端，呼籲「小政府」的聲音不久便湮沒在國家地位迅速上升的洪流之中。結果，儘管進入80年代，公務員數量一度由於政府將部分專賣事業轉移為間接管理以及電信電話公司和國鐵民營化而大幅度減少，但中曾根康弘內閣為了強化政府控制經濟的宏觀調控職能，非但未及時壓縮膨脹起來的機構，反而再次恢復了大政府體制。其後的幾屆內閣也未能隨產業結構調整相應壓縮機構，所以當經濟結構趨向成熟，公私合營的地方公社大量湧現，更增加了國家與地方公務員的工作，諸種半官半民的機構又為政府規模擴大增加了新的策源地，結果使政府機構在精簡的呼聲中越發龐大起來。例如，1985年由地方政府出資25％以上設立的「地方公社」為四十五個，到了1992年已經增加到一百一十八個，而且大有在地方分權運動中繼續增長的趨勢。以農林水產行業為例，由於技術、管理方面的進步，從1970～1992年，農林水產行業的從業人員從886萬減少到411萬人，他們在全國就業人員中的比重從同期的17.4％下降到6.3％，但掌管這一部門的國家公務員和地方公務員並未相應減少，僅僅由1975年的二十二萬人下降到十八萬人，國家公職人員和相關產業從業人員比例陡然上升了將近一倍。其他領域也或多或少地存在類似問題，特別由於某些低效率產業部門中就業人員不斷擴大，地方行政也開始膨脹，據統計，從1975～

1995年，地方公務員不但沒有減少，反而增加了三十多萬人。1996年以後，隨著行政改革的逐步推進，公職人員增長趨勢得到一定控制，但在「高齡少子化趨勢」日見增長的今天，人口逐步減少的負效應之一便是公務員隊伍的相對擴大，使政府機構合理化問題再次顯露出來。

面對政府機構膨脹的困擾，歷屆政府為了提高行政部門的工作效率、減少財政開支，開始考慮精簡過剩的職能部門。90年代以來出爐的臨時行政改革推進審議會的諮詢報告中，提出「增強綜合機能」和「改革公務員制度」的任務，以「建立邁向21世紀的行政組織」。根據這一改革方案：

1. 對中央省廳體制進行重大調整，壓縮原有二十二個省廳。
2. 依據法律配置若干名輔佐首相人員，以求「發揮首相的領導能力」。
3. 「充實和進一步發揮內閣機能」，以便有重點地靈活處理省廳的有關事宜。「積極採用無所任大臣制及擔當大臣制」，指定若干名國務大臣組成「閣內內閣」，以求從更高的視野總攬國政全局。
4. 「改革公務員制度」。包括設置調查審議國家公務員制度及人事管理制度的專門機構——「新公務員制度審議會」，修改以《國家公務員法》為中心的有關法令。

輿論調查結果表明，透過放寬規制實行行政、財政改革，改善社會福利以及增加消費稅的稅制改革，振興公共事業等手段為政府機構「減肥」的觀點，得到了社會各界的廣泛支持。雖然改革措施因經濟形勢惡化一再擱淺，估計當日本擺脫經濟危機困擾

之後，上述爲中央政府與地方政府「減肥」的各項改革計畫，還是要大刀闊斧地進行下去。而實際上2001年1月6日起，新的中央十二省廳體制已經啓動了。

（二）政黨的大小政府爭論

政府的現代化不可能僅僅停留在制度層面上，在日本「政黨、政府、政改」這一組相互制約的三角關係中，黨派歷來對政府構成、行政參與和權力分配反應積極。今天，「大政府」與「小政府」業已成爲政治家之間的政見對立軸，各政黨在政府規模構想方面的衝突一直是政治改革鬥爭中的一個焦點。

這種苗頭始見於70、80年代，當時出現的新自由主義、新保守主義理念曾帶有改革政府機構實驗的性質。90年代中期以後，日本面臨的經濟危機在很大程度上源於陳舊體制的不適應性。而體制轉換需要一個較長的過程，聯合政權面對恢復景氣與經濟改革難以兩全的難題，拿不出既能加強政府指導又能減少限制、發揮經濟活力的有效辦法，世界範圍的金融危機與經濟蕭條的壓力使得日本經濟難以立即好轉。在一系列財政刺激未能奏效後，發行空前規模的國債，雖然可以給經濟造成刺激，但畢竟不是徹底解決問題的良策。國際金融機構已經對日本大規模舉債導致通貨膨脹有所顧慮，就連政府的財政審議會議也承認，六百兆日圓的債務，的確是懸在頭頂的一顆定時炸彈。顯然，在解決政治、經濟綜合危機方面，政府自身的總體素質改造對國家發展有著關鍵的作用。有人爲今天日本黨派在政府規模上的政策對立勾勒了一幅圖畫：在修改憲法與大小政府的十字對立軸上，護憲派的社民黨主張實行「大政府」，先驅新黨則主張「小政府」；在執政的改

憲派一邊，自民黨主張維持「大政府」，而自由黨（原新進黨）則主張實行「小政府」。大政府與小政府業已成為區分政黨勢力的一個界限，對大政府與小政府的態度成為政治家之間的分水嶺。全球競爭向每一個試圖尋求可持續性發展的國家和政府，在運作成本、能力、效率等各方面都提出了比以往任何時期都更高的要求。對於後現代社會的日本來說，如何建立起精簡、高能、高效率的行政體系，必須將競爭機制引入政府系統內部，將政府置於激烈的競爭之中，從而提高自身效率。

　　1999年，自民黨與自由黨保守聯合政權是日本經濟與政治危機的綜合產物，組建後的首要任務就是如何擺脫困境。新保守主義被賦予新的政治含義，並作為聯合政權「協議結果」納入了小淵惠三的施政方針，具體地講有以下三點：

1. 經濟上建立更為徹底的市場經濟體制、進一步緩和規制、推動行政改革，朝著有利於跨國集團競爭的「小政府、大社會」方向前進。
2. 政治上近期以廢除政府委員制度、將眾議院比例代表削減五十名並逐步壓縮25％的國家公務員為目標，開始研究、討論修改憲法這一決定日本國家發展道路的敏感話題。
3. 在對外關係方面，形式上保持對美國的從屬關係，透過加強安全保障體制，積極參加聯合國維持和平行動。

　　顯而易見，以上綱領融合了小淵惠三「普通國家論」中的許多觀點，其目的是要最終解除二戰給日本遺留的限制，為主導21世紀的亞洲乃至世界政治安全掃清障礙。這種變化也給迄今為止的「大小政府之爭」極大的影響。從發展方向上講，解決問題的

根本出路在於追求精簡機構和提高行政效率的良性互動。提高政府的有效性和能力，必須透過一些具體措施來振興政府機構的活力。爲此，政府必須制訂有效的規則、法律和限制性措施，規範政府行爲，開展持續不斷的反腐敗鬥爭，從而實現政治系統與外部環境之間的動態平衡，爲政府活力和效率提供保障。

但是，建立「大社會、小政府、大服務」的政治構圖並不是一朝一夕可以完成的，從一定意義上說，政府機構日趨龐大帶有某種必然性。況且，機構臃腫並非日本獨有的問題，「在20世紀自由資本主義體制下，政府總是受到巨額公共支出造成的政治壓力，財政不足成了司空見慣的現象。爭取財政負擔與效率的平衡成了政治領域重要而困難的任務」❺。究其根本原因是「後發型工業國」在追趕發達國家過程中，經濟機制通常會從市場控制轉向政府控制。或許，在日本建立小政府僅僅是一種烏托邦式的夢想。

(三) 理想中的「大政府」與「小政府」

從理論上講，政府制度的傳統特徵是政治文化沿革的歷史積澱結果，它們不但反映政府行爲的歷史傳承關係，而且還表現了政府行爲在社會變遷中的自我調適能力。政治制度的傳統特徵並不是靜態的，它們在社會變遷中常常表現出強有力的張力，往往成爲現代化過程中可資倚賴的資源。從資本主義發展歷史上看，對小政府的呼籲可以追溯到19世紀的自由放任主義，而大小政府結構的對立，說到底是政府強制（惡）與市場自由（善）這種善惡二元論的對立。

按照日本政治學者的觀點，所謂「小政府」是指：「經濟上

以放寬規制、實現民營化、削減賦稅與縮小財政赤字等政策作為目標，並以此為旗幟在各個領域著手政策轉換的政府。……然而，儘管在前述政策中，放寬規制與民營化很容易得出『小政府』的結論，但減稅和解決財政赤字在雷根政權時（伴隨冷戰時期的擴軍備戰）也遺留下深重而混亂的債務負擔。問題的根源在於，多數國民（所謂中產階級）要求減少浪費、支持批判政府福利政策的立場，卻不願意放棄自己從政府政策中獲得的利益。……其結果便產生了『小政府論』成功地實行減稅卻在削減歲出。這樣財政巨額赤字的『小政府』是十分靠不住的。」 ❻

　　相反地，在主張「大政府」的一派人士眼裡，「大社會必然有一個相對的大政府，問題的實質在於如何使政府作用與其自身能力和政策的有效性結合起來，也就是說，要使政府的作用與其能力相符合」 ❼。甚至有人斷言，所謂大政府是戰後型自由主義體制為特徵的政治對國民服務的反映。問題是日本進入高齡化社會後，「小政府」就不再是簡單的理論問題，中央與地方政府都不能迴避，經濟活動中卻又不得不增加規制。這似乎是一個怪圈，在它的籠罩下日本的公共支出已經面臨著巨額財政赤字，但同時公務員數量居高不下，截至1996年底，國家公務員數量增長到117萬餘人，即使扣除其中25.9％的郵政職員、23.4％的自衛隊官兵和11.5％的國立學校教職員，仍有接近40％的近五十萬官僚。

　　從另一個角度看，政策不能簡單歸結為「大政府」或者「小政府」的問題，政府對市場的二元立場意識在現實中有很大區別。問題是整體的組合如何，日本需要有其獨特的市場組合。大小政府孰優孰劣？似乎不能作簡單的歸結。主張「大政府」的興

論認為，假如取消政府主導經濟發展的作用，使其存在價值僅限於維護法律與秩序，國家行政機關就會放棄對失業和貧困等醜惡現象承擔的責任。而強調建立「小政府」的觀點認為，如果認定政府對經濟的介入和規制是必要的話，就不可能在複雜的社會裡實現真正的小政府。唯有一點是十分清楚的：日本的黨派乃至全社會關於「大政府」與「小政府」的爭論時起時伏，但人們迄今尚未找到一條有效管理「大社會」的「小政府」途徑。與此同時，隨著訊息時代到來，透過電腦網路實現政府職能的「電子政府」成為政治生活中的一個嶄新話題。日本政府已決心將IT革命的技術成果，運用到政府行政當中，以提高效率，簡化政治過程。這無疑給大小政府的爭論增加了新的內涵，而與此有關的政治爭論還將繼續下去。

邁入21世紀，啟動新型體制的日本政府所面臨的問題，仍將是如何透過權力的有效組織來實現現代社會賦予的責任和職能。在政府的社會基礎和自身框架確立之後，一個非常迫切的任務就是研究如何在不違背國民意志與政府責任的前提下，透過政府的自身能力達到預期目的。於是，人們開始傾向於「建立一個有效的政府，而不是有限的政府才是經濟和社會發展的關鍵」的觀點。政府的有效性是指國家強化有效地實施並推動集體行動的能力，以促進社會利益和進步，這種能力包括已為人們熟知的制訂法律規則、維護秩序、投資公共衛生和交通等基礎設施，但卻絕非對「大政府」的簡單肯定。不如說，規模合理的政府仍是橫亙在日本政治家面前的一道難題。

—注釋—

❶本節數字均引自〔日〕東洋經濟新報社所編之《中央官廳的詳解圖
　　説》各章節，1998年版。
❷讀賣新聞社1993年度輿論調查，引自《讀賣新聞》，1993年3月19
　　日。
❸老川祥一編著，《政黨與內閣入門》，法學書院，1997年改訂版，
　　第55～56頁。
❹大宮知信，《經濟與行政事典》，明日香出版社，1993年版，第53
　　～55頁。
❺佐佐木毅，《政治家的條件》，講談社，1995年版，第119頁。
❻同上書，第182頁。
❼冢原光良，《政治前景觀察》，明日香出版社，1998年版，第48
　　頁。

第8章

行政改革縱橫談

　　行政改革不僅是當前日本政治發展的一個焦點問題，而且也是世紀之交世界各主要國家關注的問題。如前所述，相較而言，日本的國家機構設置是精幹的，效率也不低，即使如此，仍難適應時代發展的需要，仍須推進改革。可以說，行政改革成敗與否，將成為影響21世紀日本發展道路的重要因素。

第一節　行政改革史論

　　日本近代內閣制度建立一百餘年來，歷屆內閣常常根據當時的政治需要而進行行政改革，其中既有成功的經驗，更不乏值得注意的教訓。為探討此成功的經驗和失敗的教訓，以下主要研究日本中央機構的行政改革，在行政改革的眾多問題中，主要討論精簡機構、文官制度以及內閣職能三個方面。

（一）精簡機構方面

　　1885年12月22日，日本政府在自由民權運動的推動下，學習西方建立了近代內閣制度，這也是日本發展資本主義實現近代

化的客觀要求。

根據建立內閣時制訂的《內閣職權》和1884年實施的《內閣官制》，內閣的直屬機關包括內閣書記官局、記錄局、內閣文庫、會計局、官報局、修史局、法制局和賞勳局，內閣下轄的省有外務、內務、大藏、陸軍、海軍、司法、文部、農商和遞信九省。一般來說，內閣成員由首相、各省大臣以及書記官長、法制長官組成。

首先，在內閣直屬機構方面，一百年來變化較大，它不僅和社會經濟有關，和政治形勢的穩定與否關係更為密切。除前述內閣創立時所屬各局外，後來又陸續設立了統計局、恩給局和文官考試委員會等。尤其在1942年前後，內閣所屬局數增加到十八個（包括內閣官房），其中多半是直接服務於侵略戰爭的，如對滿事務局、情報局、興亞院、企劃院、總力戰研究所、國家總動員審議會等。❶

日本戰敗投降後，明治憲法和《內閣官制》、《各省官制》被廢除。1947年5月實施了《日本國憲法》和《內閣法》。1949年又頒行了《國家行政組織法》，對國家政治體制進行了根本性的改革。在新的內閣體制中，內閣屬下有內閣官房（負責閣議事項的整理及內閣其他庶務）、法制局（掌管內閣提出的法律、政令、條約的立案審議）、人事院（半獨立於內閣）、國防會議等和各省。而直屬總理大臣的輔助機構則有總理廳（後改稱總理府），其下包括大臣官房、恩給局、統計局、賞勳局、日本學術會議等，均承之於戰前。總理府下還有一些臨時設置的機構，如戰災復興院、俘虜情報局、經濟安定本部等，以及眾多的諮詢、調查性質的機構如各類審議會和委員會。隨著時間的推移，這類機構越來越

多，據粗略統計，到1975年總理府下屬的審議會調查會已達五十五個之多，如社會保障制度審議會、檢察官資格審議會、公害對策會議、國民生活安定審議會等。

除上述機構外，內閣中還設有一些委員會和廳級機構與各省平級。如公正交易委員會、國家公安委員會、宮內廳、行政管理廳、北海道開發廳、防衛廳、經濟企劃廳、科學技術廳、環境廳和沖繩開發廳。1974年6月成立了國土廳。其中重要的委員會如國家公安委員會和各廳均以國務大臣為首腦，實際上和省同級。1984年7月，中曾根康弘內閣著力推進行政改革，將總理府的大部分職能和組織與行政管理廳合併，新成立了總務廳，以圖加強內閣行政機能的綜合調整能力。

此外，為解決某個特定的問題，經閣議決定、承認、口頭瞭解或各省事務次官會議協商等方式成立的各種組織增加很快，其設置和管理多屬內閣或各省、廳，問題解決後有些明確廢止，有些不了了之或名存實亡，也有些改換名稱成為內閣下屬的正式機構，如物價安定推進本部、行政機構刷新審議會、殘疾兒童對策聯絡會議、青少年問題對策聯絡會議、賣淫問題對策協議會、婦女問題企劃推進本部、老人問題懇談會等。這種機構涉及面廣泛，在反映各方面民意、推動各種問題的解決上發揮了一定作用。據行政管理廳統計，1956年這類機構有208個，到1965年增至277個，後來經過兩次大的調整，1978年以後仍有212個。❷

總之，一百年來內閣所屬機構日趨龐雜，尤其在第二次世界大戰時期和戰後經濟高速增長時期，發展更快。結果造成諸如機構重疊、虛設機構和單項機構多（如北海道開發廳、沖繩開發廳即可合併國土廳），「臨時」機構長期存在等現象。

其次，在省級單位的設置上，依照1886年實施的《各省官制》，各省設大臣官房、秘書官、書記官、總務局及屬下各局課。各省在大臣之下設次官一人，必要時可以代行大臣職務，監督各局、課工作，是一省具體事務的事實上最高負責人。各局設局長、次長各一人（省次官爲總務局長），也可只設局長或次長一人。局下各課設課長一人，課長之下爲「屬」，乃普通辦事員。若另需輔助人員或顧問，須向內閣申請，經審議後方可採用。《各省官制》此後修改多次，如各省分設政務次官和事務次官等，但主要內容沒有大的變化。

從1885年內閣創立至1947年5月3日廢止《各省官制》，內閣各省僅由九省增至十省，即撤銷了陸軍、海軍二省（曾一度改稱爲第一、第二復員省），增加了厚生、商工、運輸三省。如考慮到六十年中政務的日趨繁雜和形勢的發展變化，這種增加的趨勢可以說是緩慢的。各省中，外務、內務、大藏、司法和文部省均原封不動地延續下來，陸、海軍省也一直持續到戰敗投降。其中農商務省和遞信省變化較大。這個變化始於20世紀20年代，1920年設鐵道省，1925年將農商務省分成農林、商工二省，1938年底又將農林、商工二省合併爲農商省，將遞信、鐵道二省合併爲運輸通訊省，同時增設了軍需省。30年代還一度設立了拓殖務省。很明顯的，省級單位的這些分合改組乃是出於發展經濟和擴大侵略戰爭的需要。但是，總體來看，六十餘年省級單位的變化不大，尤其在20世紀20年代以前，除1896年設置拓殖務省且翌年即撤銷外，省級單位在三十五年內沒有其他任何變化。

1947年經戰後改革建立新體制後也是如此。1947年直到90年代僅增加了兩個省，即1947年底撤銷了內務省，該年9月設立

了勞動省,翌年7月設立自治省。此外,將司法、商工、遞信各省先後改稱爲法務、通商產業和郵政省。像日本這樣一個經濟大國只設十二個省,不能不說是很精幹的。從中也可以看出,日本政府對省級單位的設置十分愼重。對某些重要國務以廳代省,這個形式的改變對精簡機構是有利的。

然而省屬局級單位的增長速度相對地就快一些,當然也有曲折和反覆。1886~1947年《各省官制》實施期間,省屬局級單位由六十個增加到七十四個。但仔細觀察,則可發現省屬局級單位數字是馬鞍形發展的。1901年時省屬局級單位精簡到只有四十七個,比1886年時減少十三個。如司法、外務等省只有兩局。1913年又一次縮減後,降至四十二個局,這是前六十年中機構最精幹的時期,這種狀況大體維持到1920年前後。如果以這時爲起點比較,1920~1947年省屬局級單位由四十二個增加到七十四個,即二十多年中增加了三十二個局。這和省級單位出現混亂膨脹的時期相一致,說明內閣成立後的前三十餘年行政機構的發展基本得到控制,有時還有所減少。但在20世紀20年代以後,日本加緊對外掠奪,進而發動大規模的侵略戰爭,形勢的需要使行政機構日益龐大。所以,儘管後來還有幾屆內閣企圖以「改革」抑制這個擴大的趨勢,但作爲侵略戰爭推動者的日本政府本身是無法實現這個目的的。

1947年體制改革以後,省屬局級單位仍是增加的趨勢,也較前六十年爲快。至1975年8月31日止增加到九十七個,其中新設三省共十六個局,但大藏、文部、厚生、農林、通產等省幾十年沒有多大變化。儘管如此,平均每省只設七至八個局,仍不算臃腫。這與歷屆內閣注意控制局級單位的增加有關。如1967年第二

屆佐藤榮作內閣，不問情況有無特殊，果斷採取「一省削減一局」的精簡措施就是一個例子，其中雖然不乏形式主義的合併撤銷，但仍遏止了局級單位不斷增長的趨勢。

　　戰後日本政府精簡機構時，有一個值得注意的措施是「甩包袱」。1949年吉田茂內閣對中央機構動大手術，將某些省的局改成官方或半官方的企事業單位，由政府給他們一定的資助和監督，也吸引民間資金入股和民間人士、團體參加管理，以求減少國家的行政機關，部分地減輕國家財政負擔。例如，將大藏省的專賣局改成日本的專賣公社，運輸省的鐵道總局改爲日本國有鐵道公社（簡稱「國鐵」），在金融方面設立了國民金融公庫、住宅金融公庫。1952年撤銷電氣通訊省，將其主要業務改爲日本電信電話公社（簡稱「電電公社」）。此外還有日本銀行、開發銀行、輸出入銀行等。半官方事業相繼出現了日本住宅公團、日本道路公團、日本航空公司、國際電信電話公司、日本廣播協會、日本貿易振興會、國際交流基金、國際合作事業團等。除三個公社外，均以特殊法人或認可法人對待。到1981年這類企事業已超過兩百個。不難想像，如果這些事業仍舊由政府一手包攬，機構該有多麼龐大，負擔又有多麼沉重。因此中曾根康弘內閣仍然繼承了這個方針，把「甩包袱」作爲行政改革的重要內容。除對虧損額巨大的國鐵不實行民營外，對電電公社和專賣公社則要以競爭的原則，改造成民營的「特殊公社」──「日本電信電話公司」和「日本煙草產業公司」。對於特殊法人在合併縮減的基礎上，儘可能地實施獨立經營，以實現精簡機構減輕負擔的目的。

（二）文官制度方面

　　文官制度是日本近代天皇制的重要基礎，也是戰後日本國家政治體制的重要組成部分。所以，文官制度的改革經常受到歷屆內閣的重視。內閣制度初創時，伊藤博文基於以往「未限定員之制」造成員吏只增不減、事務越臃腫的教訓，提出制訂編制、淘汰冗員的方案，各省次官、局長均僅限一人，定員編制經閣議裁定後不得隨意變動，也不可用「出仕」、「御用掛」等名義變相增加定員。這些主張在《各省官制》中進一步具體化。《官制》不僅詳細規定了各省的組織分課，也對主要文官的定員加以明確限制。對於奏任官，各省不得超過限定人數；對於判任官，各大臣可以酌情應用，但其薪俸不得超過預算總額的限度。官員任職經過規定年限便可升級，但若上級沒有空缺，仍不得晉升。❸

　　這些規定雖好，其中某些規定也一度發揮作用，但由於還沒有建立明確統一的、嚴格的文官選拔制度，官場中仍不免弊端叢生。為此，日本政府於1887年制訂《文官考試試補見習規則》，開始將開科考試作為文官選拔的重要手段。《規則》規定「仕進須經考試」，考試分學術考試、普通考試和專科考試三類，學術考試又有初等、高等之別。考試合格後還須經一定期限的「試補」（見習）才能正式供職。此外，還規定擔任三年以上分科大學教授、有法學博士學位，或法科大學、文科大學及舊東京大學法學部、文學部的畢業生，均享有不經高等考試即可出任「試補」的特權，有中學畢業證書者亦無需經過普通考試便能擔任「見習」。就防止文官冗濫而言，建立考試制度有重要意義，但它對統治階級選拔培養接班人，保持日本近代天皇制權力的穩定更為有利。

在建立考試制度的同時，也形成了銓衡選拔制度，一些技術較強的職務可以不經考試任命，陸、海軍士官退役後也可不經考試任相同等級的文官。這又會部分抵消掉開科取士的效果。《規則》公布的翌年便進行了第一次文官高等考試，應試者三十六人，僅九人合格。該年共需試補一百一十九人，帝大法科畢業生五十九人，帝大畢業生中願任試補者五十八人。1889、1890年又分別進行一次高等考試，應試者與合格者分別爲158：17、575：47，仍是帝大畢業生不經考試就占據了新任試補的大多數。因此東京帝大法科便成爲近代天皇制培養文官的基地。❹

　　《規則》實施未久，日本政府便於1893年廢除之，代之以《文官任用令》和《文官高等考試細則》，將整頓科場作爲行政改革的重要一環。《文官任用令》規定，擔任奏任官者須經高等考試或普通考試合格，但教官、技術官和需要特別學術技藝的行政官可不經考試而由考試委員會銓衡選拔任用，任職五年以上的雇員可經普通考試委員會銓衡任用爲判任官。高等考試分預備考試和正式考試。帝大法科、舊東大法學部、文學部及舊司法省法學校的畢業生可不經預備考試直接參加正式考試。在1918年又擴大了預備考試的免試範圍，不問官立、私立的高等學校、大學預科及同等以上學校的畢業生均可享受此待遇。考試內容以法科爲主，帝大教授出題，故考試合格者仍以帝大畢業生爲主。據統計，1888～1893年新任試補共一百二十六人，其中只十五人非出自帝大法科，僅占12％。從1894年開始至1947年，每年進行一次文官高等考試，其中行政科考試合格者共9,565人。這些人中無學歷者僅六十九人，學歷不明者一百四十三人，其他全部是有大學學歷者。在有大學學歷的人中，各帝大畢業生爲7,187人（占合

格者總數75％），其中東京帝大畢業生5,969人（62％），東京帝大法學部畢業生5,653人（59％）。❺這些人在考試中成績優秀、頗有學識，一批一批進入統治機構供職，成為歷屆政府所倚重之骨幹。尤其在1899年第二屆山縣有朋內閣改革《文官任用令》，規定過去可以自由任用的敕任官（各省次官和大部分局長）亦必須從具備一定條件的奏任官中選任，除親任官各省大臣外，省次官以下的高等行政官原則上也須是高等考試合格者。這樣，至日俄戰爭前後，帝大出身者已經過考試擔任省次官級的職務。歷屆日本首相中的官僚出身者，如若槻禮次郎、濱口雄幸、幣原喜重郎、廣田弘毅、吉田茂、蘆田均、岸信介、佐藤榮作、池田勇人、福田赳夫、大平正芳、中曾根康弘、宮澤喜一等都是高等文官考試合格者。其中除池田勇人是京都帝大法科畢業，大平正芳是東京商大畢業外，其他人均為東京帝大法科的畢業生。當然，後來並不是凡考試合格者均能立即入仕，而須候職若干年。總之，考試選拔制度部分剔除了官場陋習，為各種身分的人進入仕途提供了可能，只要認真執行，它是防止文官隊伍冗濫的有效措施之一。所以，二戰前歷屆內閣都重視這項制度，因而堅持下來，即使在戰爭時期也未停止。

　　1948年7月開始實施的《國家公務員法》，則是戰後文官（公務員）選拔制度方面最重要的法律文件。它繼承了前六十年的注重業績的基本原則和開科取士的作法，即「一切職員的任用，依照本法律及人事院規則之決定，根據考試成績、勤務成績及其他能力之實證進行」。考試分錄用考試和晉升考試兩大類。錄用考試分成上、中、下三等，分別以大學、短期大學和高中畢業生為對象。高級考試又分甲、乙二種，高級甲種考試和過去文官高等考

試一樣，是晉升高級公務員的第一個臺階。和前六十年一樣，高級甲種考試的合格者中仍是東京大學畢業生獨占鰲頭。1972～1982年，考試合格者共14,256人，其中東大畢業生5,243人，占37％，比第二位京都大學要多一倍以上。1977年時，二十個省主要省廳的課長以上幹部共1,605人，其中東大出身就有1,001人，占62％。大藏省從1949～1983年共錄用861人擔任高等公務員，其中東大畢業生716人，占83％。東大僅在司法考試合格者數的名次中讓位於中央大學而屈居第二。❻

　　當然，按照《國家公務員法》，在人事院指定的情況下，錄用和晉升都可以用選拔銓衡的方式進行。後來錄用多經考試，晉升多經選拔，形成慣例。總之，《國家公務員法》等法律在公務員選拔制度方面基本繼承了前六十年的宗旨，注意公務員隊伍建設的知識化、年輕化，以成績為主，選拔年輕有為者充任公務員。這些措施對建設高效率的國家公務員隊伍是十分有效而重要的。

　　當然，開科舉士也不是一帖萬能的靈丹妙藥，沒有其他措施相配合，文官隊伍的膨脹仍然是難免的。因此，裁汰冗員成為歷屆內閣行政改革中最棘手的問題。許多內閣都想在這方面有所作為，不過均難以奏效，往往是裁員還未了，新人又開始增加，並且很快超過原有的人數。各種反裁減手法五花八門，再加上1910年前後民間企業已開始建立終身僱傭制，更使得裁汰冗吏阻力重重。直至1969年日本政府頒行《行政機關職員定員法》（簡稱《總定員法》），才基本控制住了國家公務員人數的增長，將除去自衛官和國家企業以外的國家公務員總數凍結在1967年末的數字，即506,571人，新增人員只能在此數字空額內填空補缺，並由政府定期發布〈定員令〉，調整政府各部門的人員編制限額。結果此後

十幾年國家公務員人數不僅沒有增加，有時還略有減少，成果十分顯著。

近年來日本政府又注意到公務員隊伍的新陳代謝和防止老化問題，決定從1985年3月31日起實施法定退休制度。一般國家公務員六十歲退休，醫生等特殊職業最高不超過六十五歲。退休後如情況特殊還要留職，延長期亦不得超過三年。可以認為，《總定員法》和退休制度相輔相成，使日本公務員隊伍的年輕化、知識化、效率化和專業化將更有保證。

（三）內閣職能方面

日本內閣制訂的機構改革是和職能改革緊密聯繫的，而且前者是為後者服務的。在明治憲法體制下，日本內閣制度有以下幾個特色：

首先，明治憲法雖然沒有對內閣作出明確規定，但內閣仍然是國家機器的重要組成部分之一，是近代天皇制的支柱。內閣只對天皇負責，是天皇行政大權的執行機關，但除少數例外情況，天皇一般不干預政事，主要由內閣執政。內閣對議會不僅沒有從屬關係，而且使議會居於陪襯地位，可以解散議會或透過天皇向議會施加壓力，迫使議會屈服。儘管20世紀前三十年出現了少數政黨內閣，但囿於明治憲法的藩籬，這些政黨內閣不可能對近代天皇制下的內閣制度有大的改革，且由於政黨內閣與近代天皇制的本質相乖戾，時間不長，政黨內閣就消失了。總體來看，前六十年中「三權分立」有名無實，內閣的權力仍然是相對集中的。

其次，就內閣本身而言，權力卻又是分散的。明治憲法和《內閣官制》使首相的權限受到制約，各國務大臣直接向天皇負

責，單獨「輔弼」天皇，而不採取內閣對天皇的連帶責任制。這樣一來，首相沒有過去太政大臣那樣優越的地位，內閣和各省也沒有上下級關係，各省有很大的獨立性。凡制訂法律草案及預算決算案、與國外簽定條約、改革官制、任免高等文官以及各省處理重要事務都須經過閣議決定，且不能以少數服從多數或首相說了算的原則議決，而是必須閣員全體一致。內閣實際上是合議機關，常常難於保持統一，因此便須總辭職，造成國家的政治形勢很不穩定。1925年第一屆加藤高明內閣閣僚出現分歧，司法、農林兩大臣拒不聽從首相的辭職勸告，內閣只好總辭職，然後組織第兩屆加藤內閣。

第三，為了限制政黨勢力的發展，維護近代天皇制，在建立內閣制度的同時，還設立了獨立於內閣之外的宮內省、內大臣和宮中顧問官，1888年又設置了「天皇親臨諮詢重要國務之所」樞密院，翌年又開始任命對選派總理大臣大權在握的元老，這都使內閣的權限在體制上受到很大制約。不過對內閣掣肘最力者莫過於統帥權的獨立和軍部勢力的存在。天皇是陸、海軍的最高統帥，實際軍事大權掌握在軍部手中，內閣及首相均無權干涉與過問，而且陸軍省和海軍省官吏原則上以武官充任，陸、海軍大臣的帷幄上奏權也不斷得到加強。尤其在1900年前後又確立了陸、海軍大臣只能由現役大、中將武官擔任的制度，更加強了軍部左右內閣的力量（1913～1936年間曾刪除「現役」條款），軍部就可以推薦陸、海軍大臣與否，要挾內閣，若內閣不合己意，便以拒絕推薦陸、海軍大臣，迫使內閣垮臺。1912年第二屆西園寺公望內閣即因為陸軍大臣上原勇作單獨辭職，軍部又拒絕推薦後繼人選而總辭職，這類事例不在少數。當然，在國家權力的實際運

作上，除短時期的政黨內閣外，前期首相多是元老或樞密院議長，後期則多是軍部勢力，尤其在戰時體制下，透過《戰時行政職權特例》和首相兼職加強首相和內閣的權力，使內閣和軍部連成一體，內閣的地位更是非同小可了。

內閣制度的改革是戰後初期體制改革的重要組成部分。《日本國憲法》及《內閣法》、《國家行政組織法》對內閣在國家機器中的地位、權限和組織形式有明確、詳細的規定。內閣是「三權分立」理論上的國家行政權的最高執行機關，天皇只保留「國民之象徵」的作用，沒有實際權力。「國會是國家的最高權力機關，是國家唯一的立法機關。」內閣由戰前各國務大臣對天皇的單獨輔弼，改為內閣全體對國會的連帶責任制。這樣的改革，無疑是政治制度上的一大進步。

但是應該看到，戰後的日本國家政治制度形式是議會制，有一套資產階級的「民主」，實際上，日本也和其他許多資本主義國家一樣，資產階級的議會政治已出現變態。隨著行政機能在現代國家中的作用不斷增強，從一定意義上說，形式上的議會政治正在轉變為實質上的內閣政治。內閣是由在議會中占據多數席位的政黨組閣，故執政黨及其內閣得以操縱議會。如前所述，首相可以藉天皇名義解散眾議院，有權提名最高法院首席法官，任命所有法官，從根本上對國會的立法權和最高法院的司法權加以控制，因而在三權體制中占據了相對意義上的最高權力的地位。

在體制改革後的內閣制度中，首相的權限十分突出，這是與戰前內閣制度的一大不同點。首相有權任免國務大臣，因此，當閣議出現分歧時，可以運用這項權力保持內閣的穩定和統一。首相還有對國務大臣起訴的贊成否定權，即不經首相同意，檢察機

關對國務大臣的起訴無效。這兩條保證了首相在內閣中的核心主導地位，使內閣的權力更加集中。有的學者稱此為「首相政治」或「獨裁政治」不是沒有道理的。實際上首相運用罷免權僅有片山哲內閣、吉田茂內閣等極少的幾次，多數是「勸說」國務大臣「主動」辭職，然後改組內閣。

體制改革後的內閣制度的另一特色是，官僚的作用越來越大，這一點與近代有繼承關係。例如，各省事務次官的地位也和近代1934年以後一樣，被置於可自由任用的範圍之外，因此成為內閣中處理具體事務的權威性職位。再如戰後歷屆首相中，官僚出身者占多數，尤其池田勇人、岸信介、佐藤榮作、福田赳夫、大平正芳、宮澤喜一這些經濟官僚出身的人，對指導日本經濟的高速度發展發揮了重要作用。

綜上所述，日本內閣一百多年來的中央機構的行政改革，前期是為近代天皇制的地主資產階級專政和法西斯軍事擴張政策服務的，後期則是為鞏固資產階級專政和維護壟斷資本的利益服務的。不過，這一百多年來的改革仍給我們提供了一些有益的經驗和應吸取的教訓。這就是說，行政改革具有重要意義，改革得好，就能對社會發展產生積極作用，改革得不好，其消極作用也是十分明顯的。

行政改革是長期的、嚴肅的、困難的任務，一蹴而幾的想法和虎頭蛇尾的作法不僅無益，反而有害。尤其對精簡機構和裁汰冗員兩方面必須十分慎重，如果輕率從事，不僅難以奏效，還會適得其反，激化其膨脹趨勢。

日本的每千人平均公務員數字要比美、英、法、德少得多，證明行政機構的繁簡和文官隊伍的多寡與經濟發達程度並無直

接、必然的關係，卻與國家政權的性質、政治體制的形式和政治形勢的穩定程度有關。政治形勢的不穩定往往容易促進國家行政機構臃腫和文官隊伍的膨脹。

行政改革必須和立法相結合，只專注改革，沒有行政立法，改革就容易流於形式。即使能產生暫時煞車的效果，不需多久便會故態復萌。有了立法，還要保持法律的嚴肅性。

要保證國家公務員隊伍的質量，以法律形式固定職員編制和建立退休制度，堅持考試制度，都是行之有效的方法。「甩包袱」的作法在精簡機構時也會獲得較好效果。

第二節　行政改革勢在必行

日本在60～70年代的行政改革在很大程度上是一種政治姿態，實際上隨著經濟高速發展，政府的規模與權限不僅沒有縮小，反而越發膨脹起來。80年代行政改革的主要著眼點是解決政府財政危機，雖然取得了一些成效，但由於沒有實行從經濟結構上著手的根本性改造，以公共投資和許認可制為中心的政府權限反而得到某種加強。泡沫經濟崩潰後，日本經濟長期躑躅不前，景氣久久得不到恢復。這種狀況迫使日本從90年代起把行政改革的目標擴展到更為廣闊的領域，成為一種全方位、立體化的政府職能改造運動。

(一) 中央政府組織機構改革

90年代的行政改革以縮減中央政府機構、放寬限制、促進地方分權三項任務為主要內容，本書第九章對地方自治和地方分權

有專門論述，這裡把行政改革中以歸併中央組織機構為目標的精簡省廳和放寬限制作為本章的重點。

■ 行政組織改革的背景與出發點

日本現行的中央政府機構是根據1948年制訂的《國家行政組織法》設立的省、廳體制。在戰後幾十年發展過程中，逐漸演變為以總理府為首的二十二個省廳的龐大體系。中央各省的本省職員動輒數萬，加上外局和門類繁多的下屬機構，90年代全日本「特別職」國家公務員超過了三十二萬九千人，「一般職」國家公務員更是在八十四萬人以上，二者合計達到一百一十七萬人以上。百萬官僚成為政府的巨大負擔。據統計，截至1999年，中央政府和地方政府財政負債額高達六百萬億日圓，巨額赤字使國民負擔沉重，普遍希望政府精簡機構。加之近年來，官僚薪金增幅大大低於大企業幹部，一些人不再安於清廉。他們輕則「官官相護」，互相協助揮霍公款，重者貪贓枉法，利用權勢收取賄賂。近幾年，官僚腐敗問題不斷曝光，甚至連高居官僚金字塔頂端的省廳事務次官中，也有人捲入巨額賄案，1996年，厚生省岡光序治事務次官因接受社會福利法人彩福組老人福利院建設補助金的巨額回扣六千萬日圓，及高爾夫會員證、私用轎車被捕；1997年，原運輸省事務次官、關西國際空港會社社長服部經治因接受某石油商會賄賂的名畫、金條被捕。這使得社會上關於行政改革的呼聲不斷高漲，實行強有力的行政改革，透過改編歸併機構，建立邁向21世紀的精幹政府，成為當前日本政治生活中緊迫的課題。

1993年夏季，推翻自民黨後成立的八黨派聯合政權繼續進行行政改革，細川護熙內閣決定成立「行政改革推進本部」，羽田孜

內閣決定了「行政改革推進方針」，村山富市內閣成立了「行政改革委員會」。在1996年大選中，自民黨承諾要透過行政改革將省廳數減到一半。橋本龍太郎內閣成立後，更是高舉「行政改革」大旗，成立了「行政改革會議」，並將行政改革的內容具體歸納為改組中央行政機構、放寬政府規制、推進地方分權、整頓特殊法人、提高行政機構透明度、削減國家公務員數量等方面。尤其1997年第二屆橋本內閣打出了行政改革、經濟結構改革、金融體制改革、社會保障改革、財政結構改革和教育改革的「六大改革」旗幟。從理論上說，橋本內閣的六大改革是相輔相成的。其中的經濟結構改革包括放寬在物資流通、訊息通訊、就業與僱傭等領域的限制，降低法人稅等；金融體制改革主要是允許銀行業、保險業、證券業相互之間業務的滲透，並放寬有關限制；社會保障改革是透過制訂護理保險法以及對醫療保險法及養老金制度的改革，減輕政府負擔並使之更加合理化；財政結構改革是指透過削減政府開支，以期達到消滅財政赤字的目的；教育改革的內容包括改編各級學校的政府主管部門及特殊法人組織，削減教育部門的國家公務員數量等；而以簡化中央機構、緩和規制、實行地方分權為內容的行政改革已經率先拉開帷幕，成為當前世人關注的焦點。

政府決心壓縮中央省廳機構的具體目標是多方面的，可歸納為以下四點：

1. 從政府角度來說，經由中央行政機構的重新組合減少省廳數目的目的之一，是借機構改革的東風，在削弱行政機構權限的同時，增強首相官邸的功能，提高內閣對突發性危機事態的管理能力。

2.經由下屬業務機構脫鉤轉變爲獨立行政法人，減少政府的
財政負擔。

3.制訂《訊息公開法》，使行政機構受到社會各界必要的監
督，以順應社會上對公開訊息日益強烈的呼聲。

4.在2000年之後逐步減少國家公務員，提高政府的行政效
率。

爲了徹底解決中央省廳改編問題，第二屆橋本內閣將政府使
命和特徵定位於「改革內閣」，橋本龍太郎於1996年底親自掛帥
會長，指揮行政改革會議畫定了一個「倒數計時日程表」：2001
年1月1日正式實行「新省廳體制」，1998～1999年是「通過相關
法案並實行體制轉換的集中過渡期」。爲此，行政改革會議在
1997年內與相關省廳、執政黨、在野黨協商基礎上，制訂了中央
省廳機構改革的基本法案，並在1998年6月提交國會通過。《中
央省廳改革基本法》成立後，政府設立直屬內閣的「中央省廳改
革推進本部」，中央機構改革工作進入了草擬法案階段。1999年4
月，小淵內閣的中央省廳改革推進本部制訂的《中央省廳法改革
關聯法案》經內閣批准，提交國會審議。

■ 大刀闊斧的省廳改編方案

根據最新公布的中央省廳機構改革的相關法案，對21世紀日
本中央行政機構的藍圖描繪如下：

1.內閣直屬的辦公機構仍是內閣官房，其他直屬機構還有內
閣法制局、安全保障會議和人事院，新設立的直屬機構爲
內閣府。

2.內閣府由原總理府與經濟企劃廳、沖繩開發廳合併而成，下轄宮內廳、國家公安委員會、防衛廳及二級廳金融廳，以及分別外轄於國家公安委員會和防衛廳的二級廳警察廳和防衛設施廳，府下還設有經濟財政諮問會議、綜合科學技術會議、中央防災會議及男女共同參劃會議等議政機構。

內閣直屬的各省則改編如下：

1.新的總務省兼領原總務廳、自治省、郵政省權限，在管理人事、組織、行政監察、地方自治的同時，外轄郵政事業廳、消防廳、公正交易委員會、公害等調整委員會等四個二級單位。

2.保留原法務省、外務省、大藏省，但對掌管權限有所調整，其中大藏省改名稱為財務省，其權限限制在有關財政稅收、貨幣、匯兌及市場的政策立案方面，金融的監察權移交新設金融廳。法務省外轄公安調查廳、公安審查委員會和司法考試管理委員會三個二級單位，財務省外轄國稅廳一個二級廳。

3.原通產省改為經濟產業省，負責產業、通商及能源事務，外轄中小企業廳、資源能源廳和特許（專利）廳三個二級廳。

4.合併運輸省、建設省、國土廳、北海道開發廳為統一的國土交通省，負責城市、道路、住宅、交通，外轄氣象廳、海難審判廳、海上保安廳和船員勞動委員會四個二級單位。

5.農林水產省基本維持原有職權範圍，仍外轄水產廳、林業廳和糧食廳三個二級廳。

6.分割厚生省與勞動省組合爲負責僱傭、勞動安全、醫療、年薪、福利的厚生勞動省，外轄社會保險廳和中央勞動委員會貳個二級單位，原厚生省的另一部分職能與環境廳合併爲環境省，統管水利、山川及環境整備等。

7.文部省與科學技術廳合併爲文部科學省，將教育、學術、文化、科技統管起來，外轄文化廳一個二級廳。

　　這樣一來，原有二十二個省廳便被壓縮爲一府十二省廳，內閣閣僚相應縮減爲十四人以內，最多不超過十七人。現有一百二十八個局將被減少到九十六個左右，科室總數由約一千兩百個減爲一千個左右，現有的二百一十一個審議會中計劃廢除一百三十三個。精簡後各省內設立的局原則上不超過十一個，形式上把中央機構削減了40％以上。與此相關聯，國家公務員在十年內要裁員10％以上，如果將數年內必須與上級主管省廳脫鉤而變成獨立行政法人的九十個業務機關的人員包括進去，則會達到20～25％。2001年1月6日新的中央省廳體制正式啓動，內閣府下屬的十二省廳，以及三十多個二級廳、局、委員會重新統領了舊省廳的職權範圍（參見圖8-1），成爲世人關注的焦點。

■ 政府機構改編成果與遺留問題
　　日本改革中央機構幾十年，三起三落之後終於大張旗鼓地開始了省廳改造，這是因爲傳統的政府主導型發展模式已經走到了它的盡頭。新的行政改革如果能克服舊模式形成的阻力，就會在不同層面上取得實效與成果。

　　第一，從形式上說，新體制強化了內閣的行政機能，爲內閣會議增添活力。完善內閣行政機能的具體表現首先是首相權限得

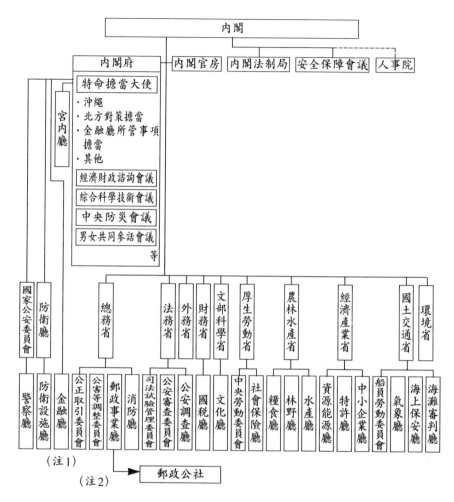

（注1）金融廳設立於2000年7月，金融再生委員會於2001年1月廢除。
（注2）郵政事業廳將在其設立的第三年移交郵政公社。

圖8-1　日本中央政府組織圖

到提高，新體制明確首相在有關國政基本方針上的提案權，並可以就專項議題任命「特別大臣」，從而使總理大臣的領導地位更加穩固。另一方面，在內閣府裡設置經濟財政諮詢會議、綜合科學技術會議、中央防災會議等合議機構，使得內閣府這一直接輔佐總理大臣的機關的綜合戰略機能進一步加強。此外，新建官房有能力負責對有關國政的基本方針的立案，對重要事項進行綜合調整，還掌管著行政組織內外人才的錄用。

第二，新省廳的建制在一定程度上實現了計畫與實施部門分離。新體制下各省工作中心集中向制訂政策的立案技能方面轉移，由外局為主承擔實施任務，提供立足國民的行政服務。隨著新省廳職能朝著確立政策調整機能方向過渡，省廳之間對政策協議調整將會增大政策立案過程的靈活性，加之新體制還加強了評價、審議政策機能，使某些評價結果反饋到政策中，從而提高了國民參與行政的程度。

第三，鑑於中央省廳的核心地位，大幅度精簡壓縮機構必然促進相關制度的改革。例如，省廳調整直接牽動公務員制度改革、政府人才管理機制改革，還可以促進行政訊息公開化和推進地方分權、改革地方財政制度方面的一系列改革。

但是，建立新體制卻是極其艱難的複雜工程，在經濟形勢不斷惡化的90年代後半期，政府事實上一直處於推進改革與恢復景氣的兩難境地。進入1998年，日本經濟形勢每下愈況，橋本內閣垮臺曾使行政改革一度擱淺。繼任的小淵內閣為了緩解日益嚴峻的經濟危機，上任伊始就採取緊急煞車措施，擺出以暫時犧牲改革換取經濟走出困境的姿態。不過，行政改革與經濟景氣的恢復始終是政治生活中缺一不可的兩翼，從1998年下半年起，政府再

度啓動行政改革，並力求在中央組織機構改造上有所突破。然而，迄今的最終方案是多方妥協的產物，紙面上刪繁就簡的歸併在實行過程中難免受到官僚系統的抵抗。當初橋本內閣的改革措施就因受到有關省廳掣肘，不得不對各方勢力一再讓步。曾被輿論炒得沸沸揚揚的郵政省改革，也以「五年後成立郵政、儲蓄、保險三位一體的郵政公社，公社自主經營但職員全部為國家公務員」而告終。同樣，今後十年要削減25％的公務員更是觸及眾多官僚的棘手而敏感問題。

　　如果上述改革措施均能順利實現的話，日本政府的職能將發生徹底的變化，即從經濟發展的主導者變為經濟秩序的維護者，中央政府的管轄範圍也將大大縮小。然而，正如上面所看到的那樣，雖然機構改革的方案已提交國會審議，但可以預言，日本的行政改革還有相當一段路要走。

（二）放寬規制

　　行政改革的另一個重要內容是「放寬規制」，即透過行政改革，逐步取消或放鬆在戰後追趕歐美發達國家過程中形成的政府對社會經濟活動的種種過度的干預和控制，使政府與企業關係實現良性循環。

■「規制」的性質、種類與弊端

　　1988年12月，促進行政改革臨時會議向政府提交了《關於緩和規制的咨文》，首次明確了「規制」的概念，指出：「規制即國家和地方政府為實現特定政策目的，對企業和國民的活力進行干預和介入，其典型表現是以審批方式進行的規制。此外，還有與

審批相伴隨的干預、限制性的行政指導、為維護價格水準等作出的制度性安排等。」

　　簡單講，「規制」作為行政機關對企業擁有的認可權，其中又可以畫分為國家透過規定某種行業的廠家數量、設備標準、產量與價格，以期達到公平競爭目的的「經濟性規制」，和保護消費者及勞動者安全、促進環境保護、維護社會穩定的「社會性規制」兩種。這些規制在經濟發展過程中日漸增多，從總理府本部到公正交易委員會、國家公安委員會乃至幾乎所有省廳都紛紛制訂出管束企業的規定，使「規制」繁衍不止，到了90年代已經達到11,400項，由「規制」管理控制的生產已經占據國民生產總值的40％。❼此外，民間企業之間相互形成的制約，也被視為「民對民的規制」。

　　實事求是地講，在經濟處於追趕時期，大量規制的存在確有其利於經濟發展的一面。在市場經濟秩序尚不完善，國內產業弱小且缺乏競爭力的狀況下，各種規制發揮了保護國內市場、保障公正交易和規範公平競爭的作用。但是，經濟高度發展導致產業結構面臨重大變化時，政府對經濟的過量干預，勢必帶來阻礙經濟發展的消極作用。從政治本身來看，龐雜的規制增加了省廳等職能部門的權限，使他們成為負責監督的那些社會團體的保護人。他們為維護自己的權力，往往不管這些規制在經濟上是否有存在價值。如農林水產省長期堅持向農民提供大米價格補貼並抵制農產品進口自由化，通產省長期限制大型商店以保護中小商店，大藏省極力限制證券業自由化，結果使這些產業在政府的保護下，喪失了進取精神和競爭能力。到了90年代中期，運輸省和郵政省實施的規制分別多達1,769項和1,700項，大藏省和農林水

產省也分別爲1,391項和1,419項,厚生省和建設省分別爲146項和879項。❽

　而且,規制作爲政治家、官僚與產業界密切結合進而達到保護本國經濟、開發海外市場的特定手段,在促進經濟發展的同時也給政治本身帶來不少弊端。隨著經濟競爭激化,企業往往採取某些非正常的手段,收買擁有權力的政府官員,以便獲得更多的資源和市場分額,這樣一來勢必造成政府官員的腐敗。這種在一定意義上由規制引發的不良後果,在泡沫經濟崩潰後越發明顯。1997年三洋證券、北海道拓殖銀行、山一證券、德陽城市銀行等大金融企業相繼破產導致金融業危機,即與長期以來政治家、官僚、業界領袖之間的暗中利益交換有密切關係。1998年4月大藏省給一百一十二名職員處分,其中警告以上處分三十二人,這三十二人在前五年接受各金融機構的超標準接待,如豪華宴請或打高爾夫等達到二千二百次。其中金融檢察部金融證券檢察官室長宮川宏一和管理科科長助理谷內敏美在接受超標準招待時,將金融檢察的日程提前透露給第一勸業、櫻花、三和、北海道拓殖等四家大銀行而被逮捕,東京地方法院因此搜查了大藏省及其金融檢察廳,此事最終導致三冢博藏相辭職,小村武事務次官被免職。再如建築行業以幾大家建築公司協商瓜分市場,在爭取國家大型基建項目乃至政府對外開發援助項目時暗中協商解決,使投標過程變得有名無實,這種狀況在很大程度上是限制投標者的行政指導造成的。

　進入90年代以後,日本經濟一直在谷底徘徊,甚至出現負增長局面,儘管政府已採取七次總額高六十多萬億日圓的刺激經濟恢復景氣措施,但仍然看不到景氣恢復的徵兆。其原因雖然也有

景氣循環因素以及「泡沫經濟」的影響，但其中一個主要原因是政府主導下的出口型經濟增長路線，這一路線的最主要負作用就是貿易摩擦與日圓升值的惡性循環，以及內外價格差距的不斷擴大。具體說來，長期以來日本經濟是由雙重結構組成的，也就是由具有世界先進水準的汽車、半導體等產業與受限制保護的低效產業（特別是農業與服務業）組成的。前一類產業在國際競爭的壓力下不斷提高生產率，越發增加了這些產業的出口能力；而以農業、金融業、建設業、流通業爲中心的後一類產業卻在政府的保護下，生產效率較低，由此產生的內外價格差距不僅使國內市場帶有很大的封閉性，而且也容易造成國內有效需求不足的局面，遂成爲日本經濟發展的巨大障礙。

■ 放寬規制的操作與局限

　　鑑於規制對經濟發展和政府職能的消極作用，早在80年代，日本政府就提出了「放寬規制」的口號。當時，原日本銀行總裁前川春雄領導下的「國際協調型經濟結構調整研究會」曾提出著名的《前川報告》，告誡政府爲保持經濟長期穩定發展必須從以下六方面著手進行經濟、社會體制改革：

　　1.擴大內需。
　　2.實行產業結構的轉換。
　　3.改善市場領域和促進國外商品進口。
　　4.儘量使金融走向自由化與國際化。
　　5.爭取爲國際經濟發展做出貢獻。
　　6.探索實現改革財政金融的政策。

報告主張透過逐步減少行政對經濟過程的過分干預，刺激經濟促發活力。然而，《前川報告》並未得到政府和財界的普遍認同，80年代末期空前膨脹的過熱經濟，在很大程度上掩蓋了規制的消極因素，使放寬規制的努力僅僅停留在議論的層面上。雖然1986年4月，中曾根康弘內閣發表了《前川報告》，並提出「原則上取消例外規制」，首次將放寬規制作為政府政策的主題公諸於眾。但是到了翌年4月，總理大臣諮詢機構經濟審議會議再次公布的《新前川報告》，卻摒棄了原報告中「實行產業結構轉換、實現金融自由化以及改革財政金融政策」等核心內容。

進入90年代以後，《新前川報告》中刪除的內容已經成為經濟發展中的巨大障礙。社會輿論不斷指責政府以放寬規制為首的經濟結構改革不夠徹底、金融自由化的對應過於遲緩，人們終於發現政府錯過了經濟結構改革的良好時機。同時，美國也開始對日本施加壓力，要求日本放寬規制以拆除無形的貿易壁壘，國內外要求放寬規制的呼聲迫使政府採取了若干行動。1993年，臨時行政改革推進審議會與經濟改革研究會（平岩研究會）提出了關於放寬規制的報告書。細川護熙內閣建立後，開始著手放寬規制，後來的村山富市內閣也把逐步放寬規制的數量作為一項首要任務。1994年，在確定的《行政改革大綱》基礎上，制訂了從1995年開始執行的「推進放寬規制五年計畫」。1995年2月，村山富市內閣會議通過「特殊法人整頓合理化計畫」，並決定設置「特殊法人職員就業對策本部」，以處理因合併或撤銷特殊法人而帶來的職員就業問題。在隨後向國會提交的有關特殊法人改革方案中，計劃將六個特殊法人合併為三個，另外三個特殊法人撤銷或民營化。此後，政府決定儘快實施該計畫，全力推進放寬規制

的改革進程。12月，政府「行政改革委員會」提出「第一次推進放寬規制意見書」，系統地論述了放寬規制的必要性及具體日程。然而，幾十年形成的經濟結構可謂積重難返，就在政府決心對規制開刀的1993～1995年，中央省廳擁有審批權的項目都保持在一萬件以上。

1996年3月，第一次橋本龍太郎內閣將放寬規制的項目增加到1,797項，並在4月頒布了《放寬規制白皮書》。翌年3月，第二次橋本內閣再次修改「推進放寬規制計畫」，把放寬範圍擴大到教育領域，項目也增加到2,823項。內閣會議還成立了「放寬規制委員會」，專施監督放寬規制職責。1996年12月3日，日本經濟審議會向橋本首相提交了重建經濟的諮詢報告，提出進一步實現經濟結構改革、放寬規制的四項基本原則：

1.以活化經濟爲中心，貫徹市場原理，促進競爭。
2.確保跨行業和跨國界競爭。
3.對於薄弱的環節給予作爲個案處理的相應措施。
4.對需要保留的規制，要明確實施該規制的根據，提高實施規制的透明度。

不料，經濟形勢急轉直下，自民黨在參議院半數選舉中慘敗，導致橋本引咎辭職。橋本政權在經濟政策上的失誤，把解決經濟危機與改革、放寬規制近期矛盾展示出來，似乎在告誡政府放寬規制與景氣調整不可兼得。在如此嚴峻的經濟下成立的小淵惠三內閣只好將放寬規制問題放在一旁，雖然政府在國會上仍然信誓旦旦地表示，要繼續推動橋本內閣時包括放寬規制在內的各項改革，但實際上卻不得不恢復了以公共投資刺激經濟的傳統作法。

■ 2000年以後的放寬規制問題

　　目前，日本的經濟結構調整尚未完結，政府在行政改革進程中重新審定原有規制，大幅度放寬住宅、農業、就業、流通、訊息通訊、醫療、交通、教育等經濟性規制，同時適當改進社會行業規制的任務也將繼續下去。顯然，放寬規制絕非一朝一夕可以完成。作為21世紀的日本政治經濟領域改革的主要課題之一，放寬規制面臨的困難主要有四個方面：

　　首先，需要在省廳機構改革的同時排除來自政府自身的阻力。從本質上講，放寬規制是對政府主導經濟發展模式的改造，但是，儘管社會上強烈呼籲放寬規制，但這種直接涉及利益再調整的活動總是受到重重阻力，尤其是相關的職能部門，採取「總體贊成，個體反對」的手法，使規制仍舊制約著經濟發展的步伐。因為，從某種意義上講，政府主導經濟發展的主要利益來源之一，在於行政機構擁有較大的支配權，官僚維護自身權力的本能使他們不肯輕易放棄管束制約企業的權力，消除政府本身的阻力是一個有待時日的未決難題。

　　其次，社會上不同利益集團對放寬規制持有不同態度，為維護自身利益要求不放寬某種規制的情況大量存在。放寬規制的措施法案一經國會批准便要進入實施階段。由於這場廣泛的改革不僅觸碰政客、官僚集團的既得利益，各種與黨派盤根錯節的財團、工會和特定的從業人員也會因此受到衝擊，他們通常抱著「放寬規制勢在必行，但本行業的規制應當保留」的態度，給經濟結構轉換增添一份困難。例如運輸行業的放寬規制，1996年行政改革審議會決定全面廢止關於調整運輸業供求狀況的規制，計劃從2001年起，「廢除運輸省對出租汽車行業的規模和價格的供求

關係進行調整的規制，使原有從業執照的特批制改變爲申請許可制，並將政府統一價格改爲僅規定價格上限的制度」。這一改革意味著政府將放棄對該行業的人爲控制，把自由競爭機制引入出租車行業中。政府的規制改革遇到了來自出租汽車行業工會的阻力，他們面對其他領域破產失業後形成的就業壓力，期望政府透過嚴格的審批繼續控制行業規模、防止內部競爭引起價格下滑。

1999年2月，全日本汽車工會聯合會書記次長長田壽夫撰寫了《威脅行業工人生活和乘客安全的「出租行業放寬規制」》，痛陳出租業界員工年平均工作時間長達2,412小時（全國各產業平均爲2,208小時），而年平均工資卻只有405萬日圓，大大低於全國男子年平均工資的575萬日圓。文章批判政府不顧出租汽車工人利益，號召出租汽車司機利用春鬥向政府施加壓力，以取消解除規制的計畫。3月10日，全日本汽車勞工聯合會和私鐵總聯出租汽車客車協議會在日比谷露天音樂廳召開「克服生活危機、實現安全可靠的出租營運崛起大會」，聲討運輸省「明知出租行業依靠市場經濟機制運轉是缺乏考慮的，卻偏偏屈從行政改革壓力，強行放寬出租行業的規制。我們要喚起反對放寬出租行業的規制的運動，迫使運輸省放棄出租行業的放寬規制活動」。大會得到全日本聯合工會的聲援，鷲尾會長表示「市場不是萬能的」，反對藉放寬規制降低員工生活水準。社民黨和民主黨也派出幹事長、出租汽車政策議員懇談會代表出席了大會。會後四千多名出租車司機打著「停止出租車行業放寬規制行動！」的旗幟，冒雨到運輸省門前抗議示威，並分別向運輸省、勞動省派出代表遞交了申訴自己主張的抗議信件。值得注意的是，出租汽車行業的問題並不是孤立存在的，幾乎所有受惠於規制的行業在改革中都表現出不同

程度的反抗，如何協調好各個利益集團之間關係將是今後推進放寬規制時必須解決的關鍵問題之一。

再次，是特殊法人的改造問題。特殊法人是政府為發揮公共投資效果而成立的、介乎政府機構與民間企業之間的團體，如日本道路公團、日本開發銀行、日本貿易振興會等等。儘管這些特殊法人在實現政府的政策目標上發揮過重要作用，但隨著政府在經濟發展中的功能降低，也逐漸失去了必要性，不僅浪費了大量國家財政資金，而且也成為官僚腐敗的溫床。例如1979年9月被新聞界曝光的特殊法人日本道路公團謊報差旅費案，據內閣會計檢察院向國會提交的報告，屬運輸省管轄的該公團在未申請上級主管部門批准的情況下，謊報旅差費二萬六千件，冒領金額達2.7億日圓。結果此事不僅使特殊法人遭到社會輿論的譴責，而且使執政的自民黨在同年進行的大選中慘遭失敗。80年代中曾根內閣曾經透過國營企業民營化對部分特殊法人進行改革。可是，截至1993年為止，日本仍有九十二個特殊法人和五十八萬工作人員。這些特殊法人受特定省廳管轄，其經費來源為政府補助金等，其管理人員幾乎全部是各省廳退休或退職的官員。1997年初橋本內閣又向國會提出以將六個特殊法人合併為三個，以及「制訂、公開特殊法人財務報表」為主要內容的法案，意在削減特殊法人數目的同時，提高其效率，使其更合理化。除此之外，還經由政令使特殊法人得到合併、撤銷或民營化。1998年已經在改革或正在改革的特殊法人達到二十三個，其中十八個特殊法人合併為八個，其他五個特殊法人撤銷或民營化。另外，隨著2001年新行政機構的改編，還會合併產生出新類型的特殊法人。

最後，政府需要加快自身的職能轉換，放棄中央政府擁有的

龐大財政權力，促使政府主導經濟發展的狀況發生根本變化。在過去的發展模式中，政府制訂經濟發展計畫，決定優先發展哪些產業，再依據政府計畫對扶植產業給予低息貸款、財政補貼、設備減稅等優惠政策，同時還監督並指導部門競爭，以保證這些產業得到健康和有效的發展。相反地，對於那些正在衰退中的「夕陽產業」，則從促使其合併、減產或轉產的角度給予幫助，對中小企業組成行業團體，實行公平配置資源並防止過度競爭，政府還透過強調終身僱傭鼓勵勞資之間的合作，甚至由政府出面說服工會組織將工資增長率納入與經濟增長率相適應的程度。而到了21世紀，為了解決好經濟結構改革與經濟穩定發展這一相輔相成的課題，政府只有在放寬規制和驅動企業活力與投資的同時，喚起新的消費需求，最終透過制度政策的誘導，讓企業依據市場原理自主地進行變革。

對執掌政權的自民黨來說，行政機構改革與放寬規制很有自剜膿瘡的味道。倘若僅走走過場，形式上完成自己畫定的改革進程，實難向輿論界和國民交代；而大刀闊斧且傷筋動骨的改革，難免受到朝野夾擊，如何在2001年到來之前完成行政改革的前期準備，並在三至五年之內循序漸進地完成行政改革這一龐大的系統工程，對今後的政權不啻一場生死攸關的考驗。

第三節　公務員制度的現狀及問題

公務員指經過文官考試選拔到各級政府中執行政務的公職人員，公務員制度即關於國家和地方公務員制度的總合。

（一）公務員制度的現狀

現行日本公務員制度的法律依據是1947年制訂頒布的《國家公務員法》和《地方公務員法》。按照法律，公務員制度的管理分別由人事院和人事委員會負責。人事院是專門管理國家公務員的中央人事機關，負責向國會和內閣提出有關人事方面的建議，制訂國家公務員報酬基準，發布勸告，監督實施《公務員法》和處理公務員的懲處，還擁有修改、廢立人事院規則和審查裁決的準立法與準司法職能。

國家公務員指「由國家有關部門任命並領取津貼的為國家服務的公職人員」，包括「特別職公務員」和「一般職公務員」兩大類別。「國家特別職公務員」中包括各級法官、首相、國務大臣、政務次官、宮內長官、侍從長以及議會議員和議會職員，還包括防衛廳官員、海陸空三軍自衛隊自衛官、駐外大使、公使等政府代表以及學士院會員等等。「國家一般公務員」是指「國家特別職公務員」以外的國家公職人員，包括事務次官以下的公職人員，大體相當於西方官僚制度中的「文官」。截至1996年底，兩者合計數量為1,159,861人，其中「國家一般公務員」約有83.2萬人。

對地方公務員的管理由人事委員會或公平委員會負責，該組織是地方自治體中分管人事的行政機關，業務範圍與中央管理機構類似，但獨立行使職權，並不隸屬於中央人事院。

地方公務員同樣有「特別職公務員」和「一般公務員」的區別。前者指都道府縣知事和副知事、市町村長官、地方議會議員、出納長、助役、收入役、行政委員會委員、地方開發事業團理事長、理事、監事、部分事業組合的企事業長以及自治體的臨

時或非常勤顧問、參與、調查員等等。「地方一般公務員」是地方上「特別職公務員」以外的公職人員，凡地方政府任用的行政職員、教育職員、警察職員、消防職員、公營企業職員和單純勞務職員等等。1996年4月，地方公務員共計大約三百二十七萬人，爲「國家公務員」的三倍左右。

從性質上講，「特別職公務員」與「一般公務員」的主要區別在於，特別職公務員屬於公務員隊伍中的政務主體，大部分隨選舉更換；而一般公務員則主要從事具體的事務性工作，不參加政治活動，不與行政首長共進退。《國家公務員法》和《地方公務員法》對公務員的規範是針對他們的規定。

（二）公務員制度存在的問題

過去，人們在對「政官財三角」中不同角色進行單獨評價時，通常的看法是「政治三流，經濟二流，官僚一流」。就是說相對於落後的政治和經濟，日本擁有一支廉潔、勤懇、高效的公務員隊伍，50～60年代經濟高速增長時期，公務員克勤克儉地工作，曾經被看作創造經濟奇蹟的一個重要因素。

■ 公務員考試選拔制度

考試錄用和選拔公務員的結果是有效吸納了社會上的優秀人才。今天錄用公務員是依據《公務員法》進行的考試，「一切職員的任用，都應根據其考試成績、工作成績以及能力與其他實證，在平等的條件下公開進行」。具體講，考試分爲擇優錄取的競爭考試和作爲晉升依據的高級職務考試兩種。錄取考試分爲A、B、C三種，具有高中和大學以上學歷的申請者，可以根據政府

各部門工作性質和特色分別接受筆試和口試，考試範圍有專業知識、一般常識、政策法規以及外語，通常多達七至八個科目。通過考試錄用的公務員名單要在報刊、電視上公布，再由人事院推薦進入用人部門。經考試錄用來到任職部門的新職員，在宣誓「作爲國民的勤務員，深刻領會爲公共利益應盡的職責，遵守日本國憲法，服從法令和上級命令，不偏不倚，公正地執行職務」後，開始六個月試用期，試用期滿經確認業績優良，方可轉爲正式公務員。

公務員就職後，可按照規定定期晉升。晉升的方式除工作業績考察外，還必須接受人事院和地方人事管理部門主持的「晉升考試」。這種考核與能力測試相結合的方式，保證了日本保持一支高素質的公務員隊伍，有效地吸納社會上優秀人才進入各級政府職能部門。

除前述考試外，日本爲了防止公務員知識老化，還實行名爲「公務研修」的業務進修制度。人事院和各省廳都有責任規劃制訂所屬機構職員的研修方案，使現任官員、職員得到深造，以更好地發揮現職作用或儲備將來使用的知識。各級地方政府也同樣擁有相應的研修機關，公務員還可以按照計畫到其他部門或學校進行「委託研修」。

不過，對公務員自身而言，能順利地爬到「公務員——股長——課長——局長——事務次官」的升遷階梯的頂點，幾乎是不可能的。不但在工作中要身經百「考」，還必須按照約定俗成的方式不斷調換崗位，以提高分管其他領域的業務能力。有學者對日本公務員的升遷模式作了如下歸納：

1. 它是在同一部門的不同所屬單位之間經常調換工作的「曲線晉升」，而不是固定於某一所屬單位的「直線晉升」；同時，工作的調換是依據培養幹部的要求和工作需要而有目的、有計畫地進行的。

2. 它是結合考慮資歷和能力的、循序漸進的「逐步晉升」，而不進行「火箭式」的突擊提拔或跳級晉升（法律上有限制晉升速度的規定）。

3. 把「曲線晉升」作為中央與地方交流幹部，或中央各部門之間交流幹部的重要途徑。

4. 重視以老帶新，使政府部門的緊張、勤奮、高效率的工作作風代代相傳。

5. 嚴格執行退休制度，既有利於保持公務員隊伍的年輕化，又使政府部門成為向民間企業、地方團體以及政界輸送幹部的重要源泉。❾

■ 公務員的薪俸、福利與獎懲

國家公務員的工資主要有固定月薪和期末津貼、勤勞津貼三種。確定公務員固定工資標準是依據《國家公務員薪俸表》的五大原則：

1. 工薪標準與擔當職務、承擔責任以及工作性質一致的「職務薪金原則」。

2. 根據標準家庭人口和私營企業員工工資大體平衡的「均衡原則」。

3. 無論身分、人種、性別和信仰，實行同工同酬的「平等原則」。

4.在十二個月中工作成績優良便可以逐年提薪的「定期提薪原則」。

5.根據公定物價指數變化，國會對內閣調薪建議批准後實施調整的「隨物價變動原則」。

期末津貼是名副其實的「期末補貼」，每年3月底財政年度結束和6月底與12月底的半年、歲末，便要定期發放這種額外津貼，從性質上說大體相當於企業的獎金或「紅包」，額度一般為總計等於五個月工資。勤勞津貼每半年發放一次，年度總額為一個半月的工資。此二者基本上是人皆有分，只要你「勤勞」到一定期限，就能夠天經地義地領取，所以公務員通常把它看作固定收入的一部分。

從日本政府的初衷來說，對公務員實行「厚祿養廉」政策，但公務員工資常常趕不上大企業員工的增長幅度。為了吸引公務員安於崗位，國家為公務員提供優厚的福利待遇，如醫療保險和災害補償，還可以參加各種職員俱樂部和使用會館，參加各種文化體育活動。在生活服務條件方面，為解決住房問題提供便利。在管理方面，賞罰分明。《國家公務員法》規定了公務員必須遵守的條例，要求國家公職人員必須做到：

1.遵守法令和忠實執行上級命令。

2.不得與公眾一同罷工、怠工或從事其他爭議與降低政府工作效率的活動。

3.不得損害其職務信譽或玷污全體官職名聲。

4.任職期間和退職後不得洩漏工作機密。

5.不得擔任黨派或政治團體職務，亦不得為政黨或某種政治

目的謀求或接受捐贈。

6.不得兼任商業、工業、金融業等以盈利爲目的的私營企業、
公司和其他團體的領導、顧問、評議員，或自辦盈利企業。

對工作業績優異者給予高額獎勵，表彰種類主要有總理大臣
表彰、大臣表彰、行政首長表彰、人事院總裁表彰、業務成績表
彰、功勞表彰等等。除上述不同等級的勳章、獎章外，還可以獲
得額外加薪和提升職務。對做出突出貢獻的公務員還實行「工作
成績獎勵」，獎金最多可達到月工資的60％左右。

爲了保證公務員工作效率，每當工作出現重大失誤或效率明
顯下降，則要視對工作造成的損害程度給予「處分」和「懲戒」
等形式的懲處。前者是對未能充分履行職務者的處分，依情節輕
重有「降薪」、「降職」、「停職」和「罷免職務」四種；後者是
針對破壞法紀和秩序的嚴厲懲處，分別爲停止加薪的「告誡」、半
年內減少10％工資的「減薪」、暫時中止工作的「停職」，以及褫
奪公職的「免職」四種。爲了避免上級對下級濫用處罰權力，受
到處罰的公務員在認爲處理失當或與事實不符時，有權到人事院
或人事委員會提請「公平審查」，由其裁定處分。

此外，除對工作中出現失誤造成損失的直接責任者的處罰
外，行政系統還追究上級官員的領導責任。對一些給政府信譽造
成重大損害的責任事故，即使主管上級並未直接捲入，也必須承
擔「連坐責任」。例如，1998年底，防衛廳在橋本內閣時向NEC
公司訂購活動中的違法行爲被揭發出來，涉及到有關局長、課長
的舞弊事件東窗事發後，小淵內閣的新任防衛廳長官額賀福志郎
只好引咎辭職。

■ 公務員的退休與「下凡」

1985年4月1日，日本《退休法》生效，全國公務員年滿六十歲即從原崗位退休。退休公務員根據法律領取一次性額度為「月薪乘工齡再除以二」的退職金，以後便逐月領取退休費。不過，這種「一刀切」的作法也有以下例外：(1)國立、公立醫療部門的醫師退職年齡放寬到六十五歲；(2)國家機關、宿舍的安全保衛人員可酌情放寬至六十三歲；(3)凡特殊崗位的專職人員如缺少遞補，也可以延長到六十五歲。眾所周知，日本長期實行終身僱傭的「年功序列制度」，公務員的任職制度也深受其影響。但是在權力金字塔結構中畢竟不可能使所有人上升到頂端。到了五十歲左右的高級職員就需要轉向民間企業，開始重新就職的「第二人生」。這種由公職向民間非公職的轉移被形象地稱為「下凡」，掌握大量專業知識技能的公務員是大型企業補充優秀人才的重要管道。在不包括自衛隊官在內的現有八十二萬國家公務員中，每年退職者有三萬七千人，但其中達到退休年齡的不過七千人而已，其餘三萬人均為五十歲左右「下凡」的退職者。

當然，如此之多的公務員「下凡」也帶來許多負面問題。「下凡」者與接收單位之間是互相利用的關係，接收單位要安排其工作十五至二十年，並須支付高薪，以此充分利用其過去在國家機關長期工作中建立的人事關係，為本企業謀利益。這樣做的結果，勢必破壞經濟發展中的公平競爭原則，成為滋生腐敗的溫床。為了避免這種情況，法律規定國家公務員在退職兩年內，未經人事院許可不得到退職前五年內發生過密切工作聯繫的企業任職，尤其禁止到與政府有特殊關係的公社、公團和事業團等特殊法人就職。但這一政策在實際執行過程中，往往難於鑑別和嚴格掌

握。大藏省、通產省、建設省等重要職能部門的公務員再就業去向十分廣泛，由此造成的腐敗案件時有發生。社會上對公務員「下凡」也十分反感，一方面公務員就職會減少企業裡原有員工擢升的機會，使企業內部職工進取心和士氣受到不良影響；勞工團體編製的《官僚下凡白皮書》還反映出，轉業到企業的公務員缺乏振興企業的熱情和必要的專業知識，思想上長期站在官廳立場。

（三）公務員制度的變革與更新

具有諷刺意味的是，過去受到舉世羨慕和青睞的公務員隊伍，在20世紀末時卻成了公眾抨擊的眾矢之的，曾為經濟發展發揮過重要效能的公務員制度也成了政治改革的對象。

■ 社會上呼籲改革公務員制度的呼聲

這一切迫使當政的領導人實行強有力的中央組織改革，透過改編歸併機構，建立邁入21世紀的精幹政府，已經成為當前政治生活中刻不容緩的課題。究其原因，除制度本身需要更新外，主要在於公務員隊伍的腐敗和蛻化。

實事求是地講，日本龐大的公務員系統曾經在經濟高速發展時期發揮過巨大作用，在以往幾十年中，以精幹、高效受到人們稱道。泡沫經濟崩潰後，日本經濟長期躑躅不前，景氣久久得不到恢復。始自70年代的政府財政危機日益嚴重。據統計，截至1996年底，中央政府和地方政府財政負債額高達四百四十萬億日圓，接近日本每年國內生產總值的90％。政府的巨額赤字使國民負擔沉重，普遍希望政府精簡機構。加之近年來，公務員薪金增幅大大低於大企業幹部，據1992年版《公務員白皮書》所公布的

數字，1991年4月，日本中央政府依照新的《工資法》核定的近50萬名公務員的人均工資（含各種津貼）僅為30.95萬日圓，低於大企業同類人員的平均收入。一些人不再安於清廉。他們輕則「官官接待」，互相協助揮霍公款，重者貪贓枉法，利用權勢收取賄賂。1996年，讀賣新聞社做過一次調查，在都道府縣四十七個政府裡，查出二十個縣的官員在當年宴請官員、虛報出差或請假，揮霍了1.23億美元。事實表明，公務員瀆職醜聞自70年代下半期以來發案頻率越來越高，且性質十分惡劣。近幾年，公務員腐敗問題不斷曝光，甚至連高居公務員金字塔頂端的事務次官中，也有人被拉出來示眾。從而使「政治三流，經濟二流，官僚一流」的神話破滅，社會上關於行政改革的呼聲不斷高漲。

■ 完善中的監督機制

近幾年，針對公務員隊伍出現的問題，國民開始要求訊息公開，加強對公務員的監督機制。應該說，國民要求增加行政透明度的努力已經收到了一定效果。尤其在首都東京，在市民的壓力下，地方政府開始注意公開自己的行政過程。以東京都文京區為例，區政府透過各種管道定期向本區市民通報政務，尤其是區財政收支狀況。每當年中、年末，區政府都在自己發行的《區報：文京新聞》上，詳細刊登區政府預算、決算的執行情況，並以圖文並茂的說明，向每位納稅人（區直接稅僅為人均一千日圓左右）報告區政建設和福利設施的整備工作。此外，區政府公務員的定員、升遷、退職以及隨之發生的工薪變化基準，都必須全部在報紙上公開，並將區報免費發放到每位住戶手中，請居民按照政府設立的監督諮詢電話，對政府行政過程進行監督。

─注釋─

❶ 本節所引數字及資料，除另註明出處者外，均源自日本內閣官房所編之《內閣制度九十年資料集》，1976年版。

❷ 日本行政管理廳資料：《行政組織管理之現狀》，1981年9月，第8頁。

❸ 近代高等文官中，一～二等是天皇敕命任免的敕任官，三～九等爲由各省大臣或地方長官上奏後經敕裁的奏任官，判任官是由天皇委任的行政長官任免的普通文官，位於高等官之下的官位。

❹ 和田善一，〈文官銓衡制度之變遷（Ⅱ）〉，《試驗研究》，第12號，1955年4月，第66頁。

❺ 秦郁彥，《戰前期日本官僚制之制度·組織·人事》，東大出版會，1981年版，第423～657頁。

❻ 秦郁彥，《官僚之研究》，講談社，1983年版，第54～55頁。

❼ 白川一郎，《規制緩和的經濟學》，寶石社，1996年版，第5頁。

❽ 總務廳編，《推進放寬規制的現狀》，大藏省印刷局，1995年版，第16頁。

❾ 馮昭奎，《經濟科技縱橫談》，中國輕工業出版社，1994年版，第179頁。

第9章

地方自治面面觀

　　在現代社會，地方自治發展水準高低是衡量一個國家制度民主化程度如何的重要指標之一。地方自治是中央政府對地方行政單位採取的一種管理形式，經過戰後民主改革的日本，在「中央──都道府縣──市町村」三個層面上，實行中央與地方相對分權的多級自治管理體制。

第一節　地方自治制度發展史

　　日本政治史上最早涉及地方自治的，是1888年為實行憲政而醞釀的國家制度改革構想。在明治維新後伴隨資本主義發展進行的國家制度改革的過程中，明治政府對1871年「廢藩置縣」後的行政區劃進行再次改革，將全國劃分為三府四十三縣，並在大規模合併的基礎上設立市町村會議。但明治中期對地方機構的改革仍然是以鞏固中央集權為主要目的的改良運動，所以在1889年公布的明治憲法中未曾給予地方政府任何獨立的法人資格，以法律形式固定下來的府縣、市、町村三級不過是中央政府統轄之下的分級機構，各級地方政府從本質上講，僅僅是國家機器的「神經

末梢」，中央政府任命的官吏高於地方會議，地方會議與下級行政機構均無眞正的自主、自立可言。

（一）地方自治的法律建設

戰後，中央政府改變了對地方實行嚴格監控的作法，開始建設地方自治體制，首先是創造和健全地方自治的法律環境。

戰後民主改革比較徹底地掃除了封建社會遺留的集權統治的社會基礎，使地方有可能自主確定區域內政治事務。戰後憲法第九十二條規定：「關於地方公共團體的組織及營運事項，根據地方自治的宗旨由法律規定之。」在憲法施行的同時，政府施行了《地方自治法》，這部浩繁詳盡的法典在日本首次建立起以居民自治爲核心的自治制度的基礎環境，從此人們可以依照法律對有關地方自治體加以區分，並運用法律對地方自治體的組織及營運的概括性規定，爲地方自治賦予實質性內容，開展完整意義上的「地方行政管理」。

按照《地方自治法》確定的法律地位，地方自治體也稱「地方公共團體」，特指「在一個國家內部以一定地區爲基礎的居民構成的自治體裡，由其居民承擔責任並自主地決定和處理該地區的公共事務的團體」。按照其性質和管轄範圍又區分爲普通地方公共團體和特殊地方公共團體。地方自治體設置的議會（町村可不設議會而設由全體有權者組成的總會）擁有修改、廢除條例、決定預算、認定決算等十五項基本權力。各級自治體的議會議員以及自治體的行政長官——都道府縣的知事和市長、町長、村長——全部由區域內居民直接投票選出。各級地方行政首長負責行使區域內部的行政全權，執行普通地方自治體的事務。

《地方自治法》頒布後，日本又陸續頒布了《地方公務員法》、《地方財政法》、《地方交付稅法》、《地方稅法》、《公職選舉法》、《地方公營企業法》等配套法律，明確了國家和地方自治體之間的基本關係。按照上述法律，自治體議會與行政長官之間關係和各自權限如**圖9-1**所示。

　　由此，日本理論上實施起比較完善的地方自治制度，都道府縣及市町村各級地方政府作爲獨立法人團體，根據所在地區居民的意願管理地方事務，中央政府只是給予適當的指導。但實際上，在過去相當長的一個時期裡，中央對地方仍然擁有很強的控

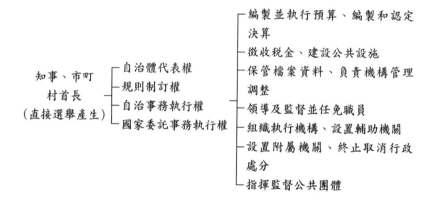

圖9-1　自治體議會與行政首長權力關係圖

制力和影響力，只是隨著時代發展，權力過分集中的弊端才逐漸顯露出來，要求中央向地方讓渡權利、真正建立起地方自治體制的呼聲不斷高漲。

（二）地方自治發展諸階段

■ 地方自治階段的劃分

回顧《地方自治法》頒布以來日本走過的道路，通常將半個多世紀地方公共團體發展變化的過程劃分為四個階段。❶

首先是從1947～1960年的準備階段。本來頒布實施《地方自治法》的目的在於保障地方自治體行政的民主性質，提高行政效率，促使地方自治體健全穩定地發展。但由於戰後初年日本面臨的首要任務是在戰爭廢墟上重建家園、復興經濟，這一迫在眉睫的任務增強了中央政府控制地方的能力。各自治體為來自中央的民主改革措施應接不暇，在財政尚未穩固的復興時期，自治體在經濟上也只能接受中央的垂直支配，在建立地方自治制度後的十幾年裡，未能完全跳出明治以來中央地方關係的窠臼，自治體單向度地接受中央指示，是1960年以前中央地方關係的主要特徵。

其次，從60年代到70年代末是自治體發展的始動階段。隨著經濟進入高速增長時期，地方自治體根據內閣制訂的「全國綜合開發計畫」，在地方上不斷推進「地域開發政策」。從地方行政和地方財政方面看，自治體密切配合中央行政機關的政策要求，在推行實務過程中其自身能力也漸漸增強，而且在城市化過程中產生了都市建設、環境保護等許多前所未有的問題，要求自治體從地方行政的角度考慮協調與中央政府的關係。鑑於地方自治問題

日益凸顯，政府把原有自治廳擴大爲自治省，不久又設立了「地域開發事業團」和「地方行政聯絡會議」，以加強中央對自治體的控制和協調能力。這一時期，出現了一些率先要求自主地方事務的「先驅自治體」。

在經濟高速發展初期，地方政府主要致力於開發地方，以縮小和大城市的差距，這一矛盾並不明顯。隨著社會多元化趨勢，中央與地方關係中矛盾凸顯出來，並表現爲保護本地自然生存環境與重視整體利益開發的尖銳對立。所以，進入80年代後，日本的地方自治運動迎來了發展的第三階段。這一時期的主要特徵，是各地的公共團體紛紛向國家申請更大的自治權利，同時在各地之間展開橫向競爭。

90年代中期以後，隨著行政改革步伐加快，地方自治運動進入了趨向深化的第四階段。過去中央權力相對集中的局面漸漸不能適應經濟發展和政治體制變化的需要，爲了消除所謂「制度性疲勞」，歷屆政府都把擴大地方自治、推進地方分權作爲一項首要任務。1992年12月，自民黨宮澤喜一內閣制訂了「地方分權特例制度」、「地方分權特例制度實施細則」。1993年8月，細川護熙內閣把「地方分權」作爲政治改革中十分重要的課題。同年10月，第三次行政改革審議會開幕，明確了中央省廳改革、緩和規制和地方分權等三項任務。1994年繼任的羽田孜內閣也曾在5月召開地方制度調查會，研究強化地方團體，把推進地方分權作爲一項主要政策。

■ 作爲行政改革一環的地方自治
1994年12月，村山富市首相在內閣會議上提出並通過了《地

方分權大綱》，把《地方分權法案》提交國會審議。《地方分權大綱》的一個基本精神是維持現存的都道府縣和市町村的多級分權論，並準備以此爲基準成立3個有關地方分權的委員會。1995年7月《地方分權推進法》正式生效，並隨即成立了「地方分權推進委員會」，開始研究地方分權的具體措施及進程，並向政府提出相應建議。地方分權推進委員會下設「地域建設部會」和「生活建設部會」兩個組織。此外還將一大批社會名流、學者和專家任命爲地方分權委員會的主要成員，由經濟團體聯合會副會長諸井虔擔任委員長，吸收了慶應大學崛江湛教授、東京大學西尾勝教授、著名評論家樋口惠子等專家學者，原宮城縣知事山本壯一郎、福岡市市長桑原敬一、前神奈川縣知事長洲一二等自治體退役或現任長官，以求全面反映問題，聽取各方面意見。委員會計劃五年時間拿出分權的實際成果——爲內閣提供有關地方分權的具體方針、制訂出內閣推進地方分權的計畫，並向實施階段過渡。

橋本龍太郎內閣建立以後，地方分權成爲「六大改革」中行政改革的核心內容之一。1996年12月，地方分權推進委員會提出「第一次建議書」，主要內容爲廢除中央政府的「機關委任事務」制度，使地方行政獲得更大的自主權。1997年是橋本內閣改革的決戰時期，政府要求加大工作力度，儘快使地方自治方面的改革有所突破。在這一背景下，地方分權推進委員會接連推出擴大地方自治權的政策建議，7月提出「第二次建議書」，把改造中央地方關係的矛頭對準了經濟利益分割這一更爲深刻的領域。委員會就「國庫補助金」、「地方稅財源」、「地方行政體制」等提出新的「勸告」；不久，又就「地方事務官制度」、「設置處理糾紛機

構」等問題，提出一連串建議的「第三次建議書」。同年10月9日，該委員會提出相當於最終報告的「第四次建議書」，建議都道府縣一級地方政府將34項事務轉讓給市町村自治體，同時還提議設置第三者機構，以處理地方分權後國家與地方發生的糾紛。1998年以後，地方分權推進委員會致力於制訂《地方分權推進計畫》，政府於1999年春季通過了該項計畫，透過監督該計畫的落實，逐步解決對地方分權至關重要的中央政府財政權下放問題，儘可能地在2000年7月《地方分權推進法》失效之前實現分權社會，逐步理順中央與地方關係。

第二節　地方自治體的類型及權力運作

根據《地方自治法》規定，自治體按照自治規模和管轄範圍，分為「普通地方公共團體」和「特別地方公共團體」兩種。地方自治機關由地方議會和地方行政機關兩部分組成，其權力運作即地方行政機關的行政過程和自治體議會主導下決定事務的政治過程。

(一) 地方自治體的種類

日本戰後的地方行政區劃是一都（東京都）一道（北海道）二府（京都府和大阪府）和四十三個縣，半個多世紀未有改動。但都道府縣下面的市町村卻因各地發展不平衡，一方面部分町擴大為城市，使市的數量逐漸增多，另一方面因村莊合併，又引起村的數量不斷減少，四十年來發生的變化如**表**9-1。

目前，在47個都道府縣之外，存在23個特別區，666個市和

表9-1　1960年以來市、町、村數量變化表

年　分	市	町	村	合　計
1960	555	1,922	1,049	3,526
1965	560	2,005	827	3,392
1970	564	2,027	689	3,280
1975	643	1,974	640	3,257
1980	646	1,991	618	3,255
1985	651	2,001	601	3,253
1993	663	1,992	581	3,236
1994	663	1,993	579	3,235
1997	666	1,993	573	3,232

1,993個町及573個村級自治體，籠統地稱爲3,300個自治體。從
數量上講，「普通地方公共團體」占絕大多數，其地理範圍與行
政區劃基本一致，分爲都道府縣和市町村兩個層次。不同層次的
自治體具有平等的法人格，並不因其規模大小或地理包容產生上
下級隸屬關係。不過，都道府縣級別的自治體因其統轄範圍廣
大，在議會和行政建制上與普通市町村有明顯區別，與之相應的
權力運作也有所不同。對於人口超過五十萬人（後因城市膨脹在
實際執行中改爲一百萬人）的大型城市，依照《地方自治法》第
十九至二十一條規定，執行特殊財政政策，稱爲「政令指定都
市」，90年代上升爲政令指定都市的有大阪市、京都市、名古屋
市、橫濱市、神戶市、北九州市、札幌市、川崎市、福岡市、廣
島市、仙臺市、千葉市等十二個，而浦和市和大宮市等城市的人
口也接近這一標準，估計享受特殊財政政策的城市還將逐步增
加。

　　較之行政區劃劃分的自治體，某些特定的行政區域或行業組

織，因其特殊需要構成「特別地方公共團體」。初期的「特別地方公共團體」包括一些特別市和東京都內的各個區（即「特別區」），以及某些市町村的複數地方公共團體之間爲處理某些專項事務組成的聯合組織、依照行政區劃變更後遺留的不動產劃定的「財產區」。1956年廢除特別市後，「特別地方公共團體」主要指東京都二十三個區和少數市町村交叉的「廣域聯合」。

（二）自治體的職權範圍

■ 自治體議會的權力

　　自治體的立法機構，爲都道府縣及市町村各級議會。地方議會按照區域大小和人口多少確定議員人數，市町村議會一般爲十二至三十人；市議會爲三十至一百人左右；而都道府縣議會則更大些，通常在四十至一百二十人之間，其中以東京都議會議員數量最多，由一百三十名組成。議員年齡不得小於二十五歲，並須在選區內居住三個月以上。按照《地方自治法》的規定，公選產生的議員任期四年，可以連選連任。議員在任期內不得兼任其他常勤職業，不得在公營企業、事業內兼職。地方議會中設有常任委員會和特別委員會，分別負責調查自治體事務、審議議案、審議議會委託的特殊議案。從理論上看，地方議會的權力很大，負有制訂、修改或者廢除地方性法規條例、決定預算、批准決算、依法徵收地方稅、監督地方長官以及行政機關執行公務，並有權彈劾長官或向長官及有關部門提出質詢。

　　在議會民主政體下，中央政府是以全國作爲統治對象的制度主體，地方政府則是以特定區域作爲統治對象的制度主體，兩者

之間是非對抗性的行政機構並存關係。《地方自治法》第二四五條規定：「自治大臣或都道府縣知事為幫助普通地方公共團體組織及營運的合理化，可對普通地方公共團體適當提出技術性的建議和勸告。」而自治體是以憲法規定作為存在基礎的、國家法律秩序內的組織機構，它的存在價值在於協助中央彌補官僚政治的欠缺，根據地方的實際情況在具體行政方面自主地開展活動，為地方居民的福利與發展服務。實際上，在今天的日本社會，不少地方議會形同虛設，議員們疏於政策提案，對議案審議敷衍了事，極少認真諮詢。個別議員甚至囿於私利，代議職能喪失殆盡。例如，縣市議會中靠建築業招標生存的議員，在事關自身利益的未來發展規劃上，不可能開誠布公地秉公議政。加上從眾之風影響，地方議員們自身的提案件數極少，每每附和行政機關的政策決議。結果導致地方議會對行政的監督機能萎縮，漸漸背離了廣大居民意願，近年甚至發生了個別地方議會議員嚴重瀆職甚至違反法律的惡性事件。

■ 自治體首長的權力

地方行政機關的主管在都道府縣級別上稱為「知事」，市町村各級首長則稱為「長官」。按照法律規定，和地方議會的議員一樣，地方首長實行公選。凡年滿30歲以上地方居民均有權申請成為知事候選人，地方長官候選人的年齡限制放寬到25歲，而且競選知事和地方長官的候選人不必是地方議會議員。不過，如果在選區內沒有相當的實力和知名度，是很難在角逐中獲勝當選「父母官」的，尤其像東京、大阪等大城市裡，參與競爭知事的候選人無一不是名聲顯赫的政治家。以1999年統一地方選舉為例，出

馬競選東京都知事的眾多候選人中，真正具有競爭實力的前六位，或來自自民黨、共產黨的直接推薦，或為出身主要政黨的前政界巨頭，即使是以「無黨派人士」身分競選的石原慎太郎、柿澤弘治等人，也都有擔任內閣大臣的經歷，至於明石康更是人盡皆知的前聯合國要員，足見地方首長的競選同樣是金錢、選票和後援團體的較量。當選後的都道府縣知事可以任命一至三名副知事，並有權任命或罷免所轄區域內主要官員。知事還可以以國家機關首長身分巡視、監察市町村政府，在緊急情況下還可以下令徵用私人財產、動員居民自衛，甚至有權解散地方議會或代行地方議會制訂條例。

需要再次強調的是，根據《地方自治法》，國家可以將有關事務委任給地方公共團體之機關，即知事、市町村長或其他執行機關，對攸關國家重大利益的事務，知事可以代替國家簽署相關文件。這樣，受委任方在執行委任任務時與委任者形成上下級關係，受委任者必須執行該項委任任務，與受委任者同級的地方議會無權過問該事務的執行。如果委任者認為受委任者拒不執行或執行不力，可在向其發出「勸告」無效後發出「職務執行命令」；如受委任者仍不執行，委任者可向高等法院提出控告；如其控告獲高等法院支持但受委任者仍不執行，委任者即可直接出面代行該項委任任務。這時，受委任者雖可上訴最高法院，但已不能妨礙委任者代行該項事務。實際上，這種委任制度就是要把按地方自治宗旨處於對等並列關係的三級行政機關變成上下級關係。

例如，關於沖繩的美軍基地使用土地問題，1995年由於土地所有人和市町村長拒絕在將私人土地繼續出租給美軍的土地物件

調查書上署名，國家則依據《駐日美軍用地特別措施法》要求沖繩縣知事代理署名，以便繼續強制性地向美軍提供土地。但此要求遭到革新派知事大田昌秀的拒絕，於是由村山富市首相代表國家向福岡高等法院提起訴訟，1996年3月裁決大田敗訴，中央政府履行了簽字手續。大田遂向最高法院上訴。此後橋本龍太郎首相又於7月、8月兩次控告大田，8月最高法院駁回大田上訴。9月沖繩舉行了日本第一次全縣規模的縣民公決，大田代表的革新派獲得了89％的支持票（投票率近60％），大田在與橋本首相會談時，又得到中央政府提供五十億日圓「調整費」和設立「基地問題協議會」的承諾後，終於答應代行職權。此外，關於美國歸還位於沖繩宜野灣市的普天間機場，1997年橋本龍太郎首相親自出面直接向大田知事溝通協商，但1998年2月大田知事表示反對政府與此同時在沖繩名護市海灣給美軍修建直昇機場的計畫，其理由是名護市民投票多數反對這樣做。大田的強硬態度使政府一籌莫展，只好靜觀其變，待11月沖繩縣知事選舉大田下臺後再行打算。透過這一事例，地方政府和知事的權力可見一斑，但如果這種權力的執行與國家大政方針相牴觸，則會立即受到法律的制約。❷

■ 自治體的行政機構

　　都道府縣除議會外，行政機構分別稱爲都廳、道廳、府廳和縣廳。因爲都道府縣議會的事務局只執行議會日常事務，政務完全依靠都廳、道廳、府廳和縣廳完成。廳的行政事務是由知事和副知事全權負責，領導分管財政、總務、勞動、民政、住宅、環境、福利、衛生、商工、農林、土木等「部」和擔任政策研究的

「政策審議會」，由各職能部門處理各類行政事務。「部」的下面是相當於科室的「課」，負責具體的日常業務與規劃。此外，自治體的行政機關中一般還設立教育委員會、選舉管理委員會、人事委員會、公安委員會、地方勞動委員會、徵用委員會、海區漁業調整委員會、內河水域管理委員會、監察委員會等組織。

　　與都道府縣相比，市町村的組織機構人員總數要少得多。但麻雀雖小，五臟俱全。除特別市議會或一般市町村議會以及下設事務局外，市長之下有若干助理，分別領導總務、財政、自治、民生、福利、清掃、經濟、商工、觀光、農政、道路、建設等「部」或「課」，還有市民醫院、消防本部、教育總務、選舉檢查、選舉管理、農業管理、批發市場、固定資產管理及公平委員會等機構。

　　與國家行政職能相仿，自治體的行政以為轄區內居民提供各種公共服務為宗旨。但由於都道府縣的區域包含著下屬市（或區）、町、村，兩級自治體的行政活動通常是以同一個主體作為對象。這就要求明確雙方的職權範圍和具體分工。一般說來，在功能上是相互補充的關係。

■ 自治體的財政

　　自治體運轉需要財政基礎。財政源的主體是稅收體系。作為地方政府的都道府縣和市町村分別向當地居民和企業收取租稅。

　　都道府縣收取的租稅主要分為以下三種：

1.法定普通稅。包含都道府縣居民稅、事業稅、消費稅、不動產稅。
2.法定外普通稅。包含燃料稅、石油價格調整稅等等。

3.目的稅。包含家用汽車購買稅、清油交易稅以及打獵稅等
　等。

市町村的稅收爲：

1.法定普通稅。包含市町村居民稅、固定資產稅、消費稅、
　電稅、煤氣稅。
2.法定外普通稅。
3.目的稅。浴場稅、事務所稅以及城市規劃稅等等。

　此外還有：地方讓渡稅（即地方道路讓渡稅）、石油煤氣讓渡
稅、飛機燃料讓渡稅、消費讓渡稅等稅收的總和。據說以上地方
稅收在自治體財政中的比重高達四成。而從國家稅收中支出的地
方交付稅在地方財政中的平均比重不過二成左右。
　地方財政的另一個來源是中央政府調節餘缺的國家補助金和
發行地方債券及地方資產使用費、手續費的收益，兩者分別爲地
方財政的二成左右。以1994年全國財政預算爲例，「地方公共團
體的年度收入之中，地方稅收占40.3％，地方交付稅和地方讓渡
稅分別占19.2％和2.4％，國家補助金占17.5％，地方債券和使用
費等分別占12.8％和7.8％」。❸
　當然，由於各地經濟發展水準差異以及地方經濟結構的變
化，財政收入比例也在不斷變化之中。根據自治省公布數字，
1997年度全國三千三百個地方自治體的總支出爲八十七萬億日
圓，其中地方自治體徵收的居民稅等地方稅收入只有三十七萬億
日圓，已經不到其財政開支的40％，其餘部分主要由中央政府下
撥的地方交付稅、補助金來彌補，可見中央政府撥款對地方財政

的重要性。

　　同樣地，國家補助金也在不斷變化之中。田中角榮任首相的70年代，地方出身的政治家爲了本地區生活基礎設施和生產基礎設施的建設，充分發揮了作用，縮小了地方與中央的經濟差距。但到了80年代末，一度出現爲了獲取國家項目的補助金而盲目開發的情況，一些地區盲目開發建設高級娛樂觀光設施等，造成極大的浪費，爲地區經濟帶來許多負面效應。隨著過去那種由政治家充當連接中央與地方的管道以推動經濟發展的局面出現變化，地方開始認眞思考如何爲本地區經濟發展奠定堅實的基礎，而不是由某些有「能力」的人來出面爲城市規劃而「奔忙」。

第三節　調整中的中央地方關係

（一）自治省的權力及職能

　　內閣中負責處理地方事務的職能部門是自治省，在目前中央機構建制中，自治省是重要部門之一。自治省位於官廳林立的東京霞關地帶，與分管政務和總理財務的總務廳、大藏省並列爲政府重中之重的「三大官廳」。自治省的前身是1949年設立在內務省裡的自治廳，地方政府成爲獨立的法人以後，1960年政府特別建立單獨的自治省作爲中央聯繫、協調地方自治體的專職機構。按照《自治省設置法》第三條規定，該省的任務是「負責對與地方自治及公職選舉有關的各種制度的規劃和營運指導，同時負責中央與地方政府之間的聯繫以及地方政府之間的相互聯絡協調，以便幫助實現地方自治的宗旨和確立民主政治」。可見，設立自治

省的目的是爲了保證國家在一定程度上實行地方自治，使獨立於中央政府的地方政府作爲「自治主體」，在接受國家法律和中央政府約束的同時，儘可能享有獨立自主的營運權力，實行當地居民廣泛參與的民主政治。

爲了實現上述目的，自治省下設大臣官房、行政局、財政局、稅務局、消防廳和自治大學校等五個局級機構，直屬機關公務員四百多人。大臣官房負責省內的綜合協調與政策研究；行政局主管地方自治制度、地方公務員制度、地方選舉制度的建設，近年還增加了下放中央權力的「地方分權」和促進地方繁榮的「地方振興」等任務；財政局專司監督地方財政計畫、發行公債，地方公營企業以及中央對地方的財政轉移支付資金等方面的職責；稅務局負責地方稅收制度的管理。此外，自治省專業幹部的培養深造，由自治大學校來完成。

爲了使中央、地方關係順暢，日本建立了中央政府與自治體之間的人事交流制度。自治省以及各職能省廳每年都有相當數量的幹部到都道府縣去「掛職」，地方政府也選派優秀人才到自治省參與上級部門的工作，兩者交換時間大體爲一至二年。大約是從中央「屈尊」到下面的緣故，省廳在自治體「掛職」的幹部，通常擔任副知事、總務部長、地方課長之類的官職；而地方到上面來「鍛煉」的幹部，則安排到主要業務部門，使其接觸更多的工作。據自治省報告指稱，中央與地方的對口交流，能夠讓自治省的官員對地方的情況和地方政府的立場有更多的了解，進而在與其他省廳的交涉、協調中發揮地方政府代言人的作用。對自治體來講，密切與自治省的關係更是求之不得的好事。因爲，中央用於轉移支付給地方的地方交付稅金首先從中央財政中劃入自治

省，由自治省按照一定的計算公式分配給各地的地方政府。鑑於各地財政平衡與建設發展的變化，這一公式要不斷修正，而修訂公式的權力就掌握在自治省手中。像這樣動輒數千萬億的巨大撥款，只要在公式中增添或是減少一個係數，就足以決定某一地方政府財政上幾十億日圓的增減。因而，經常有相對落後地區的地方政府向自治省要求將公式作出有利於自己的修改，以便獲得更多來自中央財政的轉移支付。

一般而言，自治省是銜接中央與地方之間的有效橋樑。這是由於自治省負擔著規範地方自治法律框架下的各項基本制度的管理。前面提到的關於地方自治的一系列法律的起草、修正均由自治省官員負責，至於與法律相關的各項制度、規則，更是自治省一支筆就能決定，其他省廳處理地方事務只能透過這條必經之路。不過，在行政改革綱要編訂的新型中央省廳機構中，自治省將與現總務廳、郵政省合併爲新的總務省。

（二）中央與地方關係的現狀

如上所述，自治省是維繫中央、地方關係的最重要紐帶，實際上發揮著管理、控制地方官廳的作用。但中央地方關係的表現是多方面的，其中主要表現在立法關係、行政關係和財政關係三個方面。

■ 立法關係

憲法第九十五條規定：「僅適用於某一地方公共團體的特別法，根據法律規定，非經該地方公共團體居民投票半數以上同意，國會不得制訂。」這是對中央政府對地方自治體的法律權力

的限制，即未獲得當地半數居民投票同意，內閣不能制訂並在國會通過專門針對該地方的法律。但另一方面，國會制訂的全國性法律法規，地方自治體是不能違反的。地方議會只能根據本地區實際需要在國會或內閣制訂的法律、決議和政令允許的範圍內制訂條例，而且地方條例不能涉及司法或其他國家規定的事務，就是說地方自治體的議會只能在國家根本大法憲法的規範之下從事地方立法活動，國會立法高於地方議會制訂的法規條例，「小法」必須服從「大法」。地方條例的制訂、修改和廢除，必須向自治大臣報告。

■ 行政關係

　　憲法第九十三條規定：「地方公共團體的長官、其議會議員以及法律規定的其他官員，由該地方公共團體的居民直接選舉之。」《地方自治法》第二條規定：「地方公共團體是爲法人。」既然如此，包括都道府縣和市町村在內的各級地方自治體與中央政府之間，在法律意義上是平等關係，而不是上下級關係。都道府縣與市町村之間的關係亦如此。其關鍵在於，地方自治體的長官由當地居民直選產生，而不是由「上級指派或指定」產生，也不是由地方議會選舉產生，選舉產生後即爲該地方自治體的法人代表，在其四年任期內，中央政府和地方議會都無權罷免之（《地方自治法》原規定首相在特定條件下有權罷免地方自治體長官，但1991年修改《地方自治法》時取消了這一條。地方自治權因此得到加強。地方議會在2/3以上議員出席、3/4以上通過對自治體長官的不信任案時，自治體長官如不解散議會便須辭職，或解散議會後經選舉新產生的議會仍以過半數通過不信任案，則仍須辭

職）。只有在當地1/3以上有權者聯名要求自治體長官辭職、並在因此進行的全體有權者投票中半數以上通過，則自治體長官「失去其職務」。但是，地方自治體長官也不能不受任何約束而自行其是。法律規定，自治體長官在處理行政事務時，須接受內閣主管大臣的指揮監督（市町村要接受內閣主管大臣和都道府縣知事的雙重指揮監督）。

所謂「機關委任事務」是由地方代辦國家在地方的事務。國家根據相應的法律或政令，委託都道府縣知事、市町村長官以及都道府縣或市町村的行政委員會執行國家意志，按照國家制訂的統一標準完成國家在地方的公務，其經費由國家承擔，業務接受中央政府主管行政機關的指揮與監督，地方議會和其他機構無權干涉。頒布《地方自治法》後，隨著經濟的迅速發展，這種「機關委任事務」逐年增多。據統計，1952年時，有關「機關委任事務」的法律有256項，到1994年則達到566項，增加了一倍以上。而且「機關委任事務」的工作量通常大於地方事務，所以有統計認為，「都道府縣一級地方政府從事工作的80％是中央政府的『機關委任事務』，市町村一級地方政府擔當的『機關委任事務』也達到工作總量的30～50％」。❹當內閣主管大臣認定都道府縣知事處理上述事務不當或怠於事務時，可以行文提出指責並要求限期採取改正或改善措施。如地方長官仍不採取措施，可向高等法院提出處理要求。知事被法院傳訊期間，主管大臣可以代替其執行相關事務。首相也可以應主管大臣的請求向地方長官提出改正要求。此即所謂中央政府對地方自治體長官的「職務執行命令」。

中央與地方的行政關係，還表現為中央主管機構對自治體開

發事業的控制。例如，中央各職能省廳、開發審議會議和北海道開發廳、沖繩開發廳等部門審議地方開發事業的立項，對實施過程進行監督等等。

■ 財政關係

　　財政關係是決定中央、地方之間利益分割最爲重要的方面，因爲無論中央還是地方，相互間不斷調整政治、經濟聯繫的努力都是各行爲主體爭取自身利益的手段。中央透過控制地方預算、稅收和分發國庫支出來實現對地方財政的控制。地方政府的預算必須符合中央政府預算的比例，必須接受自治大臣監督。一般來說，地方政府的財政來源有三個：取自當地納稅人的「地方稅收」、來自中央的「政府撥款」，和爲振興經濟優化行政而發行的「地方公債」。地方稅收中包括地方稅、地方設施使用費和地方讓與稅等多項內容。但中央政府爲了獲得足夠的經濟實力對全國實現集中統一的領導，將地方稅收總量的大部分上收，以便利用中央交付地方稅、國庫支出金來均衡各地經濟發展，實現中央的通盤經濟計畫。中央留給地方的稅收額度占地方財政收入的30～40％左右，因而地方自治也被戲稱爲「三分自治」，而自治體要求分權的一個主要目的就在於增加地方財政的自主權。

（三）地方分權面臨的課題

　　日本相對集權的行政制度曾經以高效和暢達在經濟高速增長時期發揮過重要作用。然而，隨著經濟的飛速發展，過去那種爲了提高生活水準，追求全國整齊劃一的作法已經成爲地方經濟發展的桎梏，各個地區都不願過多地受國家認可制度和補助金制度

的約束，開始重新審視中央與地方關係、政府職能，要求中央向地方讓渡行政權力的呼聲逐漸增多。目前，有關地方分權、地方自治的課題集中在以下幾個方面：

第一，儘快明確擔當地方分權的主體權力機構。儘管地方自治是一場自下而上的民主運動，但實現權力下放卻只能是中央對地方的「恩賜」。地方分權的阻力恰恰是來自官僚系統的潛在抵制和阻撓。雖然從理論上說，地方分權不僅是合理的，也是必要的。但是，一個顯而易見的事實是，無論方案如何，地方分權畢竟是在削弱中央職能部門的權力，因此受到來自各省廳的暗中抵制，除自治省以外的幾乎所有省廳，無一例外地採取了「總論贊成，個論反對」的作法。即舉雙手贊成地方分權、加強自治的原則，但又列舉眾多理由反對改變現行的制度。政府的地方分權推進委員會曾討論建立行政糾紛處理委員會作為調查、裁定國家與地方自治體糾紛的機關，二者之間出現紛爭不能輕易送交法院裁決，應先在行政系統內部解決，即不經行政紛爭處理委員會裁決不得向法院提起訴訟，以此保證國家與地方的平等關係。但這一構想遭到各省廳的強烈反對。看來，在地方分權的政治實踐中必須加強地方的主體性，解決中央省廳的官僚的牴觸和潛在對抗將是一個長期的課題。

第二，為了理順關係，建立行之有效的多級行政結構，中央對地方實行讓權的「量」和「度」都急待明確。換言之，確立國家和地方權力分配原則是實現地方自治必須首先解決的問題。中央地方關係指中央政府和地方自治體之間在諸多層面上發生的聯繫，對中央政府來說，在允許地方實行自我管理的同時保證中央政府對地方的管理控制尤為重要。

第三，地方的自治權力並不是空泛的理想，而是實際經濟權益的擴大。爲此必須改變自治體依賴中央財政的「三分自治」的現狀，對稅收和財政分配體制進行改革。迄今爲止的作法是中央收取大部分地方稅收後，再以地方交付稅、地方讓與稅、補助金等名義交付地方自治體。這種以中央撥款形式出現的資金返還在地方財政裡所占比重很大，自治省還擁有對各個地方財政計畫進行審查監督的權力，掌握著中央對地方財政轉移支付的分配大權。地方發行公債須由自治省主管部門批准，地方的財政計畫須報告自治省審核，中央由此掌管地方財政結構，保持必要的收支平衡。中央收取地方高額稅收的目的，是儘可能爭取各地發展保持平衡。當然，各地地理環境、經濟規模差別極大，只能由中央統一調配，透過損有餘而補不足的調劑實現統一規劃。

　　第四，作爲地方分權受益者的自治體，也亟須在一定規模上進行自我改造。比如對市、町、村的重新組合，加強機構的合理化與規範化等等。地方首腦的職能是充當中央與地方連接管道，久而久之不免從地方民衆的「公僕」蛻變爲中央在本地的代表。這種視民衆爲「臣民」的驕橫，使二者處於對立狀態；相反地，如果行政長官站在民衆立場，又會發生與中央政府的矛盾，這種兩難處境使地方官員常常成爲衆矢之的。但有關方面並未提出切實可行的方案，因此，地方自治體能否成爲眞正的自治體仍留下較大疑問。

　　總之，中央與地方關係是複雜的、處於變化之中的關係。中央既要給予地方適當的權力，又要維護自身的主導權。地方既要接受中央的制約，又要發展自身的主導權。如何變矛盾爲協調，既能維護中央的權威作用，又能充分發揮地方的能動作用，正是

當前行政改革的重要出發點。現在國會正在審議的地方分權法案，欲廢除「機關委任事務」，改為以對等立場承擔國家事務的「法定受託事務」。這樣做顯然是為了弱化矛盾，協調關係，提高效率。可以預言，只要認真去做，中央地方關係中的矛盾與問題，也許在不遠的將來，隨著行政改革的不斷深入，將會逐漸得到解決。

（四）眾說紛紜的自治方案

鑑於地方分權直接牽動著政治權力模式的轉換和中央地方利益關係的變化，各政黨無不關注其發展變化走勢，關於地方分權的每次討論都無一例外地成為政治舞臺上鬥爭的焦點。

1996年自民黨、社民黨、先驅新黨三黨聯合政權的《地方分權法案》出爐後，在野黨方面也不甘示弱，紛紛拿出與之頡頏的對策。新進黨很快提出了另一個《地方分權法案》相對抗，與執政的三黨聯合政權在「廢止機關委任事務」、「市町村分權尺度以及分權的時間進程」上展開激烈爭論。各黨派還就未來自治體的規劃提出自己的方案：當時站在同一條戰線的小澤一郎、細川護熙借用近代歷史上明治政府「廢藩置縣」改造封建幕藩制度的史實，反其道而行之，提出「廢縣置藩」，主張把現行的一都、一道、二府和四十三縣等二級權力機構重新組合，拆分為更加靈活、自主的三百個新型市鎮；先驅新黨則力主進行調整歸併，建立「九大區域圈」；民主黨和其他在野黨也表現出更大的熱情，一時間模仿美國的「聯邦制論」、將基層町村合併為一千個左右實體的「大規模町村合併論」、把地方作為中央下部結構的「托盤論」等，林林總總的方案充斥了國會論壇。

在野黨把自己的想像力發揮得淋漓盡致的同時，執政黨方面
——無論是橋本龍太郎，還是小淵惠三——都採取比較謹慎的態
度。因為削弱官僚機構權力實在是非同小可的問題，做為首相能
否「言必行，行必果」，不僅關係到首相形象，一旦失信於民，被
政治對手捉住把柄，甚至可能危及政權。正因為如此，自民黨指
責在野黨譁眾取寵、屬於不負責任的處士橫議。但專家認為，自
民黨持續掌握國會過半數的狀況不利於推進地方分權，相反地，
假如再次出現自民黨與其他黨派的聯合執政，地方分權乃至地方
自治的步伐才可能加快。

（五）新世紀地方自治運動前瞻

21世紀來臨，伴隨著政治改革的進展，日本的地方自治也出
現了新的變化。

■ 地方自治中的「國民代言人制度」

「國民代言人制度」（Ombudsman制度）源於瑞典，是由行政
專門調查員作為民眾的代理人，為其申訴對行政當局的意見，尋
求解決問題方法的制度。戰後西方各經濟發達國家在行政機能不
斷擴大的背景下，如丹麥、紐西蘭、英國、法國、澳大利亞等國
先後採用了這種制度，以便在行政救濟制度得不到保證時，發揮
必要的補充作用。

1970年，日本開始思考這種代言人制度在完善行政制度方面
的積極作用。1990年，川崎市率先對市政實行了市民代言人制
度。此作法旋即在各地引起了多米諾骨牌效應。不久以後，在東
京都中野區，針對區政府福利部門設立福利服務申訴調查委員

會，實行居民福利代言人制度。截至90年代中期，諫早市、新瀉市和鴻巢市、沖繩縣分別在市政府、縣政府中設置了市政參與委員會、市政評價委員會、市民代言人會、縣民代言人會。橫濱市、埼玉縣和逗子市也分別設立了針對福利、訊息公開和老年養護等專項問題的居民代言人制度。

國民代言人制度承認了地方居民對行政的調查權，對問題產生的原因、制度性或是操作性的缺欠，首長必須作出回答並對具體行政部門提出「勸告」。

國民代言人制度加強了市民的自我保護權利。在已有的行政服務措施出現障礙時，作為保護利益受到侵害的居民臨時性的應急措施，有著保障行政的效果。從政治主體自身變化而言，由於興起市民代言人運動，民眾的自覺意識空前高漲，不僅要求了解與自身相關事務的處理方式，還要求了解政治運作機制，對訊息公開化提出了更高的要求。依照日本現行的政治學理論，市民是市政的主體，是市政權力的淵源。《地方自治法》賦予地方議會「設置或修改、廢除條例」的權力。根據這一權力，作為地方政治實體的各級自治體有權依據「條例制訂權」，使「有權者」直接公決政治事務合法化。不過，各級自治體在過去幾十年中並未運用此類權力拓展政治空間，廣大選民也未曾開展過直接民主政治的實踐活動。

當然，持批評意見的人認為，儘管國民代言人制度具有一定程度的行政監察作用，但只不過是謀求局部利益，為特定人員的利己主義而服務的政治，只會妨礙對有關問題的議論，如果任其發展將會導致政策無法執行。

■勃興的「市民評議制度」與「市民公決制度」

由於過去中央權力的過度集中，長期以來人口、資金、訊息不斷流向東京，結果使全國經濟發展失去平衡，地方荒疏日甚一日，生態環境等方面面臨巨大的壓力。冷戰後國際、國內環境的巨大變化，使日本在舉國推動行政改革的同時，處理好中央地方關係、解決地方經濟蕭條變得十分重要。

但是在迄今為止的議會政治中，沒有公開在公眾面前充分議論國策問題、充分體現部分與全體交流的機制，於是需要導入居民直接投票。議會政治與居民直接投票並不是對立而是相互補充的關係。

1995年4月，由於《市町村合併特例法》實施，開始實行自治體居民評議制度。按照這一制度，自治體內1/50的選民聯合簽名，即可申請設立協議會。截至1997年3月，已經有三十多個自治體設立了居民評議協議會。但是，協議會往往與議會意見相左或直接否定議會決議，因此地方分權推進委員會在第二次勸告中提出建議：「有關自治體的居民評議，協議會必須對議會決議提出附議，在否決議會決議時應當進行市民公決。」

「市民公決制度」是日本地方自治運動中的新問題，其背景是國家利益與地方利益的尖銳對抗。一方面，泡沫經濟崩潰後，景氣遲遲得不到恢復，地方政府和議會接受了國家大型項目，但其中某些帶有潛在危害、污染性強的工程設施，必然引起當地居民的強烈反對。另一方面，冷戰時期遺留的美軍基地也引起當地民眾的憤懣，不斷提出抗議，要求逐步縮小直至撤銷美軍基地。

1996年8月，圍繞中央政府在新潟縣卷町修建原子能發電站問題，卷町市民爆發抗議活動，他們拋開支持中央政府的市長，

表9-2　1996年以後日本各地市民公決結果一覽表

市民公決地區	內　　　　容	投票結果
新瀉縣卷町	反對修建核電站	通過
沖繩縣	反對美軍基地	通過
鳥取縣米子市	反對修建淡化海水處理場	否決
岐阜縣蒿町	反對修建工業垃圾處理場	通過
三重縣紀勢町	反對修建核電站	否決
三重縣南島町	反對修建核電站	否決
高知縣日高村	反對修建工業垃圾處理場	否決
高知縣窪川村	反對修建核電站	否決
宮崎縣串間市	反對修建核電站	否決

採取公決方式否定了市議會的決議。新瀉縣卷町市民此舉可謂「一石擊起千層浪」，給地方政治沉寂多年的死水掀起了一股波瀾。以這種前所未有的直接民主政治實踐爲契機，地方自治運動中興起的市民運動正以不可阻擋的勢頭向前發展，各地民衆紛紛採用相同方法維護地方選民利益，從列島南端的沖繩到本州各地，市民公決運動如火如荼，尤其政府統一規劃修建核電站的鄉村，村民們自我保護意識空前高漲，他們不僅圍繞修建核電站問題集會抗議，進而簽名通過反對條例，充分顯示出維護市民權益的決心。

　　勃興的市民運動，把散在各地的投票活動提升爲涉及地方自治原則的政治理論問題，引發了有關日本民主政治的種種議論。就法律意義講，地方自治體是「由國家認定的，以國土內的固定區域爲基礎，擁有地域內居民及其政治、行政權能的統治體」，市民、村民維護自身權利的政治活動、對建核電站提出自己的看

法是正當的，必須肯定。旨在使市民公決合法化的《居民投票條例》將出現在更多的自治體中。爲建立21世紀社會發展的新模式，方興未艾的市民運動正在把直接民主政治機制納入改革進程。

在市民運動的推動下，神奈川縣逗子市市民就地方政府職能轉換、地方自治理論、市民權利與義務醞釀了《都市憲章條例》，將地方自治體的合法性歸結爲：(1)爲地球社會的和平與穩定做出貢獻；(2)作爲市民自主決定權的具體場所；(3)作爲構築地區社會的權利主體。同時，還進一步肯定了市民實行自治的絕對權利與相應義務。❺

逗子市醞釀的《都市憲章條例》雖然具有明顯的超前色彩，但這種努力具有明顯的進步意義。爲了理順中央地方關係，必須不斷調整中央政府與地方政府之間的運作機制。正因爲如此，加強地方自治與分權的努力，被稱爲繼明治維新和戰後民主改革之後的「第三次改革」。

當然，脫離社會實際對市民運動的政治作用進行評價是困難的。在維護國家利益或維護當地民衆利益的漂亮口號背後，潛藏著不同政治家、官僚集團和財界間盤根錯節的利益糾葛，這恰恰是當代日本政治生活中充滿矛盾牴牾的癥結所在。這種國家利益和地方利益不可兩全的謬見，以維護國家利益與發展地方利益的二律背反掩蓋了整體利益與局部利益一致的本質屬性。現代社會中的市民既是地方選民同時也是國家公民，這種一身二任的雙重屬性，決定了眞正意義上的國家利益必然符合包含地方居民在內的國民的根本利益。協調二者利害關係、化解議會政治與居民直接投票的對立使之互爲補充的基本前提，是摒棄一己之私，在兼

顧個人與群體、地方與中央、國家與整個人類社會的整合中，尋求科學而合理的解決辦法。國家的政治民主，只能依靠眾多國民的參與才能得到完善。毫無疑問，這需要所有政治勢力、利益集團乃至全體日本人做出共同的努力。

——注釋——

❶五十嵐敬喜、小川周明，《議會——超越官僚支配》，岩波書店，1995年版，第76頁。

❷見韓鐵英〈淺論沖繩知事「抗命」訴訟〉一文，載《日本學刊》，1997年第1期，第25～40頁。

❸原田尚彥，《大概自治的法與結構》，學陽書房，1998年版，第217頁。

❹神原勝，《市民自治的制度開發》，北海道町村會企劃調查部，1997年版，第35～40頁。

❺富野暉一郎，《地方政府主權的建設》，三一書房，1994年版，第205～208頁。神奈川縣逗子市《都市憲章條例》的內容如下：

一、前　言

　　制訂都市憲章條例之目的在於明確地方政府立足之原理，可視爲自治體的憲法，因而是都市的象徵與政治基礎。

二、關於市民自治原則的規定

1.地方政府必須以市民自主權爲本確立市民自治基礎，並在此基礎上執行下列政務。
2.地方政府因市民自治原則而存在和營運。
3.市民的定義依照市民條件與手續，排除人種、國際、宗教信仰等一切差別。
4.尊重個人權利。
5.尊重國際社會規則與地球市民自治關係。

三、關於地方政府的規定

1.明確地方政府的國際、國內地位與活動範圍，以及相應的機能和義務。
2.明確地方政府在國際社會中與聯合國、國際機構、NGO之間關係，作爲地方主權承擔者在國際城市網路中開展自主外交。
3.在中央政府與地方政府的關係方面，雙方按照憲法及相關國內法規享有各自權力。
4.地方政府的組織是適應市民生活並對應於國際社會的機關。

四、市民的權利與責任

市民的基本人權是社區中最爲重要的社會權利，爲保全地區生活環境，市民承擔如下責任：
1.服從日本國憲法。
2.參與市政，行使公開訊息、制訂政策、居民投票、開展市民運動等直接民主主義權利。

3.服從並享有國際社會各種人權條約規定的權利和義務。

4.市民享有要求良好生活環境、景觀的權利。

5.市民享有和平生存權利。

6.市民對所在地區負有連帶義務。

7.市民負有保護和管理公共財產義務。

五、地方政府的機能與責任

1.維持作為獨立政府的機能。

2.承擔作為獨立政府對國際社會的各種責任（如遵守國際條約、為
解決全球面臨課題做出貢獻、參與國際合作消除地區經濟差距、
開展自治體層次的 ODA 活動等等）。

3.政府對市民承擔支援其自治活動、保障其幸福生活、建立良好生
活環境的義務。

4.推動不同地區的合作。

5.調整與中央政府關係，在與中央政府合作中維護市民利益。

6.處理與其他行政部門關係。

六、條例的制訂、改正規則

1.條例的制訂須由居民參與投票，並經地方議會批准。

2.條例的修改須由居民參與投票，並經地方議會批准。

結束語

半政治大國、半軍事大國的日本在21世紀將如何發展

　　21世紀來臨了。日本在21世紀將如何發展,這是頗受世人關注的問題。

　　在經濟方面,短期內前景不甚樂觀。進入20世紀90年代後,日本經濟遇到了嚴重困難,泡沫的崩潰使經濟陷於長期低迷徘徊的不景氣狀態,一些大金融結構和大公司企業的破產甚至給人留下「樹倒猢猻散」的印象。2000年度,日本全國企業破產18926家,負債額二十六兆日圓,爲戰後最高額。進入2001年,破產數繼續增加,但負債額有所下降,說明中小企業的前景日益暗淡。與之相呼應,2001年10月日本的失業率已創下5.4%的歷史新高,完全失業人口達352萬人。因爲生活壓力沉重、失去希望而自殺者在世紀之交的幾年裡,每年都在三萬人以上,日本人的自殺率已經爲歐洲平均數量的兩倍。儘管東京新宿、大阪道頓崛五光十色的霓虹燈還在閃爍,但不知有多少金融家和企業家爲求解「下一個將輪到誰」(破產)而寢食不安,多少白領職員、藍領工人正在爲求解「下一個將輪到誰」(失業)而惴惴不寧。爲使經濟及早擺脫困境,從政府到民間、從政界到學界、從企業到社會、從國內到國外都在絞盡腦汁,獻計獻策,如改革經濟結構、重建

金融體系、擴大外貿內需、加強刺激手段等等，各種「妙謀良方」相繼出爐亮相，但對日本經濟的疲軟狀態卻是改而無效、擴而未大、刺而不激，少見起色。政治家的期待化作泡影，經濟學家的預測變成紙上談兵，最後甚至到了靠發放「商品券」來刺激經濟的程度，多少給人黔驢技窮之感。

2000年5月，首相森喜朗鼓吹日本是「天皇爲中心的神的國家」，妄圖以此爲日本尋找出路。日本的運動員也裝扮成神兵神將的模樣出現在9月的第二十七屆奧運會開幕式上。但這只是枉費心機，徒增話柄。2001年9月10日，日本發現狂牛症，日本經濟雪上加霜。爲穩定國民情緒，二百多眾議員出席「多吃牛肉大會」，自民黨幹事長山崎拓、公明黨代表神崎法武、農林水產相武部勤、厚生勞動相坂口力都面對記者的鏡頭大口大口地吃著烤牛肉，喝著牛奶。身爲一黨之首、一省之相，不惜以身試「牛」，可謂用心良苦，但其勇可嘉，其效可疑。現在看來，短時期內要恢復3％的國民經濟的正常發展速度的可能性不大。駿馬狂奔，經日必倒。幾十年間快速發展龐大起來的、時至今日已經有二千多億美圓外匯存底、近四千億美圓海外債權的日本經濟，好似一匹患了「過度肥胖症」的老馬，不動減肥手術是難以雄風再現了。20世紀80年代日本經濟處於顛峰狀態時，即有日本學者提出警告，日本不要成爲東方的「迦太基」（世界古代史上由盛變衰的國家），誠非無知妄言。

儘管如此，從長遠的觀點看，對日本經濟發展抱悲觀論是不必要的。首先，近年日本經濟的停滯正是對前些年高速發展的回報。在快速發展時期，日本曾過多地聚斂了其他國家和人民的財富（有合理因素，也有非合理因素），現在適度「利益還流」在所

必然。再者，論經濟實力，日本在亞洲仍然是首屈一指，在世界也僅僅次於美國而已。在1997年開始的亞洲金融危機中，日本以各種方式共對外提供五百億美元的援助，在這一點上有哪一個國家能夠與之相並論？何況日本製造業能力之高乃世所公認，現在落後於美國的主要是微電子業。在20世紀80年代時，微電子業方面日、美水平相差無幾，進入90年代，美國佔了先機，其產品打遍天下無敵手，日本吃了敗仗。不過，勝敗乃兵家常事，日本只要及早改弦更張，完全有能力再與美國一搏。在軍事研究領域的許多專案上，美國都希望與日本合作，其中有希望日本多出經費的原因，更有看中日本技術能力的考慮。

　　第三，日本經濟的停滯與美國經濟的壓力有關。20世紀90年代的日、美經濟被一隻看不見的黑手所左右。美國經濟連年看好的國際條件，一是持續戰爭從中牟利（1999年3月24日，以美國為首的北約開始空襲南斯拉夫聯盟，不數日美國道瓊指數即突破了萬點大關；另據估計，1999年美國軍事工業利潤將普遍增長10％，軍工企業股票暴漲20％以上。2001年美國經濟已不景氣，又是通過對阿富汗的戰爭以刺激使軍事相關的訂單大增。非如此，則2001年很可能成為美國經濟的破產年），二是壓住日本，使其不成為競爭對手。一旦日本拋出大批美元和債券，美國經濟走勢很可能發生逆轉。美國制服日本的殺手鐧是日本對美貿易。美國以控制日本對美貿易相威脅，日本只能服服貼貼。然而，世上千年事，風水輪流轉。美國經濟將轉入逆境已經被許多經濟學家所預言。日本作為世界經濟大國的地位並未改變，日本民族具有頑強的自強不息精神，目前雖然困難重重，但並未一蹶不振；經過一定時期的改革調整，克服日本經濟中存在的各種弊病，則在21

世紀初期重現蓬勃生機不是沒有可能的。

政治外交方面，日本所作所爲卻難以讓人讚許。 1999年春夏召開的一四五屆國會，可以說是確定日本進入21世紀後的發展道路的十分重要的國會。在這次戰會上，通過了國旗、國歌法和以周邊事態法爲核心的美日新防衛合作指標相關諸法。如果時光倒退二十年，這樣的法律是根本不可能在國會通過的。那時以日本社會黨和日本共產黨爲核心的革新勢力，在國會內外同自民黨違反戰後和平憲法的行爲進行了針鋒相對的鬥爭，有效地遏制了自民黨保守政治勢力的發展趨勢，使和平憲法的大原則起碼在表面上沒有遭到破壞，自民黨凡欲在政治、軍事、外交方面有所舉措便不無顧忌。在那時，從政治家、學者到民間百姓，有一股相當強大的勢力反對以天皇爲國家元首，反對以太陽旗爲國旗、以《君之代》爲國歌的法律，制定向海外派兵的法律是簡直不可想像的事情。但是在世紀之交，這不僅是可以想像的，而且變成了事實。社會黨等在野黨雖然也說「堅決反對」、要使其成爲廢案，實際上僅說說而已，且聲音微弱，與過去相比明顯中氣不足。所以，這些法律在國會上通過是預料中的事。當年日本侵略軍在海外爲非作歹時高舉的太陽旗被法律正式規定爲國旗，歌頌當年爲日本軍國主義侵略擴張發揮過巨大作用的天皇制的《君之代》被法律正式規定爲國歌，使人聯想到日本至今仍有許多人迷信在「大東亞共榮圈」裡不能自拔，爲當年的戰犯揚幡招魂無力自省，與這樣的國家爲鄰，亞洲各國人民怎能不時刻警惕在身！

非但如此，就連修改和平憲法也正在被提上議事日程，在21世紀前十年徹底砍掉憲法第九條所規定的非武裝、非戰爭原則，使日本成爲小澤一郎等人衷心期盼的、擁有強大軍事力量、能

「堂堂正正地在海外發揮軍事作用」的「普通國家」，現在似乎沒有人懷疑這一點。

實事上，日本的憲法雖然尚未修改，其靈魂早已被抹殺。日本擁有高裝備、高素質的陸、海、空三軍武裝力量，卻起了一個可憐巴巴的名字──「自衛隊」，還解釋說「並不違反憲法」。日本不斷加強與美國的軍事同盟，1996年發表《美日安全保障宣言》，1998年制定了新的《美日防衛合作指標》，1999年通過了該指標的相關法律《周邊事態法》等，日本的軍事力量早已邁出國門，卻仍在解釋說「並不違反憲法」。明治維新後伊藤博文等人在制定憲法時就主張憲法條文越抽象越好，以便日後「便宜行事」。看來，當代日本的政治家們頗得伊藤博文真傳，或可說「青出於藍而勝於藍」，在解釋法律方面他們更為老道。否則，他們為什麼一口咬定「周邊事態」不是地理概念而不放呢？

《周邊事態法》對「周邊事態」的規定是，「若置之不理就有可能直接發展為對我國（日本）發動武力攻擊等在我國周邊地區對我國的和平與安全造成重大影響的事態」，顯然，這是指在日本國境線之外發生的事態。然而該法成立後日本政府派員來中國解釋時還在強調「日本的專守防衛政策沒有變」，可謂滑天下之大稽。對於「周邊事態」，日本政府進一步解釋為日本周邊地區即將發生的、正在發生的或雖已停止、仍可能再次發生的對日本的和平與安全構成重要影響的武力糾紛或動亂。所以，哪怕在萬里之遙的中東地區出現麻煩，日本也可以本國的和平與安全受到威脅為由而視為「周邊事態」，對美國的軍事行動給予「後方支援」。這哪裡還有一點「專守防衛」的影子？如果說這是日本近代軍國主義以「利益線」論為核心的侵略理論的當代版，恐怕不能說毫

無道理。2001年9月11日美國恐怖事件發生後，日本政府極積支持美國採取的報復行動，並於9月27日開始的第一五三屆國會上通過了《恐怖行動對策特別措施法》，批准內閣派遣自衛隊對美國進行後方支援，並修改PKO法爲自衛隊參加聯合國維和部隊掃清障礙。這就是對日本所謂「周邊事態」的最好注解。日本無視周邊國家的反對和疑慮，一意孤行非要這麼做，其目的是顯而易見的，美日軍事合作根本不在於什麼「專守防衛」，說到底，正如該法所坦言，其最終目的就是要「有效運用《美日相互合作和安全保障條約》」。至於《美日安全保障條約》是爲美、日聯合稱霸東亞服務的，這已被幾十年來的歷史事實所證明，毋庸贅述。日本因此被更緊地捆綁在美國的戰車上，將更多地爲美國發動的推行其價值觀的戰爭出力，這是顯而易見的。日本人民完全有理由稱之爲「違背和平憲法精神的戰爭法」，並堅決反對之。2001年9月11日美國恐怖事件發生後，日本政府積極支持美國採取的報復行動，並於9月27日開始的第一五三屆國會上通過了《恐怖行動對策特別措施法》，批准內閣派遣自衛隊對美國進行後方支援，並修改PKO法爲自衛隊參加聯合國維和部隊掃清障礙。這就是對日本所謂「周邊事態」的最好注解。日本政府還強調說，是否對日本的和平與安全構成重要影響，在發生「周邊事態」時日本採取什麼相應措施，其判斷由美、日兩國政府協商進行，而且日本在協商中最終要作出「主體性判斷」。不過，若從當前的日美關係來看未來十年的日美關係，一旦事起，日本是否有膽量作出「主體性判斷」令人生疑。

這種疑慮是有充分的事實作依據的。在1989年美、蘇首腦宣布「冷戰結束」不久，日本外務次官栗山尙一在《外交論壇》上

發表文章〈動盪的90年代和日本的課題〉，鼓吹日本要擺脫以往的「中小國家外交」而向「大國外交」過渡。此文一出，輿論譁然，皆以為日本要憑藉經濟、技術和金融實力向美國下戰帖了。於是，中國也有學者主張日本已經成為政治大國，而且即將成為軍事大國。一時間，「21世紀將是日本的世紀」的論調也應運而生。對此，不僅亞洲國家抱有警惕，美國也開始認真思索應該如何對待日本了。美國民眾開始認為日本是美國的主要威脅，美國官員開始強調《美日安全保障條約》具有限制日本的作用了。這樣一來，日本的「大國外交」還沒有正式出籠，就遇到了強大的阻力。而這也是日本爭當聯合國安理會常任理事國的努力遭到多數國家的實際反對的原因。冷戰結束後，人們以為國際社會從此進入了充滿和平友好、一派繁榮發展的新時代。但事實卻正相反。美國作為世界唯一霸主，並未拋棄冷戰思維，卻力行唯我獨尊、「順我者昌，逆我者亡」。它要利用美日軍事同盟和北約作為維持其霸權的東西方兩大支柱。在這樣的國際新秩序下，美國怎能容忍日本與自己平起平坐、分享霸權呢？美國只能讓日本在自己的世界戰略中充當「小夥計」的角色。只要美日軍事同盟繼續存在，美國在日本有軍事基地和駐軍，日本就只能是美國推行世界戰略的「小夥計」，不可能成為真正獨立自主的國家，更不能成為政治大國。對於這種從屬型的日美關係，日本國內有兩種人反對。一種人從民族主義立場出發，主張對美國說「不」；另一種人從謀求真正的獨立自主出發，主張擺脫美國控制。但這種主張尚未形成主流意識。

如果有人不贊成「從屬型日美關係」的觀點，不妨舉最近的事例說明之。1998年11月，美國總統柯林頓訪日在即，日本政壇

發生了一件大事，即自民黨與自由黨初步達成聯合執政協定。自民黨為了實現與自由黨合作，不顧執政黨的身分，低三下四地向自由黨頻送秋波，這一喪格舉動在自民黨內引起眾多不滿。自由黨黨首小澤一郎等人，在1993年政壇動亂時背叛了自民黨，幾年來黨名換了好幾個，勢力未見發展，正在不知所措之際，自民黨主動找上門來要求聯合，這對自由黨來說真是「天上掉餡餅，喜事突然來」。但小澤一郎畢竟老謀深算，看準此良機絕不會輕易放過。他提出了凍結消費稅、所得稅和居民稅減半，廢除政府委員，導入副大臣制，減少國會議員定員，建立聯合政權等苛刻條件，其中許多條件在過去是自民黨根本不可能接受的。但這一回自民黨卻不講價錢，全盤接受。自民黨為什麼要這樣做，正如日本政治評論家森田實所言，「自自聯合」有強烈的美國背景。美國為了解決北韓問題，要求自民黨小淵內閣儘快通過新美日防衛合作指標相關法案，但自民黨早已算計清楚，在1999年1月召開的第一四五屆國會審議美日新防衛合作指標的相關法案，自民黨若不聯合其他黨派以確保在眾、參兩院的穩定多數，法案就很難通過。如此這般怎向美國主子交代？於是，與同是保守黨的自由黨實現聯合成為當務之急。在初步達成聯合協定後，柯林頓駕臨日本，小淵惠三首相終於可以向柯氏表示最後完成美日防衛合作指標的障礙已經掃除，獻上了一份使柯氏滿意的見面禮。在1999年1月國會開始後，自民黨為相關法案的通過竭盡全力，並於4月27日獲眾議院通過。小淵首相隨即訪美，又給柯氏帶去了一份豐厚的禮物。悲夫，這就是日本的「大國外交」！不是把自己當作大國的自主外交，而是面對大國——美國——的從屬外交。有這樣的外交，充其量日本只能算作半個政治大國而已。日本政府已

多次表明，對外政策以日美關係為基軸，要維護日美安保體制。不管是自民黨掌權，還是自由黨、民主黨掌權，只要不是日本共產黨掌權，日本在21世紀的發展大方向就不會改變，日本對美國的從屬地位也不會改變，那麼，日本的半政治大國的身分當然也不會改變。當前東京的姑娘們不僅時尚地穿衣打扮，而且紛紛足蹬半尺高的高跟厚底鞋，以此克服身材矮小的天生缺陷，哪怕外表上看起來像一個「八頭美人」（身長是頭長八倍的女性在日本被視為美女）也好。對日本來說，日美同盟就是這「高跟厚底鞋」，只要穿著它，日本就不會成為國際社會中的真正的「八頭美人」。

最後，還要談到日本的軍事力量問題。在21世紀，根據既定的法律和方針，日本的軍事力量將主要在日本國境線之外針對所謂的「周邊事態」發揮作用，為美國的國際戰略效力，所以，繼續稱之為「自衛隊」或「防衛力量」已經名不副實了，不如直稱為「日本國際戰略部隊」。在21世紀初期，這支「日本國際戰略部隊」實力不俗，在亞洲首屈一指。據報導，這支部隊的空軍擁有世界最高水準的F15主力戰機一百八十餘架，並配備了早期預警機十餘架；海軍則因擁有世界最尖端技術組成的宙斯盾戰艦四艘、一百多架P3C反潛巡邏機和多艘設計水準高、具有遠洋作戰能力的潛艇，而組成亞洲最強大的艦隊；陸軍裝備的90式坦克其先進性能完全可以與美國的M1A1相媲美。在軍事技術研究方面，日本仍有許多美國不能不吸收借鑑之處。現在日本電子系統技術仍在向美國輸出設備，日本開發研究中的F2戰鬥機因其高超的性能，美國強烈要求共同開發。日本研製出的世界最先進的旋性相控陣雷達、戰機主翼整體成型技術，都成為美國要求技術轉讓的物件。美國研究建立戰區導彈防禦系統（TMD）也希望日本

參加。日本的航太技術發展也很快,計劃在 2002 年之前發射四顆解析度一公尺的傳感衛星和光學衛星。只要外部條件許可,日本開發洲際導彈和核武器也不是難事。在未來的高科技戰爭中,地面部隊直接進攻的重要性大大下降,很可能是地面部隊尚未接觸,戰爭已分出勝負。日本的武裝力量正在朝著打勝高科技戰爭的方向快速發展。日本政府不斷表示「日本絕不作軍事大國」,從現狀看,日本距美、俄軍事大國尚有一定距離,從近期看,日本沒有可能、也沒有必要作軍事大國。日本作一個半軍事大國就足夠了,足夠維護日本的「利益線」、進行所謂的「專守防衛」了,足夠爲美國的世界霸權戰略服務了,也足夠讓亞洲周邊國家不敢貿然行事了。日本既如此,亞洲國家怎麼辦,理應認眞思索一番。

時下寫書,描繪未來戰爭成爲時髦,連一些美國知名大家也熱中此道。本書且不揣冒昧,「東施效顰」,以求全面。據日本報導,1998 年 8 月 31 日,北韓發射了一枚「大浦洞」導彈,飛越日本北部上空,掉落在三陸沖(北韓稱是成功發射了一顆人造衛星,俄羅斯稱已收集到該衛星資料,美國稱北韓發射衛星失敗)。日本社會立即沸騰起來,紛紛譴責日本政府無能,竟然對北韓的此等舉動毫無防備,讓北韓的導彈輕輕鬆鬆地飛過了日本的上空。右翼勢力更是火上澆油,以此爲藉口拚命鼓噪增加軍費開支、加強軍事力量。日本政府對疏於防務一面公開表示道歉,一面心中竊喜,認爲這是金正日「雪中送炭」、「雨中借傘」,正好可以利用這一事件向在野黨和其他反對勢力施加壓力,在國會通過新美日共同防衛合作指標的相關法案,並順理成章地參加美國主導的 TMD 研究。日本政府繼續製造緊張氣氛,傳出北韓還要發

射導彈的消息，終於達到了通過法案的目的，政治家們鬆了一口氣，甚至有人主張給金正日頒發一枚大獎章。

然而，出乎政治家們預料之外的是，國民中民族主義情緒一旦發展起來就再難控制，如同打開了潘朵拉盒子的蓋子讓妖魔跑出來就再難收拾一樣，國民中的多數人已經不滿意政府毫無節制地跟在美國後面跑，在國際事務中只能充當美國的應聲蟲。於是，他們開始把日本的希望寄託在對美獨立派身上，在1999年4月11日舉行的東京都地方選舉中，投票率達到58％，民族主義代表人物石原慎太郎以30.6％的選票當選，比自民黨、民主黨推選的候選人得票高出許多。作為《日本可以說「不」！》的作者，石原慎太郎的民族主義立場是世人皆知的。東亞金融危機發生後，他尖銳地指出，這是美國一手製造的欲圖破壞亞洲發展的陰謀，必須與它進行堅決鬥爭（以上為事實，以下為演繹）。石原出任東京都知事，令民族主義勢力欣喜若狂，在日本全國很快得到發展，大大超過了和平主義勢力，經過數年之後，這一勢力的代言人民族黨終於掌握了政權，主導了日本的發展方向。

首先，為了使日本經濟早日恢復，日美經濟戰在所難免。在作出種種努力未能達到目的後，開始要求美軍全部撤出日本。日美關係進入嚴重對立狀態。日本開始為建立「大東亞共圓（日圓）圈」採取行動。一方面，應用早已掌握的技術手段製造出精確度在一公尺以內的遠端巡航導彈和核彈頭，另一方面則因北方四島、竹島和釣魚島領土爭端與俄羅斯、南韓、中國形成對立，日本便以「保衛大和民族生存」、「衝破A（美國）R（俄羅斯）K（南韓）C（中國）包圍圈」為口號，發動了第二次「大東亞戰爭」。戰爭中，沖繩的民族獨立運動發展起來，要求「琉球復國」

的呼聲日益高漲。已有的歷史事實是，早在1997年，曾任細川護熙內閣國土廳長官兼北海道開發廳長官、沖繩開發廳長官的上原康助眾議員，就在眾議院預算委員會上提出了沖繩獨立的問題，在那霸則召開了一千人參加的「沖繩獨立可能性辯論會」，眾多報刊雜誌發表了關於沖繩獨立的文章，原科澤市市長大山朝常甚至發表了《沖繩獨立宣言》，宣稱沖繩獨立成為「琉球國」，是「被大和虐待、掠奪的我等琉球人恢復自尊的唯一道路」。而這次戰爭則給沖繩獨立創造了條件。這也是民族主義發展造成的後果。在各國人民的聯合打擊下，這次無須出動地面部隊的操縱按鈕的戰爭仍以日本的徹底失敗而告終，時間是2045年。沖繩復歸「琉球國」。發展——戰爭——失敗，再發展——再戰爭——再失敗，這難道是日本無法擺脫的宿命？果真如此，則2045年的失敗要比1945年的失敗嚴重得多，也許將是日本的徹底毀滅。

但願以上敘述僅是電腦廠家閉門造車的電子遊戲，純屬虛構。而事實則是日本在21世紀仍然堅持不作軍事大國，在和平主義方針指導下，制約民族主義的發展，為亞太地區的和平與繁榮不斷作出積極的貢獻。

大日本帝國憲法

1889年2月11日公布

1890年11月29日生效

第一章 天 皇

第一條　大日本帝國由萬世一系之天皇統治之。

第二條　皇位依皇室典範之規定，由皇男子孫繼承之。

第三條　天皇神聖不可侵犯。

第四條　天皇爲國之元首，總攬統治權，依本憲法條規行之。

第五條　天皇以帝國議會之協贊，行使立法權。

第六條　天皇裁可法律，並命其公布及執行。

第七條　天皇召集帝國議會，命其開會、閉會、停會及眾議院之解
　　　　散。

第八條　天皇爲保持公共之安全或避免公共之災危，因緊急需要，
　　　　在帝國議會閉會期內，發布可代法律之敕令。
　　　　前項敕令，應於下次會期向帝國議會提出。若議會不予承
　　　　認，政府應公布該敕令此後失其效力。

第九條　天皇爲執行法律，或爲保持公共之安寧秩序及增進臣民之
　　　　幸福，發布或使發必要之命令。但不得以命令變更法律。

第一〇條　天皇決定行政各部之官制及文武官吏之俸給，並任免文武
　　　　官吏，但在本憲法或其他法律載有特例者，各依其條項。

第一一條　天皇統率陸、海軍。

第一二條　天皇決定陸、海軍之編制及常備兵額。

第一三條　天皇宣戰、媾和及締結各種條約。

第一四條　天皇宣布戒嚴。

戒嚴條件及效力，以法律定之。

第一五條　天皇授予爵位、勳章及其他榮典。

第一六條　天皇命令大赦、特赦、減刑及復權。

第一七條　設置攝政，依皇室典範之規定。

攝政以天皇名義行使大權。

第二章　臣民權利義務

第一八條　作爲日本臣民之條件，依法律之規定。

第一九條　日本臣民，按照法律命令所定之資格，均得充任文武官吏及就任其他公務。

第二〇條　日本臣民，遵從法律所定，有服兵役之義務。

第二一條　日本臣民，遵從法律所定，有納稅之義務。

第二二條　日本臣民，在法律範圍內，有居住及遷徙之自由。

第二三條　日本臣民，非依法律，不受逮捕、拘禁、審問、處罰。

第二四條　日本臣民，不被剝奪接受法律所定法官審判之權。

第二五條　日本臣民，除法律規定之場合，無本人允諾，其住所不受侵入或搜查。

第二六條　日本臣民，除法律規定之場合，書信秘密不受侵犯。

第二七條　日本臣民，其所有權不受侵害。

因公共利益必須之處置，則依法律之規定。

第二八條　日本臣民，在不妨害安寧秩序及不違背臣民義務之範圍內，有信教之自由。

第二九條　日本臣民，在法律範圍內，有言論、著作、刊行、集會及結社之自由。

第三〇條　日本臣民，遵守相當之儀禮，依另定之規程，得爲請願。

第三一條　本章所列條規，在戰時或國家事變之際，不妨礙天皇大權之施行。

第三二條　本章所列條規，限於不牴觸陸、海軍之法令或紀律者，準行於軍人。

第三章　帝國議會

第三三條　帝國議會，以貴族院、眾議院兩院構成之。

第三四條　貴族院，依貴族院令所定，以皇族、華族及敕任議員組織之。

第三五條　眾議院，以選舉法所定，以公選之議員組織之。

第三六條　無論何人，不得同時爲兩議院議員。

第三七條　凡法律，須經帝國議會之協贊。

第三八條　兩議院得議決政府提出之法律案，並得各自提出法律案。

第三九條　凡經兩議院之一否決之法律案，在同一會期內不得再行提出。

第四〇條　兩議院關於法律或其他事件，得各自向政府建議其意見。但未被採納者，在同一會期內，不得再行建議。

第四一條　帝國議會，每年召集之。

第四二條　帝國議會，以三個月爲會期。必要時應以敕令延長之。

第四三條　臨時緊急必要之時，應於常會之外，召集臨時會。臨時會之會期，依敕令定之。

第四四條　帝國議會之開會、閉會，會期之延長及停會，兩院同時施行之。

衆議院被命解散時，貴族院應同時停會。

第四五條　衆議院解散時，應以敕令，重新選舉議員，自解散之日
　　　　　起，五個月以內召集之。

第四六條　兩議院非各有議員總數三分之一以上出席，不得開議並議
　　　　　決。

第四七條　兩議院之議事，以過半數決之，可否同數時，取決於議
　　　　　長。

第四八條　兩議院之議會公開。但依政府之要求或各本院之決議，得
　　　　　開秘密會。

第四九條　兩議院各得上奏於天皇。

第五〇條　兩議院得受臣民所呈之請願書。

第五一條　兩議院除本憲法及議院法所載者外，得制訂整理內外部所
　　　　　必要之各種法規。

第五二條　兩議院之議員，於院內發表之意見及表決，於院外不負責
　　　　　任。但議員自將其言論以演說、刊行、筆記或其他方法公
　　　　　布時，應依一般法律處置之。

第五三條　兩議院之議員，除現行犯罪或關於內亂外患之罪外，在會
　　　　　期中，非經各本院許可，不得逮捕。

第五四條　國務大臣及政府委員，無論何時，得出席各議院，並得發
　　　　　言。

第四章　國務大臣及樞密顧問

第五五條　各國務大臣，輔弼天皇，負其責任。
　　　　　凡法律敕令及其他關於國務之詔敕，須經國務大臣副署。

第五六條　樞密顧問，依樞密院官制之規定，應天皇之諮詢，審議重
　　　　　要國務。

第五章　司法

第五七條　司法權，由法院以天皇名義，依法律行使之。

法院之構成，以法律規定之。

第五八條　法官，由具有法律所定資格者任之。

法官除因受刑法之宣告或懲戒處分外，不得被免職。

懲戒條規，以法律規定之。

第五九條　審判之對審判決，公開之。但有妨害安寧秩序或風俗之虞時，得依法律或以法院之決議，停止公開對審。

第六○條　凡屬特別法院管轄者，另以法律規定之。

第六一條　凡因行政官廳之違法處分致被傷害權利之訴訟而應屬於另以法律規定之行政法院審判者，不在司法法院受理之限。

第六章　會　計

第六二條　新課租稅及變更稅率，以法律規定之。

但屬於報償之行政手續費及其他收納金，不在前項之限。

發行國債，及訂立預算外應歸國庫負擔之契約，須經帝國議會之協贊。

第六三條　現行租稅未經法律重新更改者，依舊例徵收之。

第六四條　國家歲入歲出，每年應以預算，經帝國議會之協贊。

如有超過預算之款項或預算外所生之支出時，須於日後請求帝國議會承認。

第六五條　預算，應先提出於眾議院。

第六六條　皇室經費，依現在定額每年由國庫支出之，除將來須增額之時外，毋須經帝國議會之協贊。

第六七條　凡基於憲法大權已決定之歲出，及由法律及結果或法律上

屬於政府義務之歲出，非經政府同意，帝國議會不得廢除或削減之。

第六八條　因特別需要，政府得預定年限，作爲繼續費，請求帝國議會之協贊。

第六九條　爲補充不可避免之預算不足，或爲準備預算外所生之必要費用，應設預備費。

第七〇條　爲保持公共安全而有緊急需用時，若因內外情形政府不能召集帝國議會，得依敕令，作財政上必要之處置。

前項情形，須在下次會期提出於帝國議會，請求承認。

第七一條　在帝國議會，如未議定預算，或預算不能成立時，政府應照上年度之預算施行。

第七二條　國家歲出歲入之決算，由審計院檢查確定之，政府應將該檢查報告，一併提出於帝國議會。

審計院之組織及職權，以法律規定之。

第七章　補　則

第七三條　本憲法條項，將來如有必要修正時，應以敕令將議案交帝國議會議之。

前項情形，兩議院非各有全體議員三分之二以上出席不得開議。非經出席議員三分之二以上多數，不得爲修正之議決。

第七四條　皇室典範之修正，毋須經帝國議會之議。

不得以皇室典範，變更本憲法之條規。

第七五條　憲法及皇室典範，在設攝政期間內，不得變更之。

第七六條　無論法律、規則、命令，或用任何名稱，凡於本憲法不相牴觸之現行法令，均有遵用之效力。

歲出上有關政府義務之現行契約或命令，均依六十七條之
例。

日本國憲法

1946年11月3日公布
1947年5月3日施行

　　日本國民透過正式選出的國會中的代表而行動，爲了我們和我們的子孫，確保與各國人民和平合作的成果和自由帶給我國全部國土的恩惠，決心消除因政府的行爲再次發生戰爭慘禍，茲宣布主權屬於國民，並制訂本憲法。蓋國政源於國民的嚴肅信託，其權威來自國民，其權力由國民的代表行使，其福利由國民享受。這是人類普遍的原理，本憲法即以此原理爲根據。我們排除一切與此相反的憲法、法令和詔敕。

　　日本國民期望持久的和平，深知支配人類相互關係的崇高理想，信賴愛好和平的各國人民的公正與信義，決心保持我們的安全與生存。我們希望在努力維護和平、從地球上永遠消除專制與隸屬、壓迫與偏見的國際社會中，占有光榮的地位。我們確認，全世界人民均有擺脫恐怖和貧困、在和平中生存的權利。

　　我們相信，任何國家都不應只顧及本國而無視他國，政治道德的法則是普遍的法則，遵守這一法則是欲維持本國主權並與他國建立對等關係的各國的責任。

　　日本國民誓以國家的名譽，竭盡全力以達到這一崇高的理想和目的。

第一章　天　皇

第一條　　　天皇是日本國的象徵，是日本國民統一的象徵，其地位以
　　　　　主權所在的全體日本國民的意志爲依據。

第二條　　　皇位世襲，根據國會議決的皇室典範的規定繼承之。

第三條　　　天皇關於國事的一切行爲，必須有內閣的建議和承認，由
　　　　　內閣負其責任。

第四條　　　天皇只能行使本憲法所規定的關於國事的行爲，沒有關於
　　　　　國政的權能。
　　　　　天皇可根據法律規定，委託其關於國事的行爲。

第五條　　　根據皇室典範的規定設置攝政時，攝政以天皇的名義行使
　　　　　其關於國事的行爲，在此場合準用前條第一項之規定。

第六條　　　天皇根據國會的指名任命內閣總理大臣。
　　　　　天皇根據內閣的指名任命擔任最高法院院長的法官。

第七條　　　天皇依據內閣的建議與承認，爲國民行使下列關於國事的
　　　　　行爲。
　　　　　一、公布憲法更改、法律、政令及條約。
　　　　　二、召集國會。
　　　　　三、解散衆議院。
　　　　　四、公告舉行國會議員的總選舉。
　　　　　五、認證國務大臣和法律規定的其他官吏的任免和全權證
　　　　　　　書以及大使、公使的國書。
　　　　　六、認證大赦、特赦、減刑、免除執行刑罰以及恢復權
　　　　　　　利。
　　　　　七、授予榮典。
　　　　　八、認證批准書以及法律規定的其他外交文書。

九、接受外國大使及公使。

十、舉行儀式。

第八條　給與皇室以財產，或皇室承受或賜予財產，須根據國會的決議。

第二章　放棄戰爭

第九條　日本國民眞誠希求基於正義與秩序的國際和平，永遠放棄以國權發動的戰爭、以武力威脅或武力行使作爲解決國際爭端的手段。

為達到前項目的，不保持陸、海、空軍及其他戰爭力量，不承認國家的交戰權。

第三章　國民的權利與義務

第一〇條　作爲日本國民的條件以法律規定之。

第一一條　國民享有一切基本人權不受妨礙。

本憲法對於國民所保障的基本人權，作爲不可侵犯的永久權利，賦予現在及將來的國民。

第一二條　本憲法對於國民所保障的自由與權利，依國民不斷的努力保持之。又，國民不得濫用之，且始終負有爲公共福利而予以利用的責任。

第一三條　全體國民作爲個人受到尊重。國民對於生命、自由以及追求幸福的權利，只要不違反公共福利，須在立法及其他國政上予以最大尊重。

第一四條　全體國民在法律之下平等。不因人種、信仰、性別、社會身分以及門第而在政治、經濟以及社會的關係中有所差別。

不承認華族及其他貴族制度。

　　榮譽、勳章以及其他榮典的授予，不附帶任何特權。授予的榮典，只限於現有者和將接受者一代有效。

第一五條　選定和罷免公務員是國民固有的權利。

　　一切公務員都是爲全體服務，而不是爲一部分服務。

　　關於公務員的選舉，保障由成年人進行的普選。

　　一切選舉中的投票秘密，不得侵犯。選舉人對其選擇，不論在公的或私的方面，不被追究責任。

第一六條　任何人對損害的救濟、公務員的罷免、法律、命令以及規章的制訂、廢止和修訂以及其他事項，有和平請願的權利，任何人不因進行此種請願而受到任何差別待遇。

第一七條　任何人在由於公務員的不法行爲受到損害時，均得依據法律規定，要求國家或公共團體給其賠償。

第一八條　任何人都不受任何奴隸性拘束。又，除因犯罪而受處罰外，不得違反本人意志而使其服苦役。

第一九條　思想及良心的自由，不受侵犯。

第二〇條　保障任何人的信教自由。任何宗教團體都不得從國家接受特權或行使政治上的權力。

　　任何人不被強制參加宗教上的行爲、慶祝典禮、儀式或活動。

　　國家及其機關不得進行宗教教育以及其他任何宗教活動。

第二一條　保障集會、結社、言論、出版及其他一切表現的自由。

　　不得進行檢查。通信秘密不受侵犯。

第二二條　在不違反公共福利的範圍內，任何人都有居住、遷徙以及選擇職業的自由。

　　任何人移居國外或脫離國籍的自由不受侵犯。

第二三條　保障學術自由。

第二四條　婚姻僅以兩性的意願爲基礎而成立，以夫婦平權爲根本，
　　　　　應共同努力予以維持。

　　　　　關於選擇配偶、財產權、繼承、選擇居所、離婚以及關於
　　　　　婚姻和家族的其他事項，須立足於個人尊嚴與兩性眞正平
　　　　　等制訂法律。

第二五條　全體國民都享有最低限度的健康與文化生活的權利。

　　　　　國家應於生活的一切方面努力提高和增進社會福利、社會
　　　　　保障以及公共衛生。

第二六條　全體國民，按照法律規定，都有接受與其能力相應的教育
　　　　　的權利。

　　　　　全體國民，按照法律規定，負有使其保護的子女接受普通
　　　　　教育的義務。義務教育免費。

第二七條　全體國民都有勞動的權利與義務。

　　　　　有關工資、勞動時間、休息以及其他勞動條件的基本標
　　　　　準，由法律規定之。

　　　　　不得酷使兒童。

第二八條　保障勞動者團結的權利，及集體交涉以及其他集體行動的
　　　　　權利。

第二九條　不得侵犯財產權。

　　　　　財產權的內容由法律規定之，以期適合於公共福利。

　　　　　私有財產在正當的補償下得收爲公用。

第三〇條　國民有按照法律規定納稅的義務。

第三一條　不經法律規定的手續，任何人不被剝奪其生命或自由，或
　　　　　被科以其他刑罰。

第三二條　任何人不被剝奪在法院接受審判的權利。

第三三條　任何人除作為現行犯被逮捕外，如無主管司法官署簽發並指明犯罪理由的拘捕證，不被逮捕。

第三四條　如不立即講明理由並予以委託辯護人的權利，任何人不得被拘留或拘禁。又，如無正當理由，任何人不得被拘禁，如提出要求，應立即將理由在有本人及其辯護人出席的公開法庭上予以出示。

第三五條　任何人其住所、文件及持有物不受侵入、搜查及扣留的權利，除第三三條的規定外，如無依據正當理由簽發並明示搜查場所及扣留物品的命令書，不受侵犯。
　　　　　搜查與扣留，應依據主管司法官署分別簽發的命令書施行。

第三六條　絕對禁止公務員施行拷問與酷刑。

第三七條　在一切刑事案中，被告人享有接受法院公正迅速的公開審判的權利。
　　　　　刑事被告人享有詢問所有證人的充分機會，並有使用公費透過強制手續為自己尋求證人的權利。
　　　　　刑事被告人在任何場合都可委託有資格的辯護人。被告本人不能自行委託時，由國家提供之。

第三八條　任何人不得被強制作不利於本人的供述。
　　　　　強迫、拷問或威脅所作的口供，或被非法長期拘留或拘禁後的口供，不能作為證據。
　　　　　任何人如果對自己不利的唯一證據是本人口供時，不得被判罪或科以刑罰。

第三九條　任何人在其實行的當時為合法行為或已經被判無罪的行為，不得被追究刑事上的責任。又，對同一種犯罪不得重複追究刑事上的責任。

第四○條　任何人在被拘留或拘禁後被判無罪時，得依法律規定向國家請求賠償。

第四章　國　會

第四一條　國會是國家權力的最高機關，是國家唯一的立法機關。

第四二條　國會由眾議院、參議院兩議院構成。

第四三條　兩議院由選舉產生的代表全體國民的議員組織之。
　　　　　兩議院議員的定額由法律規定之。

第四四條　兩議院的議員及其選舉人的資格，由法律規定之。但不得因人種、信仰、性別、社會身分、門第、教育、財產或收入有所差別。

第四五條　眾議院議員的任期為四年。但在眾議院解散時，在其任期期滿前告終。

第四六條　參議院議員的任期為六年，每三年改選議員之半數。

第四七條　關於選舉區、投票方法以及其他選舉兩議院議員的事項，由法律規定之。

第四八條　任何人不得同時擔任兩議院的議員。

第四九條　兩議院議員按法律規定自國庫接受適當數額的年俸。

第五○條　除法律規定者外，兩議院議員在國會開會期間不受逮捕，會期前被逮捕的議員，如其議院提出要求，須在開會期間予以釋放。

第五一條　兩議院議員對在議院內所作之演說、討論或表決，在院外不被追究責任。

第五二條　國會常會每年召開一次。

第五三條　內閣得決定召集國會的臨時會議。如經任一議院全體議員四分之一以上要求，內閣須決定召集臨時會議。

第五四條　眾議院被解散時，必須在自解散之日起四十日以內舉行眾
　　　　　議院議員總選舉，並須在自選舉之日起三十日以內召開國
　　　　　會。
　　　　　眾議院被解散時，參議院同時閉會。但內閣在國家有緊急
　　　　　需要時，得要求參議院舉行緊急會議。
　　　　　在前項但書的緊急會議中採取的措施，是臨時性的，如在
　　　　　下屆國會開會後十日以內不能得到眾議院的同意，即喪失
　　　　　其效力。
第五五條　兩議院自行裁決關於其議員資格的爭議。但取消議員資
　　　　　格，須有出席議員三分之二以上多數的決議。
第五六條　兩議院各自如無全體議員三分之一以上出席，不得開會議
　　　　　事和作出決議。
　　　　　兩議院議事時，除本憲法有特別規定者外，以出席議員的
　　　　　過半數議決之，可否票數相等時，由議長決定之。
第五七條　兩議院的會議為公開會議。但經出席議員三分之二以上多
　　　　　數議決時，得舉行秘密會議。
　　　　　兩議院各自保存其會議紀錄，除秘密會議紀錄中認為應特
　　　　　別保密者外，均予公開發表，並須公布於眾。
　　　　　如有出席議員五分之一以上要求，各議員的表決須載入會
　　　　　議紀錄。
第五八條　兩議院各自選任其議長及其他工作人員。
　　　　　兩議院各自制訂關於其會議、其他手續及內部紀律的規章
　　　　　制度，並得對擾亂院內秩序的議員進行懲罰。但開除議員
　　　　　須有出席議員三分之二以上多數的議決。
第五九條　凡法律案，除本憲法有特別規定者外，經兩議院通過後即
　　　　　成為法律。

衆議院通過而參議院作出不同決議的法律案，如經衆議院出席議員三分之二以上多數再次通過時，即成爲法律。

前項規定並不妨礙衆議院根據法律規定提出舉行兩議院協議會的要求。

參議院接到衆議院通過的法律案後，除國會休會期間不計外，如在六十日內不作出決議，衆議院可以視爲參議院已否決其法律案。

第六〇條　預算須先向衆議院提出。

關於預算，如參議院作出與衆議院不同的決議，根據法律的規定，舉行兩院協議會仍不能取得一致意見時，又，參議院在接到衆議院已經通過的預算後，除國會休會期間外，在三十日內不作出決議時，即以衆議院的決議作爲國會決議。

第六一條　關於締結條約所必要的國會的承認，準用前條第二項之規定。

第六二條　兩議院得各自進行關於國政的調查，要求有關證人出席作證或提出證言及記錄。

第六三條　內閣總理大臣及其他國務大臣，不論其是否在兩議院之一保有議席，爲就議案發言得隨時出席議院，又，在被要求出席答辯或作出說明時，必須出席。

第六四條　國會爲審判受到罷免控訴的法官，設立由兩議院議員組織的彈劾法院。

有關彈劾的事項，由法律規定之。

第五章　內　閣

第六五條　行政權屬於內閣。

第六六條　內閣按照法律規定由其首長內閣總理大臣及其他國務大臣組織之。

內閣總理大臣及其他國務大臣須是文職人員。

內閣在行使行政權上，對國會共同負責。

第六七條　內閣總理大臣經國會議決在國會議員中指名。此項指名較其他一切案件優先進行。

眾議院與參議院對指名作出不同決議時，根據法律規定舉行兩院協議會亦不能得出一致意見時，又，在眾議院作出指名決議後，除國會休會期間不計外，在十日以內參議院不作出指名決議時，即以眾議院的決議作為國會決議。

第六八條　內閣總理大臣任命國務大臣。但其中半數以上須從國會議員中選任。

內閣總理大臣可任意罷免國務大臣。

第六九條　內閣在眾議院通過不信任決議案或否決信任決議案時，如十日內不解散眾議院，必須總辭職。

第七〇條　內閣總理大臣空缺，或眾議院議員總選舉後第一次召集國會時，內閣必須總辭職。

第七一條　發生前兩條情況時，在新的內閣總理大臣被任命之前，內閣繼續執行其職務。

第七二條　內閣總理大臣代表內閣向國會提出議案，就一般國務及外交關係向國會提出報告，並指揮監督各行政部門。

第七三條　內閣除執行其他一般行政事務外，執行下列事務。

一、誠實執行法律，總理國務。

二、處理外交關係。

三、締結條約，但須在事前，或根據情況在事後獲得國會的承認。

四、按照法律規定的準則，掌管關於官吏的事務。

五、編造並向國會提出預算。

六、為實施本憲法及法律的規定而制訂政令。但在政令中，除法律特別授權者外，不得制訂罰則。

七、決定大赦、特赦、減刑、刑罰免除執行及恢復權利。

第七四條　法律及政令均由主管國務大臣署名，並須有內閣總理大臣連署。

第七五條　在職國務大臣，如無內閣總理大臣的同意，不受公訴。但公訴的權利並不因此受到妨害。

第六章　司　法

第七六條　一切司法權屬於最高法院及依法律規定設置的下級法院。

不得設置特別法院。行政機關不得施行作為終審的審判。

所有法官依其良心獨立行使其職權，只受本憲法及法律的約束。

第七七條　最高法院有權就關於訴訟手續、律師、法院內部紀律以及司法事務處理的事項制訂規則。

檢察官必須遵守最高法院制訂的規則。

最高法院得將制訂關於下級法院規則的權限委託給下級法院。

第七八條　法官除因身心障礙經法院決定為不適於執行職務者外，非經正式彈劾不得罷免。法官的懲戒處分不得由行政機關行使之。

第七九條　最高法院由任其院長的法官及法律規定名額的其他法官構成，除任其院長的法官外，其餘法官由內閣任命之。

最高法院法官之任命，在其任命後第一次舉行眾議院議員

總選舉時交付國民審查，自此經過十年後舉行衆議院議員總選舉時再次交付審查，以後準此。

在前項審查中，投票者多數通過罷免法官時，其法官即被罷免。

關於審查的事項，由法律規定之。

最高法院法官到達法律規定年齡時退職。

最高法院法官均定期接受適當數額的報酬。此報酬在任期中不得減額。

第八〇條　下級法院法官，內閣按最高法院指名者名單任命之。其法官任期爲十年，得連任。但到達法律規定的年齡時退職。

下級法院法官均定期接受適當數額的報酬。此報酬在任期中不得減額。

第八一條　最高法院爲有權決定一切法律、命令、規則以及處分是否符合憲法的終審法院。

第八二條　法院的審訊及判決在公開法庭進行。

如全體法官一致決定有妨礙公共秩序或善良風俗之虞時，法院的審訊可以不公開進行。但對政治犯罪、關於出版的犯罪或本憲法第三章所保障的國民權利成爲問題的案件的審訊，一般應公開之。

第七章　財　政

第八三條　處理國家財政的權限，須根據國會決議行使之。

第八四條　新課租稅，或變更現行租稅，須有法律或法律規定之條件爲依據。

第八五條　國家費用的支出，或國家負擔債務，須以國會決議爲依據。

第八六條　內閣編造每會計年度的預算須向國會提出，經其審議決定。

第八七條　為補充難以預見之預算不足，得根據國會決議設置預備費，由內閣負責其支出。

對於全部預備費之支出，內閣須於事後取得國會的承認。

第八八條　皇室的一切財產屬於國家。皇室的一切費用必須列入預算，經國會議決。

第八九條　為宗教組織或團體使用、提供方便和維持活動，向不屬於公家管理的慈善、教育或博愛事業，不得支出或利用公款以及其他國家財產。

第九〇條　國家的收支決算，每年皆須由會計檢查院審查，內閣於下一年度與此審查報告一併向國會提出。

會計檢查院之組織及權限，由法律規定之。

第九一條　內閣須定期，至少每年一次，向國會及國民報告國家財政狀況。

第八章　地方自治

第九二條　關於地方公共團體的組織及營運事項，根據地方自治的宗旨由法律規定之。

第九三條　地方公共團體根據法律規定設置議會為其議事機關。

地方公共團體的長官、其議會議員以及法律規定的其他官吏，由該地方公共團體的居民直接選舉之。

第九四條　地方公共團體有管理其財產、處理事務以及執行行政的權能，得在法律範圍內制訂條例。

第九五條　僅適用於某一地方公共團體的特別法，根據法律規定，非經該地方公共團體居民投票半數以上同意，國會不得制

訂。

第九章　修　訂

第九六條　本憲法的修訂，須經各議院全體議員三分之二以上贊成，由國會創議，向國民提出，並得其承認。此種承認，須在特別國民投票或國會規定選舉時進行的投票中，獲半數以上贊成。

憲法的修訂在經過前項承認後，天皇立即以國民的名義，作爲本憲法的組成部分公布之。

第十章　最高法規

第九七條　本憲法對日本國民保障的基本人權，是人類爲爭取自由經過多年努力的結果，這種權利過去幾經考驗，被確信爲現在及將來國民之不可侵犯的永久權利。

第九八條　本憲法爲國家的最高法規，與其條款相違反的法律、命令、詔敕以及關於國務的其他行爲的全部或一部，不具有其效力。

日本國締結的條約及已確立的國際法規，須誠實遵守之。

第九九條　天皇或攝政以及國務大臣、國會議員、法官以及其他公務員，負有尊重和擁護本憲法的義務。

第十一章　補　則

第一○○條　本憲法自公布之日起經六個月開始施行。

爲施行本憲法而制訂必要的法律，選舉參議院議員，召集國會的手續以及爲施行本憲法而必要的準備手續，得於上項日期之前進行之。

第一〇一條　本憲法施行之際，如參議院尚未成立，在其成立前由眾
　　　　　議院行使國會的權力。

第一〇二條　根據本憲法產生的第一屆參議院議員，其中半數的任期
　　　　　爲三年。此部分議員，依法律規定決定之。

第一〇三條　本憲法施行時現任職國務大臣、眾議院議員、法官以及
　　　　　其他公務員，本憲法承認與其地位相應之地位者，除法
　　　　　律有特別規定者外，不因本憲法之施行而當然失去其地
　　　　　位。但根據本憲法選出或任命其後任者時，即當然失去
　　　　　其地位。

——參考書目——

1.丸山眞男，《現代政治の思想と行動》，未來社，1964年版。

2.京極純一，《日本の政治》，東大出版會，1983年版。

3.佐佐木毅，《政治家の條件》，講談社，1995年版。

4.公平愼策，《現代日本人の政治意識》，慶應大出版會，1997年版。

5.小林良彰，《日本人の投票行動と政治意識》，木鐸社，1997年版。

6.綿貫讓治等，《環境變動と態度變容》，木鐸社，1997年版。

7.蒲島郁夫，《政權交代と有權者の態度變容》，木鐸社，1997年版。

8.三宅一郎，《日本の政治と選舉》，東大出版會，1995年版。

9.中野實，《現代日本の政治過程》，東大出版會，1998年版。

10.猪口孝，《國家と社會》，東大出版會，1997年版。

11.小林良彰，《現代日本の政治過程》，東大出版會，1997年版。

12.大嶽秀夫，《戰後政治と政治學》，東大出版會，1997年版。

13.田中直毅，《日本政治の構想》，日本經濟新聞社，1994年版。

14.富田信男等，《21世紀への政治デザイン》，北樹出版，1995年版。

15.阿部齋等，《概說現代日本の政治》，東大出版會，1990年版。

16.村松岐夫，《戰後日本の官僚制》，東洋經濟新報社，1981年版。

17.村松岐夫，《戰後日本の壓力團體》，東洋經濟新報社，1986年版。

18.石川眞澄，《データ・戰後政治史》，岩波書店，1984年版。

19.村松岐夫，《地方自治》，東大出版會，1988年版。

20.猪口孝，《現代國際政治と日本》，筑摩書房，1991年版。

21.村松岐夫，《日本の政治》，有斐閣，1992年版。

22.內田健三，《現代日本の保守政治》，岩波書店，1989年版。

23.崛要，《日本政治の實證分析：政治改革・行政改革の視點》，東海大學出版會，1996年版。

日本政府與政治

比較政府與政治 06

著　　者／蔣立峰、高　洪
出 版 者／揚智文化事業股份有限公司
發 行 人／葉忠賢
執行編輯／洪千惠
美術編輯／周淑惠
登 記 證／局版北市業字第 1117 號
地　　址／台北市新生南路三段 88 號 5 樓之 6
電　　話／(02)2366-0309　2366-0313
傳　　真／(02)2366-0310
E - m a i l ／tn605541@ms6.tisnet.net.tw
網　　址／http://www.ycrc.com.tw
郵撥帳號／14534976
戶　　名／揚智文化事業股份有限公司
印　　刷／偉勵彩色印刷股份有限公司
法律顧問／北辰著作權事務所　蕭雄淋律師
初版一刷／2002 年 4 月
定　　價／新台幣 400 元
I S B N ／957-818-348-8

國家圖書館出版品預行編目資料

日本政府與政治 ／ 蔣立峰，高洪著 . -- 初版 .
-- 臺北市：揚智文化， 2002[民 91]
　面；　公分 . -- （比較政府與政治；6）
參考書目：面
ISBN　957-818-348-8（平裝）

1.日本 — 政治與政府

574.2　　　　　　　　　　　　　90018421